# 長崎キリシタン史

附考 キリスト教会の瓦

山崎信二 著

# まえがき

本書を題して『長崎キリシタン史―附考　キリスト教会の瓦―』としました。

従来、長崎キリシタンに関する本は多いのですが、代表的な片岡弥吉の『日本キリシタン殉教史』・『長崎の殉教者』・『長崎のキリシタン』においても、「日本二十六聖人殉教」・「キリシタン大追放」・「元和の大殉教」・「平山常陳船捕獲事件」・「雲仙岳の地獄責め」の章があるだけで、多くの長崎のキリシタンが改宗させられた寛永三年から六年までの長崎奉行水野守信と竹中重義の時代のことがほとんど描かれていません。

これは一つには、キリスト教信仰の立場から、殉教は詳しく書くが、仏教徒への改宗（転び）は、あまり追究したくないという理由なのかもしれません。

しかし、長崎のはじまりから六十年の間に、住民は全員キリシタンとなり、その後徳川幕府の弾圧によって全員棄教させられた過程を具体的に追究した本が、これまでに一冊もないというのは、歴史研究という視点からは正当なものではありません。

本書はこのテーマを追究するもので、記述に際しては、日本の最上部の支配層の意思、中央から派遣された長崎奉行の個性、在地代官村山等安の意図、そして町年寄高木家・髙島家・後藤家・町田家の動きを、キリスト教を教え広める側のイエズス会・ドミニコ会・フランシスコ会の動きと関連させながら描いています。

なお本書は、「第Ⅰ部　近世長崎キリシタン六十年の歴史」と「第Ⅱ部 附考 キリスト教会の瓦」の二部構成となっています。私は過去に古代・中世・近世の瓦についてまとめて来たので、長崎キリシタン史をまとめる際にも、キリスト教会の瓦のことが頭から離れず、この際追加して記述することにしました。

最後になりますが、今回の出版も羽佐田真一氏にお願いして雄山閣での出版を検討していただきました。羽佐田氏からは早めの快諾をいただき、また丁寧な校正と、内容についての的確な指摘を受けました。深く感謝します。

二〇一五年九月末日

山崎信二
識す

◎長崎キリシタン史―附考　キリスト教会の瓦―◎目次

**第Ⅱ部　附考　キリスト教会の瓦―長崎と鹿児島の花形十字文軒丸瓦を中心として―**

# 第Ⅰ部

## 近世長崎キリシタン六十年の歴史

### ―全員キリシタンから全員仏教徒へ―

# 第一章　長崎はじまりの三十年間

## ――大村領から教会領、そして秀吉領へ――

元来、長崎は大村の領主大村純忠の所領であり、その家臣長崎甚左衛門が支配していた小城とその城下が現在の春徳寺から桜馬場に存在していた。イエズス会年報によると、一五六七年にすでに長崎甚左衛門はキリシタンになっており、翌年には同地の身分ある人たち一同が約五百名の住民とともにキリシタンになった事を記している[1]。

この頃には中国マカオからポルトガル船は福田に来航（一五六五～一五七〇年のうち、一五六七年のみ口ノ津、残りはすべて福田）しており、イエズス会宣教師が数年後の長崎港周辺を歩く機会は多くなっていた。そして福田の港は風波の強さおよび外敵からの防衛の面で弱点があり、渡来の帆船はしばしば危険にさらされていた。そこで、日本のイエズス会の指導者コスメ・デ・トーレス師から命ぜられた司祭フィゲイレドは、大村純忠の領地内にある西側の外海《そとうみ》に面した、より安全な港の候補地を探し廻った。そこで、長崎の港を見つけ出したのである（フロイス『日本史9』第二四章[2]）。

この長崎の港（深江の湊）について、『長崎夜話草』では、「この深江の湊を見て、是こそ世界一の湊よと悦び、来年よりは此津に来るべしと約束してかえりぬ[3]」と記し、『長崎根元記』では「長崎の湊海底深く、三方山高《たかく》して、難風《なんぷう》凌能《しのぎよく》第一の湊なりと見立[4]」たと記している。

さて、このポルトガル船が着岸する予定地は、長崎甚左衛門の小城から西南約二キロの地にあり、その地については「畠に青麦これ有り候《そうろう》を刈《かり》捨て、町を立申《もうし》候[5]」（『長崎剳記』）と記す事からみれば麦畠であり、また「林しかなかったその港に信心深いキリシタンの町を建設した」（カリオン師のイエズス会報告[6]）と記す事からみると大部分は林であっただろう。

また、『長崎拾芥』などでは「今の江戸町には漁者住居すれどもわずかの家居にて[7]」と記している。要するに、大部分は林で、部分的に麦畠があり、漁師の家がごくわずかにあった、という状態の土地であった。

## (一) 大村領の長崎

町の造営について、大村の領主大村純忠と島原の領主有馬義直（純忠の兄）が相談した後、元亀二年（一五七一）三月に長崎の町立てが始まった。町立てを指揮するのは、大村純忠が派遣した家来の友永対馬である。一五七一年十月八日付のミゲル・ヴァス修道士の書簡では「本年同（長崎）港には大きな集落ができた[8]」と記している。

長崎の住民について、長崎の地誌類では「諸商人入来る[9]」（『長崎畧記』）、「諸方より集りし商人或は浪人等」（『長崎拾芥[10]』）と商人を強調する。一方、イエズス会の報告では「追放されたり、虐待されたキリシタンの集まる地[8]」（ミゲル・ヴァス）と記し、フロイスの『日本史』では、長崎の「これらキリシタンたちのうちの多くは、いろいろの地方から追われて来た人々で、ある者は主君から追放され、ある者は信仰を棄てたくないために自ら（郷里を）出たのであり、また別の者は戦のために郷里が破壊されてしまって、そこから遠く離れたところに住むようになった[2]」と、各地のキリシタンの逃げ込む場所が長崎であると強調している。各地の商人が集まり来る場所、各地のキリシタンが逃げ込む場所というのは、どちらも初期長崎の特性として重要な点であろう。

長崎開港に際して、フロイス『日本史』では「ドン・バルトロメウ（純忠）と必要な協定を行なった後、司祭、および定航船の援護のもとに家族連れで住居を設けていたキリシタンたちは、その（長崎に）決定的で確乎とした定住地を創設し始めた[2]」と記す（『日本史9』第二四章）。純忠と「必要な協定」を行なったのは、イエズス会との間であり、長崎港の運営には、大村純忠・イエズス会の司祭、さらにマカオからの定航船長（カピタン・モール）の役割が大きな比重を占めたものであろう。

ところで、純忠との「必要な協定」を結んだ内容について何も記すものがないが、純忠が十年後に長崎を教会に譲渡する時の事項を参考にすれば、長崎の町の最終的な支配権・裁判権は純忠にあるが、町および港の運営については基本的に日本イエズス会に任せる、ポルトガル船の入港・停泊税および外国からの輸入品に対する税（関税の初歩的なもの）は大村純忠に帰するといった程度の内容ではなかろうか。実際の取引については、カピタン・モールの役割が大きく、国内各地から集まった商人との交渉に際しては、日本語をよく知るイエズス会の仲介《ちゅうかい》が必要であった。

そして、新しい町内における商人への居住地配分については、出身地別に大きく括《くく》り、その土地を設定し、島原出身者、大村出身者、平戸出身者、外浦（西彼杵半島南西部）出身者、横瀬浦（西彼杵半島北西部）出身者など、それぞれの地域内の商人相互で協議させ、資力に応じて区域内の土地を配分させたのであろう。

長崎の地誌類では、長崎の最初の町立てで、「島原町大村町外浦町平戸町文知町横瀬浦町六町これを建」て、「高木高島後藤町田四人」が最初から頭人であると記すものが多い。しかしこれは正確な表現ではない。

まず、言うところの六町は、友永対馬の派遣の時に大きく区画された可能性があるが、最初はこの六町部分しか居住しなかったと考えるのは現実的ではない。フロイスは長崎に最初に来た人は「島原から、また別の者は、志岐、五島、平戸、山口、博多、その他種々の国から来ていた[2]」とする。フロイスの日本史は、時として数年の事を一括している場合があり、ここでもフロイスの記述を元亀二年の事実として認める場合と、五年程度の事を一括して表現したものと考える場合との解釈の違いはあるだろう。いずれにしても、イエズス会側が記述しているように、最初の年から各地のキリシタンの亡命者が長崎に流入した事は事実であろうし、これら各地から来たキリシタンのうち貧しい人々は六町だけではなく、その周辺に居住したであろう。そして、最初からの居住地として候補をあげれば、五島町と樺島町の地は帆船が着岸する場所に近い海岸沿いの土地であり、長崎開港と共に、居住地になっていた可能性は高いだろう。

次に、長崎の地誌類が「高木高島後藤町田四人」が最初からの頭人であるとする点について簡単に述べよう。

高木家は佐賀平野北部の高木に築城、居住していたが、そのうち康宗は永禄年中長崎に居住したという。高木康宗の子に宮内左衛門と勘右衛門[11]がおり、高木由緒書[12]では、弟の勘右衛門は永禄の頃、長崎へ移住し、最初より頭人となり、作右衛門と名を改めたと記す。

高島家は近江国浅井郡の小谷山に築城・居住していたが、天正元年（一五七三）の八月に本家の高島四郎実春父子が討死し、その一族である高島氏春と子の茂春は、肥前国藤津まで退き、翌天正二年（一五七四）に長崎に移ったという。[13][14]

後藤家は武雄の富岡に築城・居住していたが、天正五年（一五七七）佐賀の龍造寺隆信の三男家信が武雄本城の城主となるに及び、富岡城の清右衛門幸明（後藤貞之、後に宗印）は武雄を離れ、長崎に移ったという（石井良一『武雄史』[15]）。

町田家の由来は、町田宗加がキリシタン弾圧によって、寛永四年か五年に江戸で殺され、町田家は断絶し、その史実は隠蔽されたので、町田家の出身・由来を記すものは全く残されておらず、長崎に移った事情は全く不明である。

以上のように由来のわかる三家のうち、長崎の開港当初から居住した可能性があるのは高木家のみであり、高島家は天正二年、後藤家は天正五年に長崎に移住した。したがって、長崎の開港当初から「高木高島後藤町田」の四人の頭人がいたというのは誤りであり、また開港当初から町人の代表である頭人がいたというのは疑わしい。

ところで、後に町年寄となるこれら三家のいずれもが、本城の城主ではないが枝城の城主であった点は共通しており、長崎の頭人となる過程において剣術・戦略の技倆《ぎりょう》が町内で評価された事は間違いないだろう。そこで、以下では長崎の開港以降十年間におこった外敵との戦いについて述べよう。

### ①三城《さんじょう》七騎籠《ごもり》時の長崎の戦い

大村純忠が宣教師との交わりを深めていた頃、これに反対していた領内の家臣たちは武雄の後藤貴明と組んで純忠追い出しを図り、やがて後藤貴明は平戸の松浦隆信・鎮信父子、諫早の西郷純堯らと謀り、大村の三城にあった純忠を攻撃してきた。三城では突然の事で馳せ参ずる者もなく、純忠は主だった七名の家臣と共に籠城しており、これを三城七騎籠[16]と称している。

この時、純忠領の長崎も外敵（諫早・深堀）の攻撃を受けたのである。フロイス『日本史9』第二六章には、その時の戦いの状況を次のように記す。[17]

一、長崎の集落住民の頭たちは、イエズス会の司祭フィゲイレドにどのように対処すればよいか助言を求めた。
二、長崎の集落は弱体で弾薬もなかったので、戦いの初め、多くのキリシタンたちは山や森に隠れた。
三、フィゲイレドは、敵をそのまま長崎に引き留めておくよう、長崎甚左衛門と住民を激励した。
四、敵が主に攻撃してきたのは長崎甚左衛門に対してであった。
五、長崎甚左衛門は動揺し、宣教師やポルトガル人と手を切るような動きをみせ始めた。一方、殿の奥方は、宣教師やポルトガル人に味方した。
六、司祭フィゲイレドは、大村純忠がまだ生きている事を知ると、キリシタンを集めて協議し、岬を切り開き、木の柵を建て、防衛を強化した。
七、戦いは六ヶ月以上続き、長崎には食べるものがほとんどなくなった。
八、深堀から六十艘の船、および陸路からも敵が来襲し、長崎甚左衛門の城下の麓および諸聖人の教会（トドス・オス・サントス）を焼いた。
九、キリシタンのうち最も勇敢に戦ったのは志岐出身の四人であった。

なお以上の「三城七騎籠」の年代は、『大村記』[18]や『大村郷村記』に引く「大村家記」[19]では「元亀三年七月晦日」（一五七二年九月七日）から始まるとし、フロイスの『日本史』では「既述の（伊佐早の大村純忠に対する）戦いは（一五）七三年のこと」[20]（日本史10、第二七章）、と記す箇所と、「昨年」[21]、シナから来たヴィリャーナの船の沈没（一五七三年七月二十一日）の翌年（一五七四年）とする記述の混乱がある。大村の史料が元来元亀四年七月晦日と記されていたものが、元亀四年七月二十八日に天正元年に改められているので元亀の年代を重視し、元亀三年七月晦日に誤って改めたと解すれば、天正元年（一五七三）七月晦日から戦いは始まり、半年以上戦いは続くので、天正二年（一五七四）に終わったと解すれば、年代的な辻褄は合うのではないかと思う。

このような開港初頭に経験した六ヶ月以上にわたる戦闘の最中にも、長崎では木の柵を建て、岬を切り開き防衛を強化しているが、その戦い以後、港町長崎の武装化は急速に進められたと考えてよい。そして、三城七騎籠の危機を脱出した大村純忠は、神仏崇拝をやめて純粋にキリスト教に帰一し、天正二年十月以降大村領内のすべての仏寺を破壊し、領民六万人を強制的にキリシタンに改宗させた。このような大村での動きは、大村領長崎にも影響を及ぼし、住民のキリシタン化をおし進め、長崎の町の武装化をおし進めた。

この初期長崎の戦闘以降、長崎を守るため、大村町屋敷に人数百人、島原からも島原町屋敷に百人の武士を送り込んだという[22](『長崎畧記』)。

しかし、数年後の貝瀬《かいぜ》(萱瀬《かやぜ》)合戦によって大村軍は佐賀の龍造寺軍に敗れ、郡城にあった純忠は竜造寺隆信に和を請う事になる。この合戦以降、長崎は微妙な立場に置かれる。

『長崎畧記』では、「天正五丁丑年六月貝瀬合戦に、大村一同は肥前佐賀の城主龍造寺隆信に降参す。是より長崎は大村の旗下を離れて佐賀の旗下と成」、「時に長崎は佐賀領となるに依て、深堀茂宅度々合戦す。両所の大名の押へ、貳百人にて事たらず故、五六百人の押へ常に置く也[22]」と記す。

貝瀬合戦の年代については、天正四年(一五七六)と考えられるが、これ以降深堀茂宅との戦いが始まり、常に五六百人の戦闘員を準備していた事が知られる。

### ② 深堀茂宅と長崎の戦い

長崎の地誌『長崎始由来記』[23]、『長崎拾芥』[24]には、天正六年(一五七八)の事として、次のような戦いの既述がある。

一、深堀茂宅が「手勢三百余人を随へ、十善寺より石灰町の辺まで[23]」押し寄せ乱暴した。

二、長崎勢は、「高木惣兵衛を大将として、四百余人の勢[23]」で迎え撃った。

三、深堀茂宅が危ない状態になると、「深堀家臣山田傳左衛門といふもの」「大刀打振り[23]」戦いを挑んだ。
四、長崎勢の大将「高木宗兵衛[23]」に矢があたり、討死にした。
五、深堀勢は手を変え、兵船で押し寄せたので、高木勘左衛門は、長崎勢も「ふすたといふ軍船[23]」を作るべしと主張し、その船で深堀勢を打ち払った。
六、深堀勢は夜中に「ふすた」を盗み取ったので、高木勘左衛門は思いをめぐらし、深堀から佐賀への飛脚を捕らえようとし、茂木峠、田上で敵を待ち四人を捕獲した。
七、「ふすた」と「茂宅一類[23]」を含む四人とを交換した。

以上、二つの戦いの例をみると、最初の戦い（一五七三〜一五七四年）では、イエズス会の司祭が助言をなし、キリシタンを集めて協議するのは司祭であったが、後の戦い（一五七八年）では、長崎側は戦いの際の大将が前もって決められているし、「ふすた」という大鉄砲をもった軍船をもって戦っている。勿論この記事のすべてが真実であるか確証しがたいが、次第に長崎が自衛のための軍備を整え始めた事は間違いないところである。

そして、深堀との戦いで討死した高木惣兵衛（宗兵衛）と、その後を継いだ高木勘左衛門との関係は不明だが、後者は後の町年寄の一人高木勘右衛門忠雄ではないかと考えられ、町方の中心としてはまず武芸の技倆が求められた事を物語るものであろう。

## (二) 教会領の長崎

巡察使はイエズス会総長より権限を与えられ、日本のイエズス会を指導し布教事情を調査するために派遣された者であるが、その巡察師ヴァリニャーノは一五七九年七月から一五八二年二月まで日本に滞在した。一五七九年の滞在当初からヴァリニャーノは大村純忠から長崎港の譲渡についての提案を受けた。

一五八〇年六月九日付、大村純忠・喜前親子の寄進状のスペイン語写しの要点[25]は次のようである。

一、「イエズス会及びイエズス会巡察師パードレに、周囲のすべての田畑と共に何物も残すことなく長崎の町を永久に無償で贈与する」。

一、「イエズス会パードレはその希望する如何なる者をもその地の支配者となし得るし、その職を免ずることができる。またパードレの選んだ如何なる者にも、その地の適切な支配及びその地の法令に違反する者を罰するために必要な死刑その他の裁判権を与える」。

一、「ポルトガル人の船がこの港に停泊中に支払うもの（入港税・停泊税）を永久に引渡し与える」。

一、「ただしポルトガル船及びこの港に入港するその他の船の税金（物品輸入税）は予に留保し、この税金は予の家臣に取り立てさせる。しかしこれらの家臣はその地の支配に関する如何なる問題にも介入しない」。

一、「茂木の土地及びこれに属する総ての田畑を贈与する」。

大村純忠が長崎・茂木をイエズス会に寄進した理由について、ヴァリニャーノは純忠が次のように説明したと、一五八〇年八月十五日付の書簡[25][26]に記している。

第一に、龍造寺が長崎「港を手に入れたいと強く望んでいるから、純忠は龍造寺がこの港を彼に要求することを非常に憂慮している」。「この難局を脱するためには、港を教会に贈与することが良策」となる。「そうすれば税金（物品輸入税）が純忠の手に残り、港は教会のものであれば龍造寺もこれを要求しないであろう[25]」。

第二に、長崎港が教会に委ねられると、「船からあがる収益を永久に確保」できる。「なぜならば、港がパードレたちのものであるならば、ポルトガル人はここに来ることを決してやめないであろうから[25]」。

第三に、「これにより、あわせてわが身とその領地を確保できると思われる。なぜならば教会の所有に属するならば、いかなる事態が起ころうとも[25]」、長崎港に安全なる避難所を見出すことができ、かくして、純忠は領地を決して失うことがないであろう、と。

さらにまた、一五八〇年十月二十日付のロレンソ・メシアのイエズス会総長宛一五八〇年度日本年報[27]では、大村純忠は巡察師が有馬を重視しているのを知り、定航船が昨年（一五七九年）口ノ津に入港した事がふたたび起こる事を恐れ、長崎譲渡を強く推進した事を記している。

要するに、純忠のイエズス会への長崎寄進は、イエズス会への好意もあったが、それ以上に強敵龍造寺隆信の長崎奪取への恐れと貿易競争者の有馬氏の港、口ノ津へ貿易港が移るのを防ぐための打算が働いていた。

かくして、天正八年（一五八〇）から長崎は教会領となった。ヴァリニャーノは、一五八三年の『日本諸事要録[28]』の中で、長崎を次のように描いている。

一、長崎港は「優れた安全な海港であり、数年前、我等イエズス会員の努力によって、異教徒の領主に迫害されたキリスト教徒の四百軒の家屋から成る海浜の町が造られた」（一五七九年度日本年報には、四百以上の家屋とある）。

二、大村純忠は「この長崎を、一レーグア隔たった茂木なる町と共にイエズス会に贈与した」。ポルトガル船が長崎港に入ると二修院の生活を支えるほどの収入があるが、その理由は純忠が「土地と共に船の停泊税を我等に贈与したからであり、それは一千クルザードに達する」（なお、純忠へ渡る商品に課す税金は、何千クルザードにも達する）。

三、「周囲がほとんど全部海に囲まれているほど海に突き出している高い岬があるので、この長崎港はよく保護されている。陸地に続く方面は、要塞と堀によって強化され、この岬の先端に我等の修院があ」る。

四、「この地に我等は住居として、設計は適切でないが、五つの寝室を伴った一室を有し、また一聖堂が目下建設されている[28]」。

また、ヴァリニャーノは、一五八〇年六月に作った日本の上長のための規則[29]の中で、次のような指示を与えている。

一、「キリスト教界とパードレ達の利益と維持のために、通常ポルトガル船が入港する長崎港を充分堅固にし、弾薬・武器・大砲その他の必要なものを配備することが非常に重要である」。

二、長崎と茂木の「武装を一層強化し、大砲その他必要な物を一層配備するため、毎年ポルトガル船が支払う中から一〇〇タエル」[29]（百両）を費すこと。

三、長崎を安全かつ強固にするため、妻帯したポルトガル商人を多くそこに住まわせ、要塞の中に彼等を置くように。

そして住民と兵士の数を増やし、全員に武器を持たせるように、と。

以上のように、ヴァリニャーノによれば、要塞と堀によって長崎の武装を強化したという。長崎は開港して間もなく経験した六ヶ月以上にわたる戦闘の後、急速に防禦強化を進めたと考えられるが、その後教会領の長崎の時期（一五八〇～一五八六年）にその強化は徹底的に行なわれた。

その痕跡を残す遺構は、堀町の下に埋もれた大堀と、高台と低地を画する石垣（要塞）である。大堀を、布袋《ほてい》厚《あつし》氏の「江戸惣町復原図」[30]から測ると、幅約一二《メートル》、長さ二七〇《メートル》に及ぶ。この大堀は、本博多町と興善町の境を西北西の方向に走るが、本博多町を海側へ出ると、ゆるやかなカーブをもって北北西に曲がっている。則ち、本博多町が内側で、興善町が外側であるから、ゆるやかなカーブの堀の内側に、五島町と樺島町が入る事になる。

つまり、最も初期の町は、「島原町大村町外浦町平戸町文知町横瀬浦町」の六町であるとしても、その数年後には樺島町・五島町・本博多町が形成され始め、天正年間の中頃には、すでに大堀がこれらの町を内に取り囲む形で形成された。そして、高台と低地を画する石垣の内側に六町と本博多町が位置するのに対し、樺島町と五島町は石垣の外に位置する。則ち、要塞（石垣）の外に、これらの町の人々は住まわせられたのであり、教会領長崎の住民は、決して平等の扱いではなかった。

そして、高台の岬の先端に、イエズス会の住居があり、また教会が建設された。一方、大堀の内側すぐの場所にミゼリコルジア（慈悲の組）が造られ、天正十一年（一五八三）には教会が付設されている。

次に長崎住民のキリシタン化の程度について述べよう。

長崎は開港当初から「キリシタンの集まる地」とされ、「キリシタンたちは、長崎の定住地を創設し始めた」と、イエズス会の報告で述べられており、一五七九年度の日本年報では「ここはすべてキリシタンの土地」であると述べられ

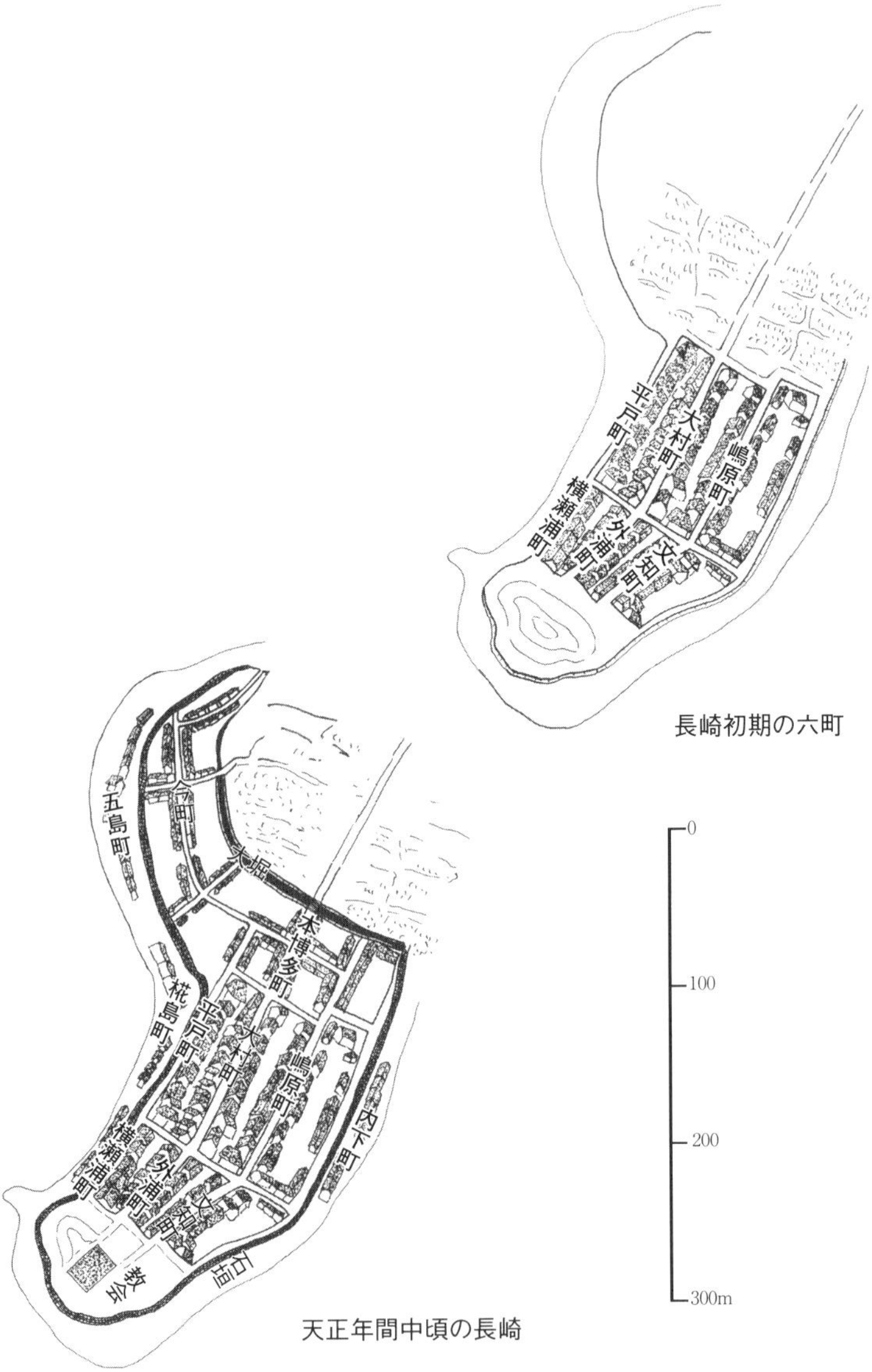


図１　長崎内町の変遷模式図

ている。

しかし、後の町年寄となる高木家、高島家、後藤家のいずれもが長崎に来る前は、小城主の身分の武士であるが、キリシタンであった史料は全く存在しないから、長崎に来てからキリシタンになったと考えてよいだろう。それはポルトガル船との貿易で長崎が成り立っているから、定航船長カピタン・モールの役割と、日本の商人との仲介の役を果たすイエズス会の存在が大きく、仏教徒と自ら明らかにする商人は商売を行なう事が困難であっただろう。

そして、内心は仏教徒で表面上はキリシタンを装う商人もいたであろうが、長い間長崎に居住する事により次第に真のキリシタンになり、さらに大村領での強制的な改宗運動や、大村純忠によるイエズス会への寄進によって、長崎は、ほぼ完全なキリシタンの町へと変化した。

例えば、正覚寺の仏教僧が著した『長崎縁起略記[31]』には次のように述べる。

「況や當地は一郡の辺地なれば人々我意を働き皆邪宗となる。最吉利支丹と成る事は天正九年當所の者ども一人も残らず其宗に帰すといへり」。「天正九年十月當地古来の神宮寺といふ寺を吉利支丹ども謀計を以て焼と云へりそれより自然と焼亡すと訇《あざむけ》り終に當地の者共を一人も残らず邪蘇宗門に極めしといへり」。

この神宮寺とは「今の諏訪の有所にて則玉園坊といふ別当職」（『長崎縁起略[32]』）であるという。『長崎始由来記[23]』には、天正七年の「長崎甚左衞門町方と合戦の事」として、諏訪の山にいた玉園坊の事が描かれている。

かくして、大村領の長崎の頃（一五七一〜一五七九年）は大部分キリシタンになっていたが、表面だけキリシタンを装う商人も少なからずいたであろうし、長崎港のすぐ近くの諏訪の山には神宮寺の僧である玉園坊がいたし、その配下に鬼神重蔵、金塊坊などがいたのである。

しかし、天正八年（一五八〇）のイエズス会に対する長崎寄進によって、意図的・強制的なキリシタンへの改宗運動が徹底され、長崎は完全なキリシタンの町となったのである。このように、天正八年以降長崎がイエズス会の教会領になると、教会を中核とする宗教統一体としての長崎という色彩はより強くなり、住民は、例外なくすべてキリシタンであり、町の支配のための役人はイエズス会によって任命されたから、長崎は巨大なキリシタン集団となって、町人自治の芽は、しばらくの間押さえ込まれる事になったであろう。戦闘の際の指導者を除けば、大村領長崎の頃よりも、さらに町方の頭領の存在は不用なものとなったであろう。

一五八五年（天正十三年）十月一日付、長崎発、ルイス・フロイスのイエズス会総長宛の一五八五年度の年報(33)では、長崎を次のように描いている。

一、長崎には司祭四名と修道士二名が駐在し、この町はイエズス会の支配下にある。

二、マカオからの定航船は長崎に「絹、緞子、麝香、金」などを運び込み、長崎から「五十万クルザードの銀」を運び去る。

三、「この町（の住民）は皆キリシタンであり、そうでない者はここに住むことを許されない」。

四、長崎の住民は「日に三度教会を訪れ、朝はミサに与り、正午にはドチリイナ・キリシタン、聖歌、その他を学び、アヴェ・マリアの時には連禱を唱える」。

五、長崎の住民の内「幾人かは教会で同宿、すなわちアコリト（侍者）のような役を務めてミサを助け、司祭たちが村々を巡って告白を聴き洗礼を授ける時に随行している」。

六、「過ぐる四旬節、当長崎では多数の人が告白し、十分にその資格を試された者八百名が暗黒の木曜日に教会で聖体を拝領した」。

七、「ここ長崎の教会は、住民が増えているので先年二、三度増築されたが、今やあまりに多数となったので、教会は従前より一・五倍の大きさであるにもかかわらず、日曜日と祝日には半分（の人々）が教会の外に留まるほどで、夜明けに門戸を開くやいなや先を競って場所を取る」。

八、「毎年、四旬節には金曜日ごとに（キリストの）御受難について幾つかの説教をした後、司祭と修道士たちが諸人と共に（教会を）出て、荘厳かつ敬虔な（聖体）行列をして町外れの墓地にある非常に大きな十字架まで行くのであり、この行列にはシナで作ったキリストの十字架像を携えた約三百名の鞭打ちの苦行者が従う」[33]。

## (三) 秀吉領（公領）の長崎

### ①バテレン追放令

天正十三年（一五八五）、豊臣秀吉は長宗我部元親を降伏させ、四国を征圧し、天正十四年には九州侵攻を決定した。秀吉は、天正十四年十二月に兵糧米や馬の飼料を調達する奉行として小西隆佐をまず派遣し、自らは天正十五年三月に島津氏攻めのため大坂城を出発した。薩摩の島津義久は四月十七日、藤堂高虎・黒田孝高らの陣に夜襲をかけたが、完敗、五月八日に秀吉に拝謁し謝罪した。

秀吉は帰途博多に立ち寄り、その滞在中、突如伴天連追放令を出した。

「日本は神国たる処きりしたん国より邪法を授け候儀、はなはだ以て然るべからざる事」。「神社仏閣を打ち破るの由、前代未聞候」。「天下よりの御法度を相守り、諸事其の意を得べし」。「伴天連儀日本の地にはおかせられ間敷候間、今日より廿日の間に用意仕可㆑帰国㆑候」。「黒船の儀は商売の事候間、客別の条、年月を経て諸事売買いたすべき事」。「自今以後仏法のさまたげを成さざる輩は、商人の儀は申すに及ばず、いづれにてもきりしたん国より往還くるしからず候条、其の意に成すべき事[34][35]」。

この天正十五年六月十九日の日付をもつ伴天連追放令では、キリスト教の布教を禁止し、宣教師は二十日以内に日本から退去すべき事を命令したが、一方、黒船は商売のために来るのであるから、今後とも長い年月貿易を行なってよく、仏法のさまたげをしないかぎり、キリシタン国からだれでも来日してよい、というものであった。

この伴天連追放令を発した後で、秀吉は藤堂高虎を長崎に派遣した。秀吉が高虎に指示した長崎の取り扱いについての正確な内容はわからないが、フロイス『日本史1』（第十八章[36]）では、次のような決定が含まれていると記している。

一、長崎と浦上の地を己のものとして没収するよう命じた。
二、長崎の城壁を破壊するよう命じた。
三、長崎のキリシタンに対し、秀吉に銀五百枚、二名の家臣には（合わせて）銀五十枚を渡すよう命じた。
四、長崎の（未完成で優れた）教会を小早川（隆景）に寄贈し、それを筑前に運ぶよう命じた。

まず、第一の長崎・茂木・浦上の地については、それを教会から没収したが、有馬殿は浦上の地を、大村殿は長崎・茂木の地を自分たちのもので返してもらいたいと言ったので、藤堂高虎は強引に没収する事はせず、有馬・大村殿が「容易にこれを回収した」[37]（一五八八年二月二十日付、フロイス書翰）という（翌天正十六年に秀吉領として没収した）。

第二の城壁の破壊については、『フロイス日本史1』によると、異教徒の役人たちに賄賂の大金を掴ませる事で、「ただ役目を果すために、村周辺の塀を壊した」[38]にとどまったという。

第三のキリシタンへの銀五百枚の課税であるが、『フロイス日本史1』によると、キリシタン全員から四コント三十クルザードに相当する銀百枚（そのうち、ポルトガル人が大部分を払い、貧乏なキリシタンたちは少ししか払えなかった）を提出したが、秀吉からはさらに八コント六十クルザード（銀二〇〇枚）を提出せよとの伝言がもたらされた。しかしキリシタンが大量の銀を支払えるわけがなく、教会が五百五十クルザード（銀一一八枚）以上を支出した[38]、という。

第四の教会の破壊については、異教徒の役人たちに賄賂をわたすと、「司祭たちに対する彼らの態度も穏やかで、日本でもっとも大きく立派で新しくできた教会を汚すこともまったくなく、その他の教会は彼らがそこにいる間だけ閉鎖するのみで満足した」[37]という（同フロイス書翰）。

天正十六年（一五八八）になると、秀吉は四月二日付で、佐賀の鍋島飛騨守直茂を長崎の代官に任命し、「沙汰を取り致し、物成等運上すべき候也」[39]と命令した。

一方、秀吉古参の臣である戸田勝隆と浅野長吉（長政）を長崎に派遣し、天正十六年五月十六日付の五ヵ条にわたる掟書を命令させた[40]。

一、長崎が「御料所」（直轄領）に仰せ付けられる上は、非分の儀、これあるまじき事。
一、「有様之御公物納所申上にて横役これあるべからずの事」。ただし地子銀は上意を得ており、免ずべき也。
一、長崎はこの両人に仰付られ候間、代官と為し鍋島飛驒守に預置候間、何《いずれ》も其意を成すべきの事。
一、黒船の儀、前々のごとくたるべきの間、地下人は馳走せしめ、當所へ相付けるべきの事。
一、自然下として謂ずの儀、申懸候者これあり候とも、一切承引仕まじき事。

まず、長崎を公領化した事を宣言し、地子銀免除を定め、代官は鍋島飛驒守にしたと述べ、長崎での黒船貿易を推進させるように言っている。これは天正十五年（一五八七）の藤堂高虎派遣の時は、キリシタンへ銀五百枚の課税をしたのと比べ、「手のひらを返したような」[41]大きな違いである。実は、マカオからの定航船が天正十五年に長崎に入港しなかったのである。これは天正十四年（一五八六）に来た定航船が平戸で停泊し、島津と大友の戦いによって商人が集まらず、そのため平戸で越冬しており、翌天正十五年にはマカオからの定航船が日本に来なかった。これは初めての「珍事」[42]であり、長崎に二年続けて定航船が来ない事になったのである（一五八六年にジャンクは長崎に来たらしい）。ポルトガル船の長崎入港が秀吉にとって、最大の心配事になっていたのである。

さて、以上の掟書をもたらした戸田勝隆と浅野長吉が長崎に滞在したのは、おそらく、五月末から閏五月にかけてであった。

六月になると、秀吉は、寺沢志摩守と藤堂高虎を長崎に派遣した。

『長崎叢書』によると、その派遣理由を以下のように記している。

「六月　秀吉寺沢志摩守廣高藤堂高虎を遣り諸事を処置せしむ其令書左の如し[40]

肥前国長崎津事、爲御奉行両人被仰付候條、得其意、諸事如有來可申付候対諸商人町人不謂儀於申懸者、可爲曲事候條、下々入念可申付候也　六月廿四日　秀吉朱印

寺沢志摩守殿

藤堂佐渡守殿

」

この一五八八年にポルトガル船は「至一五九七年カピタン・モール年表」には、「一五八八年八月十六日（天正十六年六月二十四日）長崎入港」とみえる[43]（イエズス会年報では一五八八年八月十七日）。とすれば、秀吉朱印の日付と、ポルトガル船長崎到着の日付が同一日となり、秀吉の朱印状は日付を定航船到着の日に合わせて記したものであろうか。いずれにしても、秀吉は寺沢志摩守と藤堂佐渡守を長崎での貿易事を「奉行」させるため派遣したと考えてよい。

しかしなお、秀吉は長崎での貿易がうまくいくか、不安だったようである。ガスパル・コエリュの一五八八年度日本年報[44]によると、次のように記している。

「本年、関白殿はこの長崎の港へアゴスチイノの父である（小西）ジョウチン立佐を自らの代理人として二十万クルザード以上にのぼる金子を持たせて派遣した。その目的は九百ピコの絹を買いつけることにあった。関白殿の命令は、自分の代理人が希望分を買ってしまうまでは、他の何びとも絹の買いつけは行なってはならぬというものであった」。しかし隆佐は「あっさりと司祭たちの心のままに振舞ってくれた。かくてポルトガル人たちは利益を得、かならずしも不満足な結果にはならなかった。もし立佐が異教徒であったなら、まぎれもなく彼らはこのたびのことに不満をいだいたであろう」。

以上のように秀吉政権下における信頼できる臣下を、二、三ヶ月の間に長崎へ続々と送り込んだ理由は、直轄領長崎でのポルトガル貿易を秀吉がどれだか待ち望んだかという事に他ならない。

ということは、秀吉にとって九州征圧以前から長崎没収というのは頭にあり、さらにはバテレン追放令も、すでに頭の中にあったとみて、さしつかえない。例えば、アビラ・ヒロン『日本王国記』第五章には、天正十五年（一五八七）大友義鎮《よししげ》（宗麟）の死の後を継いだ大友義統《よしむね》（吉統）は、薩摩に対抗できないとみて秀吉に頼った。「この知らせは、太閤様にとって極めて喜ばしいものであった。なぜなら太閤様は下の領主となって、さきに述べた年より少し前の一五五〇年からこの王国に渡来していたマカオの船の財宝を、上の人々にも享けさせようと、熱望していたからであった」[45]と、秀吉の九州征圧戦の本当の目的はポルトガル貿易支配であった事を明快に指摘している。

二回目の来日を行なった巡察師ヴァリニャーノは一五九〇年のイエズス会総長宛書翰の中で、バテレン追放令の大きな原因を準管区長コエリュのせいにしている。「関白殿が下の諸国を征服するために来て、軍勢とともに博多市に滞在していた時に、パードレ・ガスパル・コエリョは旗で飾り立てた上述のフスタ船に乗って海上から彼を訪ねた。それはちょうど大提督のようであった」。小西行長は、「もしもこのフスタ船を関白殿に与えなければ、イエズス会になんらかの災難が及ぶことは疑いない、と彼に言った。しかしコエリョは自分の言ったことを全く気にしておらず」、「何か大きな報酬を受けるであろうと思いこんでいた。しかし全く逆の結果となった」[46]、と。

しかし、この考えは、ヴァリニャーノも、ルイス・フロイスも、そして後の歴史家も騙されているのではないだろうか。秀吉の九州征圧軍が到着する時、コエリョは「幾人かのキリシタンから、ともかく関白が下関を通過する時にはその地にいるようにと注意を受けて」[47]おり、そして、小西行長によると「関白は下関に着いた時、（自分に）二、三度副管区長師のことを尋ね、（彼は）もう（ここへ）着いているかどうかと質《ただ》した」[47]。要するに日本イエズス会を代表するコエリョに会いたがっていたのは秀吉であり、長崎没収・直轄地化による対ポルトガル貿易の独占というのが最大のねらいであり、その大きなねらいを匿すための手段がバテレン追放令であった（勿論バテレンを追放したいというのは本音であるが、しかしそれ以上にポルトガル貿易を独占したいというのが強い欲求であった）。そして、このバテレンを脅して、財宝を掠め取るという手法は、サン・フェリーペ号事件から二十六聖人殉教へ至る過程において、ふたたび、より露骨にあくどい形で用いられる事になる（後述）。

### ②代官の任命

さて、上述のように長崎には天正十六年（一五八八年）代官として佐賀の鍋島飛騨守直茂が任命されたのであるが、最初の一、二年の鍋島直茂の動きは、ごくわずかしかわからない。ガスパル・コエリュの一五八八年度日本年報では、「龍造寺の息子は当然のことだが我々の敵であるし、彼もその父も有馬や大村のキリシタンの諸侯の敵だからである。しかしほかならぬ彼自身、いかなる謀叛が起こっても、自ら奪ったこれらの土地を放棄せねばならぬことを百も承知であるから、我々には偽った態度で臨んでおり、しかも我らの味方であるような様子をみせようと努める有様である」とあるのが、唯一、鍋島直茂の事を記したとみられる文章である。鍋島直茂は、大村純忠の敵龍造寺の息子（後継ぎ）というイメージが長崎のキリシタンには強くあって、その先入観から嫌われていた事が想定できる。

一五八九年度のガスパル・コエリョの日本年報では、「関白殿はすでに長崎や浦上とその近隣の土地を、あまり信仰の事柄に理解を示さない或る異教徒に与えていた。また二年前には平戸の教会を彼に与えたのであった[49]」と記す。一五八七年に平戸の教会が与えられたのは、小倉城主毛利壱岐守（吉成）であり、新たに長崎の支配者（代官）として任命された事が想定できる。この毛利吉成の長崎代官任命については、今のところ日本側に史料では全く残されていない（関ヶ原の戦いで西軍に参加し、敗走・失領したため史料が失われたのであろう）。

一五九〇年・一五九一年度のルイス・フロイスによる日本年報[50]およびフロイスの『日本史』では、この両年度にわたって毛利吉成と鍋島直茂の二人が長崎を管理している事が記されている。一五九一年八月十九日に、ポルトガルの定航船が長崎に入港した時には、二人は家臣を使い、船が運んできた金を関白の命令だとして独占的に買い占めようとしたが、ポルトガル人は司祭の仲介によらなければ売らないと反抗したので、結局ヴァリニャーノの斡旋で解決する事になった。フロイス『日本史』によると、秀吉は毛利壱岐守と鍋島加賀守を厳しく責めたが、また「その役人たちを許した。だが、彼らは長崎を統治する役職から外された[51]」と記している。

しかし、毛利壱岐守と鍋島加賀守は文禄元年（一五九二）三月から文禄の役で朝鮮半島に出兵したため、長崎代官を継続する事が困難となり、そこで秀吉臣下の肥前唐津城主で、文禄の役では後陣として名護屋に詰めていた寺沢志摩守広高に二人の後の長崎統治を任せたものであろう。

『長崎実録大成』では「寺沢志摩守広高長崎御奉行始」として「文禄元壬辰年より慶長七壬寅年迄十一ヶ年在勤[52]」としている。

フロイスの一五九二年十月一日付の一五九一・九二年度日本年報[53]によると、一五九二年においては「（寺沢志摩守）はキリシタンたちをひどく憎悪した。（代官）は関白殿にありもせぬことを巧みに働きかけ、そこで関白殿はその代官に対して武士たちを伴って（長崎に赴かせ）」、「教会や修道院を破壊し、その材木を皆名護屋にもたらすように命令した」。「新代官寺沢（志摩守）殿が百五十人の人夫を伴って訪れた。彼らは数日も経ぬうちに、情け容赦もなく我らのすべての修道院と教会を破壊してしまったという報せに接した」。そして、寺沢は「伴天連たちはなぜ関白（殿）の命令に反して長崎にいるのかと問い糺した[54]」。

一五九三年には、定航船が来航する時が近づいてくると、長崎では大きな心配事がおこった。それは、一つは一五九二年に長崎の大きな教会が破壊され、さらにその年マカオからの定航船が長崎に入港しなかったからである。「寺沢にいたっては（関白）以上に苦悩し憂慮の念を強め」ていた。その原因が自分にあり、その追及を恐れたからである。

そして秀吉は「定航船が日本に戻ってくるか」と、通訳のジョアン・ロドリーゲス修道士に、しばしば質問した。ロドリーゲスが「帰って来ると思う」と告げると、秀吉は非常に喜びはしゃぎ、ポルトガル人を大いに援助するであろうとか語り、長崎でも寺沢の役人たちが、司祭たちに対し穏やかな態度を示し始めた。そして寺沢もイエズス会に対し多くの助言を与えるまでに変化した。「伴天連たちはごく慎重に身を処」した方がよい、「シナから定航船が来るならば、関白（殿）から、長崎の教会を再建するための許可をとりつけるようにしよう[55]」と。

こうして定航船が入港した後、教会と修道院建設の許可が与えられ、秀吉は次のように言った。「そこに十人まで修道僧が居住することを許す。ただしポルトガル人たちに教えを説き説教することは認めるが、その教えを日本中に弘めたり、日本人をキリシタンにしたりしないことを条件とした上でのことである[55]」と。

フロイスの一五九五年十月二十日付の一五九五年度日本年報[56]によると、寺沢は長崎にいなくとも、寺沢の代官二名によって支配するようにしたという。『長崎縁起略』では、「長崎には家来佐野惣左衛門と申者罷越《まかりこし》、今の本博多町大坂会所の屋敷を役所に構へ、代官として支配す」[57]と記し、『長崎拾芥』では「文禄元年秀吉公朝鮮御出陣此時、寺沢志摩守は供奉其間は家来岡崎権平若山源蔵と云者、長崎に遣し執行之」[58]と記す。またこの一五九五年に、寺沢広高自身が洗礼を授かったという。[59]一五九六年（慶長元年）になると、寺沢は朝鮮に出兵したので、前記の家来たちが、本博多町の奉行（代官）屋敷に詰めたのであろう。一五九七年の二十六聖人殉教の時には、寺沢広高の弟半三郎を派遣して刑を執行させている。

また、本博多町に作られた奉行所は『長崎記』[60]には、「文禄元年豊臣太閤の御意により て寺沢志摩守殿御預リ二ノ堀の間、御屋鋪を立られ年々御越ありて凡そ十一年なり　則今の本博多町なり」と記す。いずれにしても、寺沢奉行の時の奉行所の内容についてわかるものはほとんどなく、寺沢が奉行になってから建設され始めたのであろう。フロイス『日本史12』では、文禄二年（一五九三）頃の事として、[61]「（村山アントニオは）寺沢が長崎に来るたびに彼を自宅に招いてもてなすので、非常に彼から寵遇されており」と記すので、奉行所建設当初には、村山等安の家にしばしば宿泊したのであろう。

## ③頭人・町年寄の出現

次に長崎の頭人・町年寄の出現時期について述べよう。

町年寄《まちどしより》は江戸時代に江戸・大坂・長崎などに置かれた上席の町役人の事で、町奉行の支配を受け、町全体を管理・支配し、また町の下情を上達する仲介者としての役割をもっている。江戸では江戸幕府創設と共に三家が町年寄格を命ぜられた。[62]大坂では惣《そう》年寄が町年寄に相当するが十数人から二十数人で構成され、[63]その出現も江戸より遅れるだろう。したがって三地域では、長崎の町年寄が最も遡る可能性が高く、その創立の経緯・性格付けも独自に検討する必要がある。

長崎では町年寄の前身として、頭人の名が使われ、「高木・高島・後藤・町田」の四人が頭人になった年代については、大きく二つの考え方がある。

一つは、長崎開港当初からの頭人とするもので、『町年寄発端由緒書』[64]や『後藤氏系図』[65]など四家の由緒書・系図などが開港当初からと主張し、『長崎根元記』[66]では、元亀二年の町立ての説明をした後、「町の頭人を定む」として、町年寄の先祖として例の四人の頭人を列記している。また、元亀二年頃の頭人として、前記の他に十一名の名をあげるものもある（『長崎縁起略』[67]）。

一方、天正十五年（一五八七）に決められたとするものとして、太平寺盧山和尚の『長崎記』があり、それには「九月藤堂佐渡守下向、高木・高島・後藤・町田四人地頭と成[68]」と記す。この説を引き継いでいるのは、金井俊行の『増補長崎畧史』であり、天正十五年「此年高木勘右衛門高島良悦後藤総太郎町田宗賀長崎頭人となる」とし、天正十六年戊子に、鍋島直茂が長崎代官として任命された事を記し、「蓋し去年長崎を改めて公領としたるも只頭人を定めたるのみにて未だ目代を置かず是に至りて始て之を置くなり[69]」と金井俊行が注記を加えている。

はたして、天正十五年に、頭人が決められたかどうか、藤堂高虎が一旦長崎を没収しようとしたが、大村・有馬殿の横やりが入り、両殿が「回収した[70]」というのだから、高虎が天正十五年に町方の中から頭人を決めるよう提案したとしても、正式に頭人が決まったのは、長崎が公領となり、鍋島直茂が代官（奉行）となった天正十六年の事とすべきであろう。

そして頭人を町年寄と改めた年代は、文禄元年（一五九二）又は文禄年中である事は、諸書ほぼ一致している。『古集記』[71]では次のように記す。

文禄元壬辰年より、高木勘右衛門自注、作右衛門祖、高島了悦自注、四郎兵衛祖、後藤惣太郎自注、惣左衛門祖、町田宗賀自注、此跡役高木彦右衛門法體して、道感といふ、今の彦右衛門祖也四人始て町年寄の號御免

このような頭人および町年寄の出現年代をイエズス会側の報告類からみると次のようである。

まず、一五七〇年代・八〇年代の長崎の住民は「長崎のキリシタン」とか住民と記すだけで、住民の頭・頭領の記録はない。

一五九一年には、その年入港のポルトガル船の金塊に対する毛利壱岐守・鍋島加賀守の部下の不手際を秀吉が責めて

「それから以後、長崎港は乙名と呼ばれる庶民の頭領に委ねられることになった」[72]と記し、ここではじめて庶民の頭領としての乙名が記されている。そして、話の展開の仕方からみて、この一五九一年にはじめて頭領が出来たのではなく、それ以前に遡るのであろう。

そして、一五九二年（文禄元）には、「長崎港は一年この方、皆の中で重立った（数名の）キリシタンたちによって統治されていた。関白殿はある機会（マニラからの使節の折）に、このキリシタンたちを二名の異教徒の代官に替えてしまった」[73]と記す。これは、一五九一年十月の定航船帰帆から一五九二年八月の秀吉のフィリピン使節（コーボ）引見までの期間、長崎での代官不在の時期があり、この時、長崎の頭人による統治があった事を示す。

以上の点をみると、長崎の頭人が中央政権によって決められたのは、天正十六年の可能性が高く、頭人を町年寄と改めた年代は文禄元年と考えて、誤りないように思う。そして、その頭人を決めるように指示したのは、中央政府派遣の代官または上使であり、実際に選ばれたのは「庶民の頭領」であった。だから四家が「開港当初から頭人」とするのもある意味当たっており、十年から十数年前から十人程度の町方の中心の一人として、他から認められた存在であった。

したがって、頭人を選ぶ時に派遣された代官が頭人を選抜したとは考えられず、庶民の代表が選ばれた可能性が高い。即ち、江戸時代の全国の町年寄が「町奉行の支配を受け」るために選抜されたのとは違い、この段階では長崎の町民・キリシタンの代表が町年寄となったのであった。したがって、長崎の町年寄は町民の代表であり、奉行・代官の手先であり、矛盾した側面をもち、通常は四家とも慎重な行動をとらざるを得ない立場に置かれていたが、支配方と町方との意志が全く異なる問題が生じれば、まず町年寄が最も苦しまなければならない側面を内に孕んでいたのである。

④村山等安のこと

次に村山等安について少しふれておきたい。まず等安の名については、一九三四年の岩生成一の指摘[74]どおり等安とする。一九六六年のタラドゥリースが紹介[75]した「村山安当仁與」の署名から、直ちに当安と記したとは限らない。

一九六六年以前では、当安と記したものは『長崎古今集覧　上巻』七四頁に「浦上村長崎村外町村山当安老受地ニ相成」とあるのが唯一の例だが、等安在世中の文書からみて、「アントニオ（安当仁與）」の「アン・ト」を入れ替え「トウ・アン」とした時、当安としたのではなく等安としたと考える方がよい。

村山安当仁與《アントニオ》が秀吉からトウアンという名前を賜ったのは、長崎の地誌類では文禄元年（一五九二）と一致している。ただ、その地位については、『長崎実録大成』(76)『長崎根元記』(77)では代官に仰せ付けられたとし、『長崎縁起略記』(78)『長崎署記』(79)『長崎港草』(80)では、等安は御朱印を頂戴したとのみ記すが、何の朱印状かは明らかでない。

一方、アビラ・ヒロンの『日本王国記』(81)では、「一五九四年、私がこの王国に着いた年」、「八つの主な町の乙名たちや数人の商人たちが太閤様に呼び出された。その中にマニラから来た直壺を幾つか巧みに売りさばいた商人として、当時村山」アント、「またはアントニオとよばれていた等安がいた」。太閤に感謝するため、「皆の代弁者とするため村山アントをその頭にした」。太閤は「大そう彼が気に入った」。長崎では「以前よりもいっそう等安を重んずるようになった」と記している。

まず、秀吉と会った年が一五九二年であるか、一五九四年であるかについては、フロイスの『日本史』では、一五九三年の記述として、Moriyama（これは村山と訂正されている）アントニオと称する長崎の重だったキリシタンについて記されているから、それ以前に出世したと考えてよく、文禄元年（一五九二）の長崎の地誌類の年を採りたい。

ただし、等安が直ちに代官になったかは、疑わしいと言わざるを得ない。町年寄の由緒書では「長崎領御免地之外は自分請地之儀御願申上げ」、それが認められて等安は肥前名護屋から長崎に帰ってきたので、頭人のうち一人、即ち後藤宗印が改めて頭人の代表として秀吉に会いに行き、等安は「御代官と役名相改められ」、私共頭人は「御免地之分を支配致す、町年寄と役名相改められた(82)」と記す。年代が一五九二年であれ、一五九四年であれ、長崎の外町はまだ形成され始めていないので、外町＝御免地之外＝代官＝村山等安、内町＝御免地＝町年寄＝私共頭人が決められたというのは、十年ぐらい早すぎるので、上述の町年寄の由緒書は信用できない。

これまで述べて来たように、長崎が秀吉領（公領）になると、教会領の時は宗教的統一体であったイエズス会と町方とが、明確に分離されるようになり、町方の頭として頭人が必要になり、天正十六年には頭人が選出されたのである。ところが頭人たちは秀吉に会った事がなく、秀吉が名護屋に滞在中に挨拶に行くべしという意見が出た。そこで頭人ではなく、商人の代表格で、口巧者《くちこうしゃ》の村山等安を皆の代弁者として秀吉のもとに送り、それが予想以上に成功した。

こうなると、等安を長崎の町の中での頭という位置付けにせざるを得なくなる。等安の初期の立場はこのような微妙な位置にあり、決して最初から代官という立場ではなかった、と考えた方がよい。

### ⑤長崎の町の拡大

次に長崎の町の拡大について述べよう。

開港当初に島原町・大村町・外浦町・平戸町・文知町・横瀬浦町の六町が作られ、その数年後には椛島町・本博多町が形成され始めた事をこれまで述べてきた。これを比較的正確に言いあてているのは『通航一覧』であり、「島原町大村町外浦町平戸町文知町横瀬浦町六町これを建、其後博多町椛島町今町五島町内下町を建添、二十餘年を経て、文禄の初にいたり、二十三町となる[83]」と記す。

最初の六町を（一）グループとすると、（二）グループが博多町椛島町今町五島町内下町であり、（三）グループは江戸町浦五島町本興善町後興善町金屋町豊後町引地町桜町内中町小川町船津町新町となる。

一方、内町における堀設置の年代について香川薫平『長崎地名考[84]』では、一ノ堀は文禄元年（一五九二年）、島原町と本博多町境に堀を掘り、二ノ堀は慶長元年（一五九六）、豊後町と桜町境に堀を掘り、三ノ堀は慶長元年、桜町勝山町境に堀を掘るとする。

これらを組み合わせて考えると次のようになるだろう。

㈠グループは開港当初の町。

㈡グループとして、五島町は五島の島々の殿の淡州が死んだ後、ドン・ルイスが三百人のキリシタンを引き連れ長崎へ移動、二年ほど滞在し、ドン・ルイスは家臣の半分と共に五島に帰還、他の半数の人たちは長崎へ残留したとするルイス・フロイスの記述[85]と結びつけ、五島町成立を元亀二年、天正四年、天正六年頃[87]とする説がある。

樺島町は天正年間（天正四年説[88]、天正八年説[89]がある）に、野母先半島先端の樺島から長崎へ移住した人によって作られたと伝える。本博多町の位置には、天正十一年にミゼルコルディアが組織され、天正十二年には教会[90]が付設されている。

以上からみて㈡グループの時期は、天正初年から天正十二年頃までを中心とすると考えてよい。この時、北側には大堀が掘られ、高台と低地の境には要塞（石垣）が積まれた。

㈢グループは、文禄元年（一五九二年）頃に、十二町の範囲が確定し、町立てが始まった。文禄元年には、本博多町に奉行所（代官所）を築くため、南側の島原町と本博多町境に一ノ堀を掘った。この時、北側の古くからの大堀の状況は不明だが、奉行所の近くを除き、大部分は埋められたのではないだろうか。その後、慶長元年（一五九六）に、二ノ堀と三ノ堀を掘削した。三ノ堀の掘削は、外町と内町の境を区画するもので、この時点で㈢グループの町立てが完成し、外町の町立てが行なわれ始めた。

なお㈣グループとも言うべき、外町形成の問題については、第二章「徳川初期の時代の長崎キリシタン」において述べる。

### ⑥長崎の変化

次に、教会領の長崎から秀吉領（公領）の長崎に変わって、どのような変化があったか、あるいはなかったのか、について考えていきたい。

長崎は一五七三年から一五七四年にかけての危機において、領主大村氏から直接の軍事的支援を受ける事が出来なかった経験から、次第に防御施設を作り、自ら防衛し始めた。その後、教会領になるに及び、より一層防衛意識は高められ、教会の指導もあって、大堀や石垣などで要塞を作った。

後の頭人から町年寄へ成長する高木・高島・後藤家の人々も、長崎来住以前は枝城の城主としての武士の棟梁であり、彼らは剣術・戦略の技倆も求められ、なおかつ裕福な商人としての性格も求められていた。

一般の長崎の住民は、キリシタンである事、宗教上の諸行事への参加以外には、生活上の制限はそれほど設けられず、その意味では日本の他の地域の住民よりはよほど自由で、幕末以前の日本において、最も近代的な気風の芽生えが生じつつあった事は想像できる。この地には、宗教上の権威および財力の権威以外には屈しない気風が生じていた。イエズス会の準管区長コエリョは、一五八九年（天正十七）、スペイン・ポルトガルの国王、東インド会社、フィリピンの総督たちに働きかけて、秀吉からキリスト教会および長崎を守るために、日本キリスト教界への援軍の派遣を真面目に考え、武器を集めていたが、そのような考え方をする長崎の住民もいたであろう。

しかし、すでに戦国時代から強力な支配者のいる統一政権時代へと時代は変わっていた。二回目に日本を訪れた巡察師ヴァリニャーノは、事態の深刻さに驚き、コエリョの集めた武器を密《ひそか》に処分した（要塞を築くのを指導したのは、ヴァリニャーノ自身であったが）。

そして、秀吉が発令したバテレン追放令は、最終的には実行されなかった。イエズス会士たちは、秀吉が望むポルトガル貿易とキリスト教禁止の二つのうち、前者が最も優先されていると早くから見破っていたからである。そのため教会領長崎の時代に育まれた宗教熱は、秀吉領長崎になっても持続していた。

一五九〇年十月十二日付、長崎発、ルイス・フロイスの一五九〇年度日本年報(91)では次のように記す。

「長崎の港には五千人の人々が定住している。これに加えて、船が着くたびに多くの人々が一年の大半を当地で過ごすことになる。なぜならば七月に到着して、二月か三月に出帆するからである。ここのキリシタンたちの宗教熱と敬虔さは、異教徒たちですらも賞讃しているほどで、特にこの港に数年来設立されたミゼリコルジア会の善行がそうである。」

また、フロイスの『日本史』[92]12では次のように記す。

「日本人はあまねく貧しいにもかかわらず、その村のキリシタンたちは熱烈な信心家たちであったので、彼らはマカオのミゼリコルジア会の規約と会則を（そこでも）採用することにした。彼らの会は、その会則に基づいて統《す》べられており、（聖母）御訪問の祝日に、会の管理者とその他の役員を決めている。」

このように宗教熱はますます高まり、その手本としてマカオのミゼルコルジアを手本とするようになった。長崎キリシタンの手本が日本の各都市に存在せず、マカオやマラッカの如き都市に推移したいとの意志を示していたのである。ところで、ルイス・フロイスの一五九〇年度日本年報では、長崎港の人口は五千人で、さらに船が着くたびに多くの人々が一年の大半を当地で過ごすと記されている。

長崎の開港当初の人口としては、一五七一年十月二十日付、ガスパル・ヴィレラ師の書簡の中に千五百人とある。「長崎にはおよそ一五〇〇名のキリシタンがおり、一宇の教会を有するが、これは私が建立して諸聖人に奉献したものである」[93]と。この教会は、長崎甚左衛門の城にあったトドス・オス・サントス教会を指しており、その城下の人たちは一五六六年に「同地の身分ある人たち一同が約五〇〇名の住民とともに我が聖教に改宗」[94]したとあるので、ヴィレラ師の千五百人とは、甚左衛門の城下の人たち五百人と、新たに長崎港で定住を始めた人たち千人とを合わせたものである可能性が高い。

いずれにしても、開港から二十年たって、三千五百人から四千人、人口が増加したのであるから、一年に二百人の人口増加であり、それほど急激な増加とも言えず、長崎の町が最初の六町から、次の（二）グループの「博多町樺島町今町五島町内下町」の合わせて十一町へ拡大した事とおおよそ対応しているのであろう。

そして、ルイス・フロイスの一五九五年度日本年報[95]では「各地から各種の非常に多数の人々が、この（長崎）港へ集まっている」、「追放処分を受けて、この地に居住しようと来ている人々を合わせると、住民数は非常に増加して八千人以上になると我らに伝えられている」と記す。一五九〇年以降、五年間の間におよそ三千人増加しているのであるから、一年に六百人の人口増加であり、急激な伸びを示している。これは（三）グループの新たな十二町形成と深く関わっているのである。

以上のようにみると、教会領から秀吉領（公領）への長崎の変化は、長崎港が下《しも》地方の最大の貿易港から日本全体の規模の貿易港へと移行した事を示し、フロイスの言う「各地から各種の非常に多数の人々」（商人）が多くの銀（財）をもって集まり、長崎の人口増加・町の拡大には、日本側の購買力増大も大きな影響を与えたのである。

そして、中央政権による支配権の確立という点では、文禄元年における寺沢志摩守の奉行（代官）就任による諸政策は一つの試みであった。岬にある長崎の町のシンボル的な教会を解体し、名護屋に運び、本博多町には奉行所を作り、新たな支配のシステムを作ろうとした。しかし、その意志は貫徹できず、奉行支配のシステム構築は腰砕けに終わった。長崎はこの時点では、ポルトガル船との貿易によって成り立っているのであるから、ポルトガル船が欠航すると、支配者の秀吉も配下の寺沢も心配が生じるのである。

秀吉が発した、バテレン追放令のもつ二つの側面であるキリスト教の日本への布教禁止と、ポルトガル貿易の推進は両面が入り乱れつつ、秀吉の死去まで続いたのである。

### ③サン・フェリーペ号事件と二十六聖人殉教

この章の最後に、サン・フェリーペ号事件から二十六聖人殉教に至る過程を記しておきたい。

一五九六年七月十二日、二三三人の乗客を乗せてサン・フェリーペ号は、フィリピンからメキシコへ向かった。船は三度も台風に出合い、数人の者が水中に落ち、舵もマストも失ってしまった。船は十月十四日に日本の四国沖に達し、十月十八日長曾我部元親の船が近づき、部下を派遣して、酒・牛を送り安全を約束した。しかし翌十九日、帆船を多くの小船で浦戸の湾内に曳航して「十分な深さ」があると言いながら誘い込み、砂洲に乗りあげさせた。「二時間の中に船は裂け、ポンプは外に在りし為め、下の第一甲板まで水充ちたり(96)」。そこで、高価な船荷を急いで陸揚げした。

長曾我部元親は、十月二十一日に、太閤の奉行で、自分と親しい間柄であった増田長盛のもとへ急使を派遣した。使者が大坂へ着いたのは、十月二十五日か、二十六日と推定されている。増田長盛が四国へ向かうのは、十一月三日で、荷物没収が決定されたのは十月末日以前とされ、おそらく十月二十七日頃に荷物の没収を秀吉が命令したと考えられている。[97]

一方、サン・フェリーペ号のドン・マチャス・デ・ランデチョ司令官は、十月二十三日、船を修繕し必要なものを金銭で払う許可を得るため、フランシスコ会のフライ・ファン・ポーブレ以下四人を代表として秀吉のもとに送るために出発させた。十月二十九日に、フライ・ファン・ポーブレたちは大坂に到着、当時同地にいたフライ・ペドロ・バプチスタに会い、伏見に同行して秀吉に謁せんとしたが、秀吉は会おうとしない。[96]

増田長盛は、十一月三日に伏見を出発、六日に大坂で小西行長と話し、[98]サン・フェリーペ号の積み荷の没収に行くと知らせ、十一月十二日に浦戸に着き、船荷を没収した。十三日には、増田長盛・長曾我部元親は没収した船荷を一覧し、「関白太閤の印」を押すように指示した。[96]

そして十四日には通訳を通じて、秀吉の書翰に依ると言って、次のように説明した。スペイン人は海賊であり、ペルー・メキシコおよびフィリピン諸島にてなした様に、まずフランシスコ派のパードレ等を派遣してキリスト教の教えを説かせ、この国を取るために測量を行なう目的をもって来て、また金穀を積み来たった理由を聞いた。此事は此頃都にいた三人のポルトガル人外数名が、関白太閤様に知らせたる所なり、[96]と言った。

これは、秀吉と増田長盛との打ち合わせ以降、新たな船荷の没収理由として秀吉が追って通知したものであろう。

これに対し、司令官たちは「関白が船に積みたる富を伝え聞き、之を奪はん為めの口実なるべし」[96]と批判した。

こうして浦戸にとどまっていたランデチョ司令官らは十二月二日、増田盛長と共に船荷を積み移した船で、秀吉に会うため大坂・伏見へと向かった。ところが、十二月八日、秀吉はフランシスコ会士らを捕らえるよう命じた。

十二月十一日には、秀吉は伏見城の工事を見ながら石田三成を呼び、すべての神父を処刑するよう命じた。翌十二日、ふたたび石田は秀吉に対し、処刑するのはどの神父であるかを問うと、秀吉は通辞ジョアン・ロドリーゲスや老人オルガンティーノ師には「心配しないで安心するように」と言い、また長崎にいる司祭たちや、また司教および司教といっしょに同じ目的で来たすべての人々をも赦した[99]。

十二月三十日には、ふたたび秀吉は石田に対し捕らえた人たちを処刑するように命じている。

石田三成は、京都での捕縛者について、フランシスコ会の司祭と、その人たちと同居している人々の名だけが挙げられるよう命じ、その中にフランシスコ会の五名の司祭・修道士（ペドロ・バウチスタとフェリペ・デ・ヘススを含む）と十二名の弟子たちが入った。

大坂奉行は、一名のフランシスコ会司祭マルティン・デ・ラアセンシオンと三名の弟子、一名のイエズス会修道士パウロ三木と二人の弟子をあげていた。オルガンティーノは、イエズス会士を除外できないかと石田三成に折衝したが、石田は「（イエズス）会の者は一人も大坂にいなかったと思っている国王（秀吉）に対して、拙者（石田）がこの話をするとしたら、おそらく彼は立腹してふたたび一同を死刑に処するよう命じられるだろう[100]」と。かくして、後に道中の世話をして捕縛された二名を除く二十四名の処刑者の人々の名は確定した。

サン・フェリーペ号の船荷を没収した理由について、モルガ『フィリピン諸島誌[101]』は「財宝を自分のものにしたいと望んだ太閤様」と指摘し、レオン・パジェス『日本廿六聖人殉教記[102]』は「さきに、己が宮殿の崩壊の為に七十万金の損失を受けた太閤様は、左右の重臣等によりて百万金以上に評価された此の難破船の財宝によって、己が損失を償はむと欲した」と指摘している。

マイケル・クーパーの『通辞ロドリゲス[103]』は、「増田は秀吉に船荷を押収することをひそかに勧めた。秀吉はいったんはちゅうちょしたが、やはり押収することにした」とする。松田毅一の『秀吉の南蛮外交[104]』では、「すべては太閤の一存で動く日本であった」としながら、「明の冊封使、朝鮮使節のことなどで、異常な興奮状態にあり、朝鮮再出兵を決したところへ、ルソンからフラーデたちを乗せた漂着船が着いたとの報らせがあり、同様、興奮に駆られるまま没収を」命令したとする。

また、ルイス・フロイスは[105]、「これは日本の古い習慣で、その国の海岸に難破した船は、そこの領主によって没収されるということあった」とし、また一方では「それは積み荷が少なく、武器や武具を数多く積んでいた。このような口実で積み荷を没収するという明らかに不正を隠そうとしたと思われる」と記している。ルイス・フロイスの指摘した日本の古い習慣というのは、乗組員がいない漂流している船であるから、問題のサン・フェリーペ号には、司令官も船長も商人も多くの乗組員が生存していたのであるから、没収理由に該当しないし、かつ船の座礁は長曾我部側によって仕組まれた可能性が高いのである。

ルイス・フロイスの指摘した後半部分である「積み荷を没収するという明らかに不正」をある口実をもって「不正を隠そうとした」というのが正解であろう。松田毅一は、秀吉は異常な興奮状態の中で、朝鮮再出兵（慶長の役）と、財宝の「没収」を命令したとするが、冷徹に判断したか、興奮して判断したかは歴史の展開の中では問題にならない。興奮から冷めて、冷静になってから、先の判断を撤回して初めて、興奮状態で失策したという意味をもってくるからである。

以上からみると、サン・フェリーペ号の船荷を没収した理由については、モルガやレオン・パジェスの指摘、さらにルイス・フロイスの後半部分の指摘が正鵠を射ていると言ってよいだろう。

次に、二十六聖人処刑の理由について、モルガ『フィリピン諸島誌』[101]は、「修道士たちが太閤に、積荷をエスパニヤ人たちに返すよう懇請したことから、彼は激怒してしまい、彼らすべてと自分の王国で南蛮の宗教を説いている者を磔にするように命令した」と指摘し、レオン・パジェス『日本廿六聖人殉教記』[102]は、「太閤様は再びフランシスコ門派に対して怒りを発し、彼等が公然説教せる大膽さに憤激した」とする。

松田毅一は「土佐から右衛門尉（増田）が帰って太閤に報告し、それをめぐり、協議が行なわれ、フランシスコ会員を処刑することが決まり、マルチンス司教が京都なり、伏見を離れた時期を待って弾圧をはじめた公算がおおい」と論じている。松田が指摘するごとく、「すべては太閤の一存で動く日本であった」から、協議と言うより増田は秀吉が判断するための材料を提出したのであり、宣教師処刑は、秀吉個人によって決められた事は疑問の余地がない。そして、その処刑の範囲をどう決めたかについては、フロイスが記した秀吉と石田三成とのやりとりによって明らかである。

秀吉は、ロドリーゲスやオルガンティーノについて名指しして助けるようにと言い、長崎にいる司教たちも赦すようにと言った。秀吉がイエズス会はすべて助け、フランシスコ会士だけを処分するようにと考えていたかは、三成が秀吉に対する最後の問いかけをしなかったので、それを秀吉が判断しないままに終わった。しかし秀吉は、長崎におけるポルトガルとの貿易に影響を与えないようにと配慮した事、また、スペイン（フィリピン）との貿易よりもサン・フェリーペ号の財宝を欲しいと判断した事は間違いないところである。

これらすべての出発点はサン・フェリーペ号の財宝の没収にあり、財宝没収だけが世上の評判になる事はよくない。そこで、まず、スペインはパードレをまず派遣し、後に軍隊を入れてその国を乗っ取るという噂をパードレ迫害の理由として正面に据え、次に船荷の宝物の一部を宮中、摂家、清華家、諸大名に配り[106]、積荷の没収を正当化した。さらに、この船荷事件から世上の目をそらせるため、宣教師処刑を行なった。荷物没収を撤回させようと動いていたフランシスコ会の中心人物ペドロ・バウチスタとサン・フェリーペ号に乗船していたフェリペ・デ・ヘススらを処刑、この処分がサン・フェリーペ号の司令官らに恐怖心をおこさせ、船荷の返還要求を諦めさせようとしたのであった。

殉教者たちは、慶長元年十一月二十二日に大坂を出発し、長崎に至る二十六日間、八〇〇キロにも及ぶ長い行進を開始した。彼らが長崎に着いたのは十二月十九日の早朝であり、この日が彼ら一同の処刑の日となった。

二十六聖人の殉教について、ドミニコ会のアロンソ・デ・メーナは一六〇九年の報告の中で次のように述べる。日本人は「聖殉教者やその受けた迫害・苦しみの歴史を数多く知っているが、説いた事を自ら実行するのを眼で見るのは彼ら日本人にとって偉大な事件であった。だからフランシスコ会士の死は全日本人にとって大きな教化となり、機会が来れば神のために自分たちも受難しようという強い勇気を与えたのである」と（『福者アロンソ・デ・メーナO.P.書簡・報告』一九八二年、八七頁）。

# 第二章　徳川初期の長崎キリシタン

## ㈠　秀吉の死と徳川政権、そして長崎の拡大

慶長三年八月十八日（一五九八年九月十八日）豊臣秀吉は薨去した。徳川家康と前田利家は浅野長政と石田三成を博多に派遣し、出兵している諸大名に朝鮮からの撤兵にあたるよう命じた。この時、三成は三回目の訪日をはたしていた巡察師ヴァリニャーノに対し、長崎にとどまるようにと忠告し、「自分たちは我ら（イエズス会）の諸事情を記憶に留めておこう。そしてその時期が到来した時に、我らの諸用件を促進させてやろう」との書翰を送った。

慶長四年一月、四ヶ月以上も伏せられていた秀吉の死が新年を迎えて公表された。ヴァリニャーノは通辞ジョアン・ロドリーゲスを京都に派遣し、イエズス会の今後について家康に尋ねさせた。家康は「太閤様の戒めによって、（我が）専制君主国を占領しようとする（汝らに対する）嫌疑なしに（汝らを）滞在させることは許されぬのであるから、自分としてはこの争乱の時期には何も力をかすことができない。不都合なしに我らの要求を満足させることができる時代が将来訪れるかも判らぬ[107]」と述べたという。

石田三成のイエズス会に対する好意的な態度は二十六聖人殉教時に際しても表われていたが、家康の本心はどこにあったのだろうか。

慶長十年（一六〇五）に徳川家康がフィリピン諸島長官ドン・ペドロ・デ・アクニアに贈った書翰には次のように記されている。「尚ほ閣下其地より、屢々日本にある諸宗派に付きて説き、又多く望む所ありしが、予が之を許すこと能はず。

何となれば、我邦は神国と称し、偶像は祖先の代より今に至るまで大に尊敬せり。故に予一人之に背き、之を破壊すること能はざればなり。是故に日本に於ては決して其地の教を説き、之を弘布すべからず。閣下若し日本国及び予と交誼を保たんと欲せば、予が欲する事をなし、予が欲せざる事は決して之をなすべからず[108]」、と。

しかし家康はこの考えを、日本国内において、政権初期では強く表現しなかった。それは、家康が徳川政権初期にポルトガル貿易の継続を重要視して、キリスト教に対する取り締まりをあえて口にしなかったからである。家康がロドリーゲスに答えた言葉に対して、イエズス会側は、家康が「特許を与えはしなかったけれども、長崎のキリシタンに自由に思うまま生活する許可を与えた[109]」と解釈したのであった。実際、関ヶ原の戦い以後、家康が大坂城にいた時、イエズス会修道士を歓待したり、またイエズス会のジョアン・ロドリーゲスを自分の通商代理人に指名したりしたので、イエズス会側は家康は好意的であると理解したのであった。

長崎外町の形成については、文禄二年（一五九二）までに酒屋町・紺屋町・材木町などが造成されたとも言われるが[110]、『長崎拾芥』に、「慶長二年に田畑をひらき先材木町、本紺屋町、袋町、酒屋町此等の新町を立、御朱印地の外なるを以外町と名付[111]」とあり、『長崎建立幷諸記挙要』の慶長二年「材木町・紺屋町・袋町・酒屋町始建[112]」の記述から、慶長二年に最初の四町をはじめ、多くの新町を立て始め、上記四町は同年に出来上がっと理解しておきたい。

次に、『長崎建立幷諸記挙要』では、慶長四年（一五九九）に「小川町と船津町との通の川、籠屋の下より今下町迄の小川出来す、内町廿町と定る、築町始建つ[112]」とし、『長崎実録大成』では、慶長五年（一六〇〇）に「小川町より船津町に掘通しの川筋出来し、又引地町より本下町の川筋出来し、内町外町の境相極る[113]」とする。

その後、慶長十年（一六〇五）には大村藩との間で換地が行なわれ、慶長十三年（一六〇八）には『長崎建立幷諸記挙要』に、「此年迄に町屋大概成就[112]」と記され、外町の町屋はおおよそ出来た事を示している。その後、『長崎実録大成』では、「元和の初に至り四十町出来し[113]」と記す。

また、アビラ・ヒロンの『日本王国記』では、慶長十九年（一六一四）に長崎で行なわれた聖体行列のルートとして古川町・本紺屋町・上町・新しか紺屋町・魚町などの外町の町名が記されている[114]。また、ドミニコ会を中心として信者が署名したものに、元和八年（一六二二）正月十三日付の長崎ロザリオ組中連判書[115]があり、それには一〇四名の署名が記され、それぞれの信者の住所として、外町では二十四の具体的な町名が記されている。

以上をもとに次のように想定したい。

慶長二年（一五九七）に「材木町・紺屋町・袋町・酒屋町」の外町最初の四町をはじめ、多くの新町を立て始めた。上記四町は同年に出来上がった。

慶長四年又は五年に、小川町より船津町にかけて掘通しの川筋（小川町川）が出来、川の西では元和元年（一六一五）頃までに、筑後町・上町・中町・下町・築出町などが出来上がった（なお、中町・下町には慶長二年頃既に相当数の人が居住していた[116]）。

同じく、慶長四年又は五年に、引地町より本下町にかけて川筋（地獄川）が出来、本川（後の中島川）との間には、外町で最も早く作られた四町の南に築町（慶長四年建始め、これは内町に入る）が出来、四町の北には、南から順に魚町・本大工町・今紺屋町・桶屋町・寄合町・今博多町・大井手町・今大工町が出来、その西側に馬町・ろかす町・八百屋町・ほうらや町（勝山町）が出来た。

これらの地域には、本大工町にサン・アントニオ教会、勝山町にサント・ドミンゴ教会、ろかす町にセントルカスの会堂、立山に接して山のサンタ・マリア教会など慶長十九年（一六一四）に破壊された諸施設があったから、慶長十三年（一六〇八）の「町屋大概成就」の中に、ほとんどすべての町が含まれるであろう。

本川の北では、二股川が分枝して、その間に新高麗町が生まれ、本川の東では北から新紙屋町・本紙屋町・新紺屋町・毛皮屋町・諏訪町・磨屋町・古川町・歌舞伎町・榎津町・本鍛冶屋町・浜町・篭町・今石灰町・油屋町が出来た。これらも大部分は、慶長十三年には形をなしており、元和元年（一六一五）頃までには出来上がったのであろう。

また、本石灰町川の南には、本石灰町・船大工町・太夫町・本篭町が元和元年頃までに出来上がったが、本石灰町で

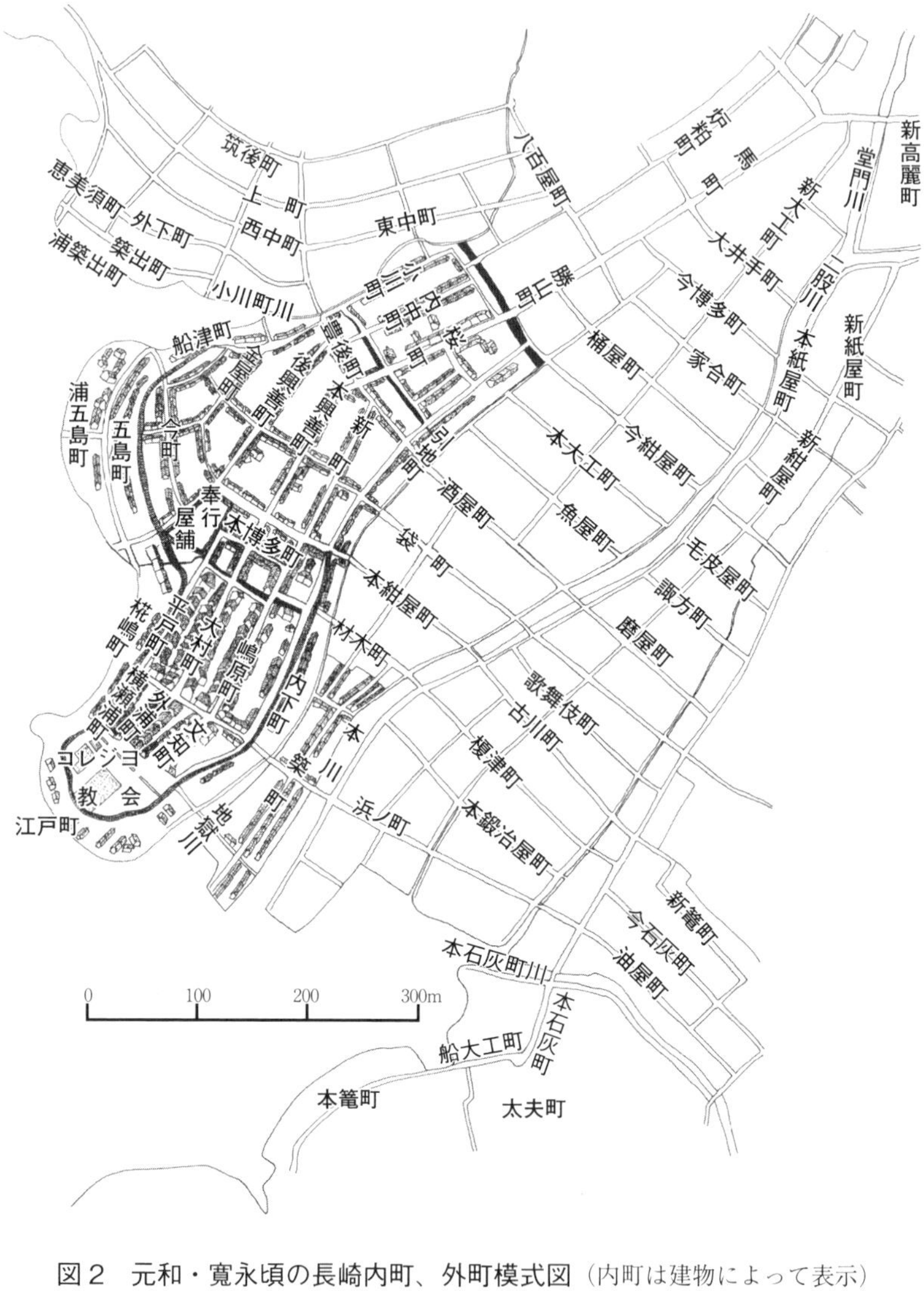


図２　元和・寛永頃の長崎内町、外町模式図（内町は建物によって表示）

はすでに慶長二年頃に相当数の人が居住していた[116]。

これら慶長二年以降、慶長十三年までの十一年間が外町造成の最も盛んな頃で、その後七年を経て、元和の初めには、十八年間で四十町の外町が出来上がったのであった。

この長崎の町の拡大は、長崎の人口増加と対応しており、一五九七年に「八千人以上」と報告されていた住民数は「一六一一年に至って人口一万五千の当代における大都市に変じ[117]」、「今（一六一四年）では二万五千以上いる[118]」と記されている。また『長崎縁起略』でも、元和二年（一六一六年）に、「惣人数二万四千六百九十三人[119]」と記されている。

このように一五九七年に八千人であった人口が、一七年後の一六一四年には二万五千人に増加しているので、ちょうど一年に千人の人口増加となり、長崎の秀吉領編入後の五年間が一年に六百人の増加であったのに対し、さらに急激な伸びとなっている。しかも慶長二年から十三年までのうち前半期は、慶長の役・秀吉の死・関ヶ原の戦・家康の将軍就任など中央政権の大変化期に当たっており、長崎の町の拡大が中央政権の直接的な梃入れではなく、全国的な財が商人層によって自然に長崎へ流れ込む状況の中で、地役人主導で町立てが行なわれたのであった。

以下では、一五九九年から一六〇五年までの長崎のイエズス会について簡単に述べる。

一五九九年の長崎には、イエズス会の修道院（本部の建物）があり、三十人ほどの聖職者が住み、その中に巡察師ヴァリニャーノと副管区長ペドロ・ゴメスがおり、九十人の少年がいる神学校が併設されていた。神学校では、ラテン語と日本語による印刷が行なわれ、「ぎゃ・ど・ぺかどる」が印刷され[120]、一六〇〇年には、日本文字・欧州文字両用の「どちりな・きりしたん[121]」、「倭漢朗詠集巻之上[122]」が印刷された。

一六〇一年の長崎では、イエズス会の修道院に五十人以上の聖職者が住むようになり、非常に大きな教会の礎石が据えられ[123]、一六〇二年には三階建（日本風に言えば四階）の教会が完成した。一六〇五年の長崎では、「主が公然と覆いなしに街路を運ばれる公の行列[124]」（聖体行列）が行なわれた。

以上のように、この時期の長崎のイエズス会は、長崎の町の拡張と共に、順調に事業を拡大した。

## ㈡ 小笠原一庵

次に長崎奉行小笠原一庵について述べよう。

家康はマカオからの定航船の品物を買う事を長崎奉行（代官）寺沢志摩守に命じたが、寺沢が長崎へ派遣した人物はイエズス会のロドリーゲスの忠告を無視し、偽物を高く購入したという。家康はそれを怒ったので、寺沢志摩守はそれをイエズス会のせいにした（一六〇一年度日本年報[125]）。

また、慶長七年（一六〇二）には、上方から長崎へ来る商人たちも通辞ロドリーゲスや村山等安に不満を示していた[126]。しかし、この年の終わりには、寺沢の失敗や訴えた商人たちの不正が明らかになったらしい。

慶長八年（一六〇三）正月に、ロドリーゲスと村山等安が新年の祝辞を述べるために伏見城を訪問すると、家康は二人を歓待し、長崎の町年寄四人とともに、村山等安を頭とし、ただちに全員に辞令を発し、またロドリーゲスに長崎の「良き統治[126]」（貿易に携わる事）を委ねた。そして寺沢志摩守から長崎での役職を没収した。

寺沢の代わりに長崎に派遣されたのは小笠原一庵であった。『通航一覧』所収「五本長崎記[127]」には次のように記す。慶長八年四月に長崎へ「小笠原一庵といふて法體の人を差下さる」。「小笠原一庵は、元祖三河国知行の大名なりしに、一門の出入有て、洛陽東山辺に引込、茶湯に月日を暮し、一門衆中よりの養育にて、閑人と成居給ひしを、家康公御意には、長崎は切支丹発興の所なれば、坊主天窓の者を遣はし可然旨にて、則一庵法印に、其形にて罷下り相勤候様にとの事にて、与力十人御附、京都より直に下向有けるとなり」。

家康は、長崎でのポルトガル貿易の進展のためには、少なくとも数年はロドリーゲスの働きが必要であると考えていたが、一方では、イエズス会がポルトガル貿易の主導権を握るのはよくない、と考えていたはずである。しかし、今、表立ってイエズス会に圧力を加える時期ではない、とも思っていた。そのような複雑な思いが、法體（僧体）の人を選び、かつ「五本長崎記」が述べるように、わざわざ「其形にて罷下り相勤候様に」と具体的な点まで指図させたのであろう。そして小笠原一庵は、京都東山で閑人となって茶湯に月日を暮らしていたが、京都における織物業、さらに生糸購入については、相当な知識を持っていたであろう。これが長崎奉行に小笠原一庵を選んだ最大の理由だと思う。

なお、慶長八年には、長崎入港予定の定航船がオランダ側に捕獲されたため、長崎へのポルトガル船の入港はなかった。このため、家康はイエズス会に対して気をつかい、三五〇タエルの施物と五〇〇〇タエルの貸付金を届けた(128)。

慶長九年（一六〇四）には、長崎にマカオからの定航船が入港した。そして、幕府は慶長九年五月三日付の「御奉書」を発令した(129)。

「黒船着岸之時、定置年寄共糸のねいたさゞる以前諸商人長崎に不可入候。糸の直《ね》相定候上者萬望次第致商賣べき者也。

慶長九年五月三日

本多上野介　在判

板倉伊賀守　在判」

ポルトガル船の生糸値段が、定置く年寄共によって決定されるまでは、諸国商人の長崎への立入りを禁止したものである。

この慶長九年に、どのような取引きが行なわれたか判明する直接的な史料はない。しかし、翌慶長十年には、長崎奉行が小笠原一庵の他に、長谷川波右衛門重吉も加えられ二人の奉行となっているから、慶長九年の小笠原一庵の取引き結果は、家康にとって不満なものであった可能性は高いだろう。一方、イエズス会では「今年、貿易船の渡来により、われわれは二、三ヶ月の内に、二万五〇〇〇ドゥカド以上儲けた(130)」とし、イエズス会側の利益が大きかった事を示している。

慶長十年（一六〇五）、マカオからの定航船が長崎に入港した。「長崎初発書(131)」には次のように記す。ただし、長谷川波右衛門が記されている事から、年代は慶長十年と考えてよい。

「一、慶長《カ》八卯年糸千丸御物被召上御奉行長谷川波右衛門様／小笠原一庵様陸地より豊前小倉迄御持登り細川越中守様御船七艘ニて小倉より伏見へ御登せ、御天守へ御納め被成候、御物残り糸右三ヶ所割符仕候由」

この年は、まず長崎奉行二人が将軍用に千丸もの生糸を買上げ、それを伏見城へ納め、残りの生糸を堺・京・長崎の糸割符年寄共で配分した事を示している。この時の二人の長崎奉行の役割り分担がどのようなものであったか明らかでない。しかし小笠原一庵の行為の結果は、この年も家康にとって不満なものであった可能性が高い。『長崎実録大成』には、「小笠原一庵　慶長八癸卯より同十乙巳年迄三ヶ年在勤[132]」として、翌慶長十一年の在勤を認めていないのである。

しかし、清水紘一が指摘するように[133]、一庵は、幕府が慶長十年五月、五島淡路守に発行したカンボジャ渡海の朱印状を、慶長十一年（一六〇六）になって、長崎で回収したとみられるし、慶長十一年に長崎在住の司教セルケイラを家康と面会させる段どり[134]をしているからである。しかし、慶長十一年には、長崎の地誌類が一庵は長崎不在と思うほど、長崎の在住期間は短かったものであろう。

慶長十一年には、七月二十六日に長崎奉行二人のうちの一人、長谷川波右衛門が京都において没した。「長谷川藤広墓誌銘[135]」では、「重吉卒、擢公爲長崎刺史」とあり、兄波右衛門重吉が大病し、弟の左兵衛藤広が兄の代わりに奉行になったのである。

藤広は慶長十一年五月に長崎に下向したが、その年のものとみられる次の書状[136]がある（長谷川左兵衛長崎在住中のマカオからの定航船は慶長十一、十四、十七年に限られ、全体の文意から慶長十一年とみて、ほぼ誤りない）。

「黒船帰朝付て長谷川左兵衛、こま物御用之ため被罷下候、委細之段ハ寿安尊梅可申越候、恐々謹言

本　上野介

七月廿五日

長崎年寄中」

駿府の重臣本多正純より長崎の町年寄に宛てた書状の中に、藤広の長崎下向はこま物即ち唐用の御用のためであるとしているが、このような長崎奉行の本務とも言うべき内容を、奉行の部下である町年寄にわざわざ言う必要があるだろうか。ここでは、必ず言う必要があり「委細の段は」寿安・尊梅が申越すとしている。つまり小笠原一庵と長谷川藤広の二人の長崎奉行のうち、こま物御用は藤広が行なうと明記しているのである。

慶長十二年（一六〇七）になると、「小笠原一庵殿御私欲多段、達上聞、為御吟味[137]」（『後藤惣太郎由緒書』）とし、「小笠原一庵、不首尾之儀有之、同十二年高木了可、高嶋了悦、駿府江被為召、右当地勘定之儀、被仰付候処、無滞相勤候[138]」（『高島四郎太夫由緒書』）とする。この史料でみると、駿府へ呼ばれたのは四人の町年寄全員でなく、高木・高嶋であるから二人が入り、後藤・町田が入っていない役職、即ち糸割符年寄[139]であり、小笠原一庵の不首尾とは「御勘定」の不都合、即ち将軍用の生糸購入分の「御勘定」の不都合があったものとみてさしつかえないだろう。慶長十二年初めには、小笠原一庵は長崎奉行職を罷めさせられたが、その後任は選ばれる事なく、長谷川左兵衛藤広による一人奉行の体制が続く事になる。

## (三) 長崎村他の換地問題

慶長八年（一六〇三）正月に、ロドリーゲスと村山等安が家康に挨拶に行き、等安を頭（代官）とし、四人を町年寄にする事が確認された。この時、町年寄は内町支配、等安は外町支配と決定した。ところが、内町は公領であるのに対し、外町およびその周辺地は大村領であり、支配形態において、さらに自らの代官支配のあり方において、等安が最も早くこの問題で苦慮したのであった。

この問題の最初の経緯を最も詳しく述べているのは、大村の殿（大村喜前）のそばにいた、イエズス会のルセナの回想録[140]である。この文中にある乙名を〔村山等安〕と書き換えると次のようになる。

「〔村山等安〕が準管区長パードレを説得し、大村殿と相談して彼の所属する地域の全支配権を引き渡すようにせよ、そうすれば自分たちは大村殿の手によって任命された役人として彼のすべての命令に従うし、住民の支払うことになっている税金は忠実に彼に支払わせる」、そうすれば「裁判権は長崎全市において正しく守られるであろう」、と。準管区長パードレ（パシオ）と大村の殿は協議し、「その時には非常によいと思われたので、両者の側から書類が引き渡され、前記の約束を守るという署名が為された」。

しかし大村の殿は、署名後において、大村の親戚の家来からその件について反対をうけ、当該区のうちの最も主要な一地区を殿の家臣に統治させるように提案せよとの圧力をうけ、殿はこの件についてイエズス会を通じて交渉するようにとルセナに言ったが、ルセナの上司であるパシオからこの話を聞いた「〔村山等安〕は殿が約束を破り署名した書類どおり実行しないのを怒り」、「早急に返却して契約を取り消し[140]」てしまった。

この時期に外町居住の男による殺人・強盗事件が起こり、等安たちはその犯人を処罰するよう大村側に伝えてきた。ところが大村側の役人に不手際があって犯人の処罰を行なわなかった。そこで等安たちは「国王に、今まで行なわれて来たように二人の支配者によって長崎を管理することは不可能である、と申し送った[140]」。

かくして、慶長十年（一六〇五）に家康のもとで、長崎奉行小笠原一庵により持ち込まれた長崎およびその周辺地図をもとにした協議が行なわれ、長崎換地が決定した。

『長崎根元記[141]』には、次のように記す。

「一、日見之方は峠を分、南に當十善寺梅ヶ崎迄
一、茂木方は田上の宿際迄、西長崎村を限る
右慶長の比迄は大村領にて有之、東庵請地に成他の領地を入置事、町建にて不宜、萬にさはり可有之と思ひ、東庵より訴訟して、大村江申越候て地の望をなす。代地として浦上にて橋より西に當り、小川より北の方西村と云所、

高千二百石東庵より是を代地に出す。
　慶長十巳年七月、寺沢志摩守家来山田権右衛門、大村より友永彌蔵、有馬修理大夫より千々石采女・入江七右衛門、東庵方より松尾将監、右五人出合、遂二吟味一棹を入、同九月帰。」

大村側に渡された土地を『大村見聞集』(142)でみると、次のように記す。

「御家記云、慶長十乙巳年九月十一日、長崎新町（今日外町）及属邑官地と成る。為代地浦上村（村之内古場村・北村・西村を分賜ふ）家野村（村之内一邑を分賜ふ）外目村（全く賜ふ也、外目とハ、陌刈平野・黒崎村に雪之浦村之内を加て外目村とす）を賜ふ。」

以上の説明では、長崎側に渡された土地の範囲について、東は日見峠まで、南東方向は田上宿まで、長崎湾東岸の南方は十善寺・梅ヶ崎までは明瞭であるが、西および北の範囲が明記されていない。

『長崎古今集覧』には、「慶長十巳年より、浦上村長崎村外町村山当安老受地ニ相成(143)」とし、外町の他に浦上村・長崎村が入る事を示す。慶長十年以降、長崎公領と大村藩領との換地は、安政四年（一八五七）の「大村領戸町村を公領とし大浦海岸を埋め外国人居留地となす(144)」まで行なわれていないので、後の浦上村・長崎村の代官支配地が即ち等安の時に換地された範囲であると考えてよいだろう。それは次の範囲を含む(145)。

浦上村ノ内山里庄屋懸り
　馬込郷　里郷　平野　中野　本原郷　家野郷
浦上村ノ内渕庄屋懸り
寺野郷　竹久保郷　稲佐郷　水浦郷　西泊り郷　船津（浦）　立神郷　平戸小屋郷　瀬ノ脇浦　飽ノ浦郷　岩瀬
道郷　本鉢郷　小瀬戸郷
長崎村ノ内
河内郷　中川郷　馬場郷　西山郷　伊良林郷　夫婦川郷　片渕郷　木場郷　岩原郷　高野平郷　小島郷　十善寺
郷　船津浦

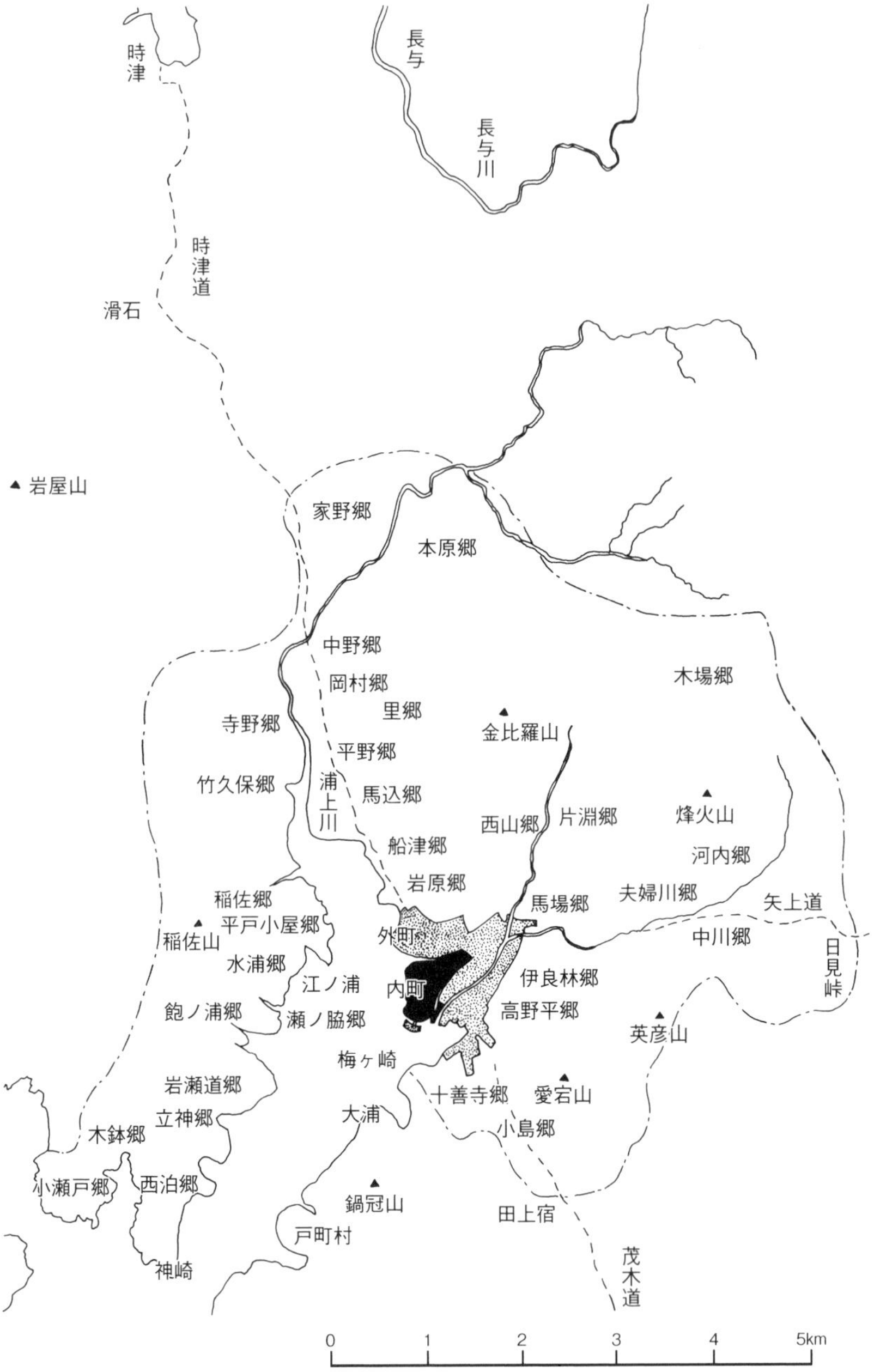


図３　長崎周辺の郷地（模式図）

このように外町の外に広がる属邑の範囲は広大な範囲（西は長崎湾西岸全域、北は現JR西浦上駅または千歳町あたり）で、東西九キロ、南北八キロの広さをもち、内町・外町の合計面積より、外の属邑の範囲が二十倍以上の広さをもっているのである。これを明治以降の行政区画と比べても、拡張を数回重ねた明治時代の長崎市の範囲の方がはるかに狭く、大正九年の上長崎村・浦上山里村の編入によってようやく江戸時代の長崎公領に近い形となっている。

慶長十年（一六〇五）の長崎換地の時点では、外町の造成とその範囲はほぼ確定していたであろうが、多くの外町の建物は造成中であり、そのような時点で、内町・外町を合わせた面積より二十倍を超えるほどの広い面積を外町属邑に付加した事は驚きである。

等安が代官に任命されて、外町の担当となった時、その外町は大村領に属する地であったから、それを内町と同じく幕府領にすべきだと、直ちに考えたに違いない。そして、貿易港としての天領長崎の行政権を確立させ、行政区を拡大させる事は幕府の方針に添うものであった。さらに、自らの代官支配を確立・拡大させようと強い意欲を示した。

かくして等安の主導とイエズス会の媒介によって、長崎側と大村の殿との話し合いが行なわれ、一旦は同意の署名が行なわれた。しかし両者の間にトラブルが生じ、等安側は家康に訴えたのである。ここで疑問に思うのは、大村の殿と等安側が話し合った時、所属する地域の範囲がこれだけ大きな範囲であっただろうか、という点である。おそらく最初の話では、所属する地域は外町と、それと同じくらいの面積の属邑程度ではないだろうか。

しかし、家康への訴えは、大村殿に知らせずに行なわれ、その対象範囲も極端に拡大されていたのである。貿易都市長崎の発展という点からすれば、申し分のない広さである。日常的にみると、近郊農村・近郊漁村が領内にあるようになり、船着場や船による渡しなどを領内支配地で行なえる。特別な対外事情が生じれば、後代のロシア兵の宿泊や肉牛飼育なども行なえる。

しかし、大村喜前にとっては、この広大な長崎および周辺地を失う（もちろん外目村などと交換した訳ではあるが）事は、青天の霹靂と感じた事だろう。すでにこれまでに得ていた租税および各家から支払われた地代を失うだけでなく、将来の長崎の町の発展に伴う何物をも期待出来なくなったからである。何よりも、その区域の広さに驚き、怒りがこみあげてきた。大村喜前は怒りが収まらず、キリシタンを止め、法華経に改宗してしまった。

## (四) 長崎奉行長谷川左兵衛藤広

『徳川実紀』慶長十六年（一六一一）九月、[146]「西域より世界の図の屛風舶来せしかば、駿府へ進らせられしに御覧ありて、後藤庄三郎光次、長谷川左兵衛藤広を御前にめして、萬国の事ども御尋問ありて討論せられしなり。凡そのころ異域の事は左兵衛藤広、貨財の事は庄三郎光次、はた寺社の事は金地院崇傳奉りて沙汰する。常の事なりき」。

家康の下で、外交をとりしきっていたのは本多正純であるが、現地の長崎や九州の各地において役割を果たしたのは長崎奉行長谷川左兵衛藤広であった。左兵衛の具体的な記述に入る前に、当時の家康の外交・貿易についての考え方を記しておきたい。

貿易によって日本が輸入した主要な品物は中国産生糸であるが（輸出主要品は銀）、中国と日本の間には、足利将軍などの勘合貿易以来、長い間公的貿易は行なわれず、私的貿易も禁止されていたので、中国からの生糸の輸入はほとんど行なわれなかった。

ポルトガル人は、中国の沿岸地域にいる海賊を討伐するという条件のもとに、地方官庁からマカオの居住を許されていた。[147]そこで、マカオを拠点として、中国産商品を買い占め、それをもとに貿易の利益を独占する事をはかり、マカオから定航船で中国産生糸を長崎にもたらし、対日貿易を独占したのである。

家康は、継続して行なわれているマカオからのポルトガル貿易を重視し、家康政権初期には貿易仲介にあたるイエズス会を援助したが、実際にはイエズス会の主導で貿易が行なわれるのを好まず、日本側主導での価格切り下げを目論んでいた。したがって、長崎へのマカオからの定航船に対して、生糸価格の切り下げを要求するよう、常に考えていた。

そして、生糸の高値は、ポルトガル船のみが日本に生糸をもたらす事に原因があると考え、多くの国々に対して、日本との貿易を行なうよう仕掛けたのである。

まず中国との勘合貿易復活を常に考え、それが成功しなくとも、地方の明船が長崎に来て私的貿易を行なう事が年ごとに多くなっていった。慶長十六年（一六一一）八月二十日、『駿府記』[148]には、「長崎所司長谷川左兵衛藤広、駿府に着し、大明・南蛮異域の商船八十餘艘来朝、則ち快く商売を爲すのよし言上す、御（気色）感ずる有り」とある。

スペイン（マニラ・メキシコ）貿易[149]に対する家康の働きかけは、一五九八年に遡るが、慶長六年（一六〇一年）にはフィリピン総督宛書翰を送り、その後も働きかけを続けた。『通航一覧』南蛮呂宋国部[150]には「此国の船、慶長六年より同十八年まで年毎に入津す、ただ慶長十五年のみ所見なし、前年阿媽港船を燔沈せられしによりてなり」と記し、この時期、意外にもスペイン船の渡来が多い事が知られる。日本側は、スペイン船に対しても生糸を求めており、一六〇五年にはマニラから大量の生糸その他の財が日本にもたらされた。これらの生糸をマニラ側は、中国の南岸または台湾周辺のどの地域で手に入れたのかは必ずしも明らかではないが、おそらくマカオのポルトガル人のもたらす生糸よりは、多少とも高値で日本貿易用に手に入れたものと考えられる。

オランダ・イギリスとの関係は、慶長五年（一六〇〇）リーフデ号漂着によって始まり、家康はイギリス人ウィリアム・アダムスとオランダ人ヤン・ヨーステンを厚遇、二人は日本に滞在した。慶長十四年（一六〇九）にはオランダ船二艘が長崎港外に姿をあらわし、平戸港へ向かった。両船の商務員頭は、駿府で家康と会い貿易許可の朱印状をもらった。気をよくした二人の使節は、平戸に帰ると、借家を設けて商館にあて、日本貿易を始めたのである。オランダ貿易は開始されたが、まだ恒常的に一定量の生糸を得る手段を獲得しておらず、そのためにはなお年月が必要であった。しかし、ポルトガルやスペインのようなカソリックの国ではなく、新教徒の国オランダ、後にイギリスが、日本で商館を建て貿易を始めた点は、貿易・宗教を総合的にみる家康にとって大きな意味があったのである。

この家康の考え方を、九州で実行する人物として、長崎奉行長谷川左兵衛藤広が現れたのである。彼の初期の頃の動向として、慶長十一年のこま物御用のために長崎に下向した後、伏見へ戻り、家康とのやりとりがどのようなものであったかを推定させるイエズス会側の次の記述[151]がある。

「左兵衛が長崎から政庁に戻ったとき、彼は内府に向かって、本年は殿下のお蔭で数千タエスの収益を収めたと言って、それらを彼に差し出す。それで、内府はたいていは全収益を報酬として彼に与える。このため、左兵衛が商貨を買占めることがポルトガル人達の主なる苦情の一つとなったとき、これは内府自身の提言するところであったから、この苦情を除去することはすでにできないことであった。内府が適正な価格で商貨が購入されることしか望んでいないことは事実と考えられるところから、商人達の間の普通の価格には左兵衛はしばしば達することがなかった。」

即ち、慶長十一年の奉行就任の年に、すでに家康との強い信頼関係を築いたのである。長谷川左兵衛が長崎奉行就任一年目の初頭から、長崎のイエズス会に対して強い態度で臨んだかどうかは、明らかではない。しかし就任の一年目か二年目には、代官村山等安とともに、イエズス会を排除するための方策を考えつつ行動した事は間違いない。

そして、定航船が「来航を取り止めた二年前（一六〇七年）から、彼等（左兵衛と等安）は内府の面前でポルトガル人達を誹謗して彼等の信用を貶そうと努め、さらに、ポルトガル人達が尊大にして日本人を侮り、日本の諸法度や慣習に留意することなくみだりに振舞うことが多い、特に主要な商品である生糸の値に関しては法外な高価になるよう要求してきた、と言って内府のポルトガル人に対する怒りを誘おうとした」[151]。［（　）内は筆者の補足］

そして、少なくとも通辞で財政担当パードレ（プロクラドール）のジョアン・ロドリーゲスをマカオに追い出そうと企てていた。

そのような中で、一六〇九年六月二九日（慶長十四年五月二十八日）ポルトガル船マードレ・デ・デウス号が長崎に入港した。一六〇七年、一六〇八年と二年間、ポルトガル船が来航しなかったので、長崎ではこの船を歓迎していたが、実際は、半年後に船も人も不慮の災害を被るに至るのである。

まず、マードレ・デ・デウス号が長崎に入港すると、すぐに左兵衛は監視人による商品の登録が行なわれなければ、人の上陸も商貨の陸揚げも許されないと命じた。数日後、左兵衛は上陸した商貨を選択し、内府のためのものであると言って、彼の要求する（あまりにも廉価な）価格で、希望の商貨を買い取ろうとした。このようにして、生糸以外の商貨の一部は左兵衛によって買い取られた。しかし、左兵衛による生糸の設定価格は、あまりにも低かったので、生糸の販売は手つかずのままで船内に残された。

そのうち、この船の司令官アンドレー・ペッソアは家康との関係において、まずい状態にある事がわかった。というのは、一六〇七年に家康が占城から伽羅を取り寄せたいと有馬晴信に渡航の朱印状を与えていたが、一六〇八年、マカオで有馬の船の乗務員と司令官ペッソアが指揮するポルトガル人とが衝突し、これをペッソアが鎮定していたのである[152]。

マードレ・デ・デウス号より遅れて帰朝した有馬家の乗務員より事情を聞いた有馬晴信は、出府してこれを幕府に報告した。家康は司令官ペッソアの入港を機とし、事実を調査した後、適当な処分に及ぶべしと有馬晴信に命じたので[153]、晴信は長谷川左兵衛と画策を始めたのである。

有馬晴信は生糸にパンカダ（入港地での一括取引）を与え、その値を決める口実でもって、司令官ペッソアを陸にあげようとした。晴信は、自分は長崎の奉行たちを越えた諸々の権限を帯びていると言って協議が始められたが、同時に、有馬側から武器類と定航船にかけ上がるための梯子が用意され始めた。

そのような事態に気付いた司令官ペッソアは、一六一〇年一月二日（慶長十四年十二月八日）になって、マードレ・デ・デウス号の水夫を召集し、積荷を急ぎ、出帆の準備に取りかかったので、有馬側は一月六日を以て攻撃を開始、九日まで攻撃を繰り返した。

一月九日は微風で船は福田の付近まで進んだが、有馬側は船に三層のやぐらを築き、攻撃を集中した。デウス号では、防御のために一船員が投げた火薬の容器が引火し、火は帆に移った。司令官ペッソアは火薬庫に火を点ぜよと最後の命令を下し、まもなく船は大音響とともに火をふき、デウス号の乗員の多くは射殺されたり溺死したりしたが、一方有馬側も被害は大きかった。

ところで、長谷川左兵衛は最初から司令官ペッソアを討伐する意図があったのだろうか。僧月洲による「長谷川藤広傳」[154]では、黒船の船主が「我貨を奪う者であることを廉知し、上書して、之を誅せんことを請ふ」とし、左兵衛が最初から船主を討伐する意図があったように描かれている。

しかし、左兵衛がデウス号の荷物、とりわけ生糸に対して、将軍用のものとして極めて廉価な価格をはじめてポルトガル側へ要求したのは、最初から船主を誅せんとする意図で行なったものではないだろう。

慶長十六年（一六一一）に、オランダ人ヤコブ・スペックスがピーテル・ゼーヘルスを伴い駿府へ旅行した際の日記の一六一一年七月四日の条に、次のように記す（永積洋子訳[155]）。

将軍の買物掛は、一昨年〔日本人の〕商人が三〇匁の値をつけたスペイン人の生糸を二三匁で買い、昨年は〔日本人の〕商人が四〇～五〇匁で買った中国人の生糸を二四匁で買った。他の商品も同様である。これは将軍の名で行われているが、将軍はこれについてほとんど知らないし、他の人々は将軍の名で行なわれるため、あえて反対しない。このため長崎のポルトガル人は、二年前に他の人に値段をきめさせる位なら生糸を売らないと決議した。これは新たにはじまったことで、以前からの習慣ではない。将軍の買物掛は二年前に我々にも非常な難題を主張した。そこで出来る限り彼を近づけないようにしなければならない。

以上からみると将軍の買物掛（長谷川左兵衛）は、一昨年（二年前）の一六〇九年から、はじめて将軍の名で輸入する生糸について廉価な価格をポルトガル人・スペイン人・オランダ人に押しつけ始め、昨年（一六一〇年）からは中国人の生糸にこれを押しつけた事になる。少なくとも、マードレ・デ・デウス号の入港時の左兵衛の対応は、スペイン人・オランダ人に対するのと同じ対応であっただろう（但し、スペイン人と比較して、その値の付け方に差がある可能性は残るが）。

有馬晴信との関係など、その後の展開に、司令官ペッソアの不運があったといえよう。

## ㈤ 対マニラ貿易の進展と衰退

日本に生糸をもたらす対外貿易は、長崎開港以来ポルトガル（マカオ）からの船の渡来によるものが圧倒的多数で、ほぼ独占に近い形をとって来たが、十七世紀に入ると、かなり異なったものになる。中国船の増加も考慮に入れる必要があるが、この項では対ポルトガル（マカオ）と対スペイン（マニラ）との貿易の比較を行ない、貿易環境の変化を確認しておきたい。全体の貿易の流れの把握および個々の史料については、高瀬弘一郎の『キリシタン時代の貿易と外交』および『キリシタン時代の研究』に負うところが大きい。

最初の四〇年間を細分するとすれば、（Ⅰ）一六〇〇～一六〇四年、（Ⅱ）一六〇五～一六一三年、（Ⅲ）一六一四～一六三九年の三小期に分ける事ができよう。

（Ⅰ）期は十六世紀から続いてきたマカオからの船による独占的な貿易をとり、マニラとの貿易も若干行なわれた時期である。ただし、マカオからの定航船は五年間のうち、一六〇一年と一六〇三年には日本に入港しておらず、その原因はオランダ船による捕獲を恐れての事で、一六〇三年には長崎入港予定のゴンサロ・ロドリーゲス・デ・ソーザの船がオランダ船に捕獲された。

一方、この時期、フィリピンのマニラからの船は慶長六年（一六〇一年）以降、毎年来航したが、大規模な貿易までには達していないのではないかと考えられる。

一五九九年のフィリピン諸島長官のイスパニア国王宛書翰には、フィリピン側から日本皇帝に対して、海賊来寇の処刑を求め、また日本から来る船の数の制限を求めた[156]事を記している。家康は政権をとると一六〇一年これに返事を出し、この海賊に対してはすでに刑罰を加えており、国書に押した朱印を派遣船の許可状の証明とし、スペインの濃毘数般《ノビスパン》（メキシコ）との隣好を求め、呂宋の商船来航を望む[156]と記した。

一六〇二年二月には、新任フィリピン諸島長官ドン・ペドロ・デ・アクニアが家康宛に書翰を送り、「日本より当諸島に来る船は時風期毎に三度、総計六隻と定め、之に殿下の朱印を下付せられんことを望む[157]」と記した。同年八月、家康はこれに答えて、メキシコとの通交は必ずしも本邦の爲のみにあらず、本邦の関東で止宿ある事を貴国の人が望んだからであると言い、またルソンよりメキシコに向うエスピリッ・サント号の暴風雨に遭って土佐国清水港に入るや土佐の領主は乗員四十余人を捕らえたが、家康は直ちに彼等を解放し、使者一行と共に日本の商船に便乗して、マニラに還らしめた次第[157]を述べた。この年の貿易の中身についてはわからない。

一六〇三年の事として、ドン・ペドロ・デ・アクニアが「昨年（一六〇二年）私がかの王国（日本）に送った陛下の船は、陛下に書き送ったように安全に帰着し、火薬・弾丸・鉄および釘をもたらした[158]」。その他に、小麦粉を大量にもたらしたとある。フィリピンから日本にもたらしたものについては記載がない。

一六〇四年には、マニラから船が渡来し、薩摩以外の場所に入港した[158]ようであるが、入港地と貿易の中身はわからない。

（Ⅱ）期（一六〇五〜一六一三年）になると、マニラから日本への生糸の輸入は、マカオから日本への生糸の輸入と同じくらいになり、しかもマカオ船がオランダ船のために長崎にしばしば入港しなかったので、この時期全体としてみると、マニラからの生糸の輸入が優位を占めるようになった。

まず(Ⅱ)期の九年間のうち、マカオから定航船が来たのが一六〇五・一六〇六・一六〇九・一六一二年の四回のみで、そのうち一六〇九年来航のマードレ・デ・デウス号が撃沈された事は前述した。長崎港に入港しなかった五ヵ年のうち、オランダ船を恐れてのものが一六〇七・一六〇八・一六一三年の三回、一六一〇・一六一一年はマードレ・デ・デウス号事件の影響による欠航である。

一方、スペイン側をみると、マニラからの船は一六一〇年の一年を除き、継続的に渡来した。

まず一六〇五年（慶長十）ルソンの商船が長崎に入港し、通辞西類子《ルイス》は家康からルソン国への書翰[159]を渡した。イエズス会のセルケイラの書翰（一六〇六年三月十日付）には、「昨年マニラから大量の生糸、その他の財が日本にもたらされたので、ポルトガル人の財が甚大な損害を蒙り[158]」と記す。

翌一六〇六年（慶長十一）には、同じくセルケイラの書翰（一六〇七年三月一日付、イエズス会総会長宛）に、「当港（長崎港）に停泊しているマカオのナウ船とルソンエス〔ルソン〕の何艘かの船[160]」と述べ、同日付セルケイラの別の書翰（総会長補佐宛）には「マニラからの大量の生糸がもたらされたのは、昨一六〇六年のモンスーンであった[158]」と記す。また一六〇七年にゴア市が国王に書き送った書翰は、「昨年マニラから生糸を積んだ七、八艘の船を送った[158]」と記している。

この二年間（一六〇五・一六〇六年）には、マカオからの定航船が長崎に入港しているにもかかわらず、イエズス会の司教セルケイラはフィリピンからの生糸を積んだ船の来航に危機感をもった。一六〇六年三月一〇日付書翰には、「このフィリピンと日本との貿易は大規模に開かれつつあり、もしも国王陛下がそれに対して対策を講じなければ[161]」とし、「一六〇七年三月一日付書翰には、「もしもこれ〔マニラの対日貿易〕を阻止しないと、ポルトガル人が日本との間で有するものが終息してしまうか、または大部分減じてしまうに相違ない[161]」と記している。

次に、一六〇七年、一六〇八年のマカオから長崎への定航船は、オランダ船を恐れて入港しなかった。一方、マニラから長崎への船は明確に記すものはないが、セルケイラの次の書翰から、継続して行なわれている事がわかる。

一六〇八年三月五日付書翰に、スペイン人が「この貿易を我が物にしつつあるからである。このため私は、瞬く間にポルトガル人がそれ〔日本貿易〕を奪はれることになるに相異ないと思う[161]」とし、一六〇九年一〇月一〇日付でマニラからの「一艘は、小型のナウ船で、このところ毎年陛下のナウ船という名目で日本に渡来している[158]」と記している。

一六〇九年、マカオからはマードレ・デ・デウス号が長崎に入港した。マニラからは、同年一〇月一〇日付のセルケイラの書翰で、「(今年マカオからナウ船が日本に渡来したことを)マニラの人々が知らなかった筈がないのに、マカオからの財貨と同じ財を積載した船が五艘、マニラから渡来した[158]」と記し、「ポルトガル人とインド領国がそれ〔日本貿易〕を瞬く間に完全に奪われてしまうのは確かである。現在既にそれは大部分奪われているのである[161]」と記す。この時、マカオ側だけでなくマニラ側にも、長谷川左兵衛藤広は、将軍名で生糸に対し極めて低い価格を押し付けようとした。

一六一〇年初頭には、マードレ・デ・デウス号が長崎沖で撃沈された。この年には、マカオからの船だけでなく、マニラからの船も「今年は私（フィリピン総督）は陛下の船も個人の船も日本に送ることを望まなかった」(158)ために、欠航した。

一六一一年には、マカオからは貿易再開のための使節ドン・ヌノ・デ・ソトマヨルが来日したが、定期貿易船の渡来はなかった。

一方、マニラからの貿易船が来たのは確実である。『徳川実紀』慶長十六年八月廿日記「長崎奉行長谷川左兵衛藤廣駿府にまかり、この秋唐山西洋はじめ諸国の商船八十艘着津し、互市大に繁昌するよし聞え上ければ、大御所殊更御けしき御快然たり」(162)とし、『通航一覧』では、「慶長十六辛亥年九月十五日、今朝於二之丸、御覧呂宋人、献葡萄酒、南蛮蠟巻物等」(163)とし、駿府城二の丸においてルソン人が拝謁し物を献じており、それに対し『徳川実紀』慶長十六年十月二日記には、「長崎奉行長谷川左兵衛藤廣より、呂宋に書簡幷二の佩刀を贈る。長崎にて通商の御ゆるしあるむねをつたふ」(164)とする。

一六一二年には、マカオからの定航船ペドロ・マルチネス・ガヨ・サー・フェリペ・サンチャゴが長崎に入港した。『駿府記』慶長十七年八月四日記に、「今日長崎飛脚到來申云、去月廿二日、黒舟着津、白糸十四萬斤、其外段子等多來云々」(168)とある。黒船はマカオからの定航船であろう。

マニラからの船は、『駿府記』慶長十七年七月廿五日記に、「今日大明商船及呂宋帰朝商船共廿六艘、着二長崎一、白糸二十萬斤餘載來由、長谷川左兵衛状到來」(165)とし、同記同年八月四日記に、「呂宋船頭類子《ルイス》御目見、献二段子及蜜一壺一」とある。

この年の取引については、一六一三年三月二〇日付、司教セルケイラの国王宛書翰に次のように記す。「〔一六一二年に渡来したマカオのナウ船は〕妥当な価格で財を売って既にシナに帰帆した。もっとも、主要な財である生糸のパンカダ価格は、希望、期待よりも安値であった。しかし、さるモンスーンでは、このナウ船の生糸以外にも、マニラから大量に生糸がもたらされたので、これ以上の価格は不可能であった」[158]、と。

一六一三年には、マカオから長崎への定航船の入港はなかった。しかし日本では、前年（慶長十七年）八月六日に、禁令五ヵ条を出し、その二番目の条に、「伴天連門徒は禁止である、もし違反する者がいれば、忽ち、刑して其罪のがるべからず」と警告した。そして、翌慶長十八年八月のマニラからの使節に対し、日本に亡命の蛮人は帰国すべき旨を命じた書翰[166]を渡した。

この後、一六一四年には、マカオからは、日本にいる宣教師をマカオ・マニラ・シャムに追放している（後述）。一六一四年には、一六一四年十月には、ジョアン・セラン・ダ・クーニャの定航船が来航し、この時の生糸の量は少量であったらしいが、マカオ市民およびイエズス会側は、何らかの利益を納めたらしい[167]。

日本とマニラとの間に貿易は、一六一四年以降、どの程度行なわれたかどうか不明であるが、一六一五年にはフランシスコ会の司祭ヂェゴ・デ・サンタ・カタリナ等三名を使節として浦賀に到着したが、家康の前では「頭を地上につけ、再び退出したるに過ぎず」[168]、秀忠からは謁見すら拒否されてしまった。その使節は「宗教のため又国家のため国王陛下は、西班牙《スペイン》人の日本に赴くを禁じ、又日本人のその領内に来ることを禁ずることを可なりと信ず」[168]と復命した。おそらく、この頃、日本とマニラとの貿易のうち、マニラから日本への貿易品の輸入は急速に縮小したのではないかと考えられる。

一方、マカオ側は、表面的には貿易と宗教とを分ける態度を見せ始め、かつ、船の構造もナウ船から、小型で速力のあるガレオタ船に変えて、オランダ船からの捕獲を逃れる手段を講じたため、マカオからの船で生糸を長崎に運び込む事が安定して行なわれ始めた。この時期、即ち一六一四年頃から、日本でのポルトガル人の入国を禁止した一六三九年までを(Ⅲ)期としておきたい。

## ㈥ 村山等安の変化と長崎の三托鉢修道会・教区司祭

十六世紀末以来、イエズス会と代官村山等安との関係は良好なものであり、「非常に善良なキリスト教徒であって神の名誉に対しては熱心な、当地で最も重立った人々の内の一人で高潔なアントニオ」[169]（一六〇三年一〇月三日付、長崎発、パシオのイエズス会総長宛書翰）と最大の讃辞を受けていたものが、後に「われわれの敵村山等安」[170]と評されるまでに、大きく変化していく。

その発端は、慶長十一年（一六〇六）にあり、これまで、ほぼ同一歩調をとってきた等安と通辞ジョアン・ロドリーゲスとの間に不和が生じた。ロドリーゲスは等安の妻ジュスタを一人だけで訪ねる事を常としており、二人は親密な間柄で、便所に一緒に行ったり、胸をさわったところをジュスタの召使たちが見て、それを等安に告げ口したという[171]。等安は怒り、ジュスタを虐待し、他の妾たちをおき、ロドリーゲスとの仲を断然絶った。

高瀬弘一郎は「ジョアン・ロドリーゲスと村山当安の妻との間の道ならぬ、しかも聖職者にあるまじき関係、およびそれを知った夫当安がロドリーゲスの日本追放を策した[171]」と指摘している。この問題が発端となって、等安とイエズス会との関係が悪化したのは間違いないだろうが、その態度を持続させたのは、周囲の環境の変化もあるだろう。

貿易に対する当時の家康のねらいは、（一）対マカオ貿易の進展、ただし主導権は最終的に日本側が取るため、貿易に対するイエズス会の強い関与は望まない、（二）対マニラ貿易の開始とその進展、さらにスペインの造船・航海技術および銀山開発の技術の伝授を望み、（三）中国との公的貿易が難しくとも私的貿易を殖やす、という点にあった。

以上のような家康の希望は、短期間の間に実現し始め、かつ、これらのねらいを九州で、実地に、実現する人物として、慶長十一年から、長崎奉行長谷川左兵衛があらわれたのであった。彼は「西海道目附[172]」、「西海道監察使[173]」として九州全域の貿易に関与し始めた。このような貿易環境の変化は、奉行長谷川左兵衛を上使とする代官村山等安にも大きな影響を与えたと考えてよい。

　村山等安とイエズス会との対立は、一六〇六年以降日増しに大きくなっていくが、以下では、イエズス会以外の三托鉢修道会と村山等安との関係についてふれておきたい。

　日本に来たカトリック宣教師は、はじめマカオから来たポルトガル系のイエズス会の宣教師のみであったが、後にフィリピンから来るスペイン系のフランシスコ会・ドミニコ会・アウグスチノ会の宣教師がこれに加わる事になった。三托鉢修道会の中で最も早く村山等安との関係が深くなったのはドミニコ会のフランシスコ・モラーレスであろう。この村山等安とモラーレスとの関係は、いつから生じたものであろうか。

　モラーレスは一六〇九年、薩摩から長崎に移住する以前においては、一六〇四年に眼をわずらい、治療のため長崎に行き、そこに一ヶ月足らず滞在したという。『ドミニコ会の愛と受難』では、「このころ村山家との友情が結ばれて、それは生涯続いた[174]」とする。ただし、その根拠となる文献をあげていない。一方、薩摩で一六〇二年から一六〇五年までモラーレスと生活を共にしたアロン・デ・メーナとトーマス・デ・スマラガは、共に一六〇五年一一月二〇日付の書翰で等安について次のように述べている。「代官（村山等安）はただ名前だけで、（イエズス会の）パードレたちが一切のことを行なっています[175]」（メーナの書翰）、「長崎にはイエズス会士によって任命された当安という代官がいて、これは〔イエズス会の〕諸神父の手で世に出ることができた者であり、神父の助言なしには何も為すことができないという噂です[176]」（スマラガの書翰）。以上からみると、一六〇四年の段階でドミニコ会のモラーレスと村山等安との間に、「友情が結ばれた」というのは、考え難いのではないだろうか。

　モラーレスが薩摩から長崎へ移住する経過は、モラーレス自身が記したもの[177]が最も詳しい。

㈠まず一六〇八年八月に（薩摩の）「殿の方から連絡があって、将軍が薩摩に来ているマニラの神父の長を、日本の習慣通り首都に呼んでいる、と伝えて」きたので、モラーレス一人で首都に行き将軍に面会したところ、

㈡「将軍は全国、とくに長崎にいる許可をくれました。」

㈢一六〇九年四月初旬にはモラーレスは薩摩に帰着したが、薩摩の殿は「キリシタンを追放すること、神父を領内から追放し教会を毀すことを命じていました。」

㈣そこで、薩摩の教会にいた三人の宣教師のうち、モラーレスは長崎に移る事を決め、まず最初に「後に殉教者となった代官の息子アンドゥレース・トクアンの長崎の家に聖像と聖具を送り、」

㈤次に、一六〇九年五月末日「木材で造ってあった教会と住院を解体して三隻の舟に積みこみ」、「殉教者レオンの遺体を他の舟にのせ」長崎に向かった。レオンは薩摩で初めての殉教者（宗教が理由で処刑された者）。

㈥長崎では温かく迎えられ、将軍の許可証のおかげで、良い土地を手に入れ、持ってきた材木を組み合わせ、教会を作る事ができた（サント・ドミンゴ教会）。

㈦村山等安はサント・ドミンゴ教会に対し、聖体を安置できる経費を出してくれた。

以上の経過のうち㈠㈡に関して、将軍の意向が強かったのか、薩摩の殿の意向が強かったのかについては、将軍の意向ではないか、と思う。家康のねらいは、長崎における対マニラ貿易の進展により、スペイン系のドミニコ会が直轄地長崎にいた方が扱いやすいと考えたからであろう。イエズス会も、「マニラ＝日本間の貿易」の進展と、彼ら（托鉢修道会士）の長崎における教会建設の許可状獲得[178]を強い関連があるものと考えていた。

次に㈣〜㈦に関して、モラーレスと村山等安との関係がいつ生じたか、また薩摩から聖像と聖具を等安の長男徳安宛に送るに至ったその経緯である。その事をモラーレスが記していないから厳密にはわからないが、貴重なものは、徳安宛に送るようにと、代官村山等安から連絡が入ったとみる方が自然だと思う。家康によって、ドミニコ会側に長崎での教会建設許可が出されたのと、その後長崎で等安側がモラーレスに連絡をとり始めたのとが、ある程度の関連性をもっていたと考えた方がよいように思われる。

次にフランシスコ会について述べよう。

フランシスコ会士の長崎居住は、イエズス会士の次に古く、管区長ペドロ・バプチスタは、一五九四年末にヘロニモ・

デ・ヘススを伴って長崎に行き、同地に二〜三人のフランシスコ会士を常駐させる件で、イエズス会と交渉した。彼等は一時、サン・ラザロの会堂に落ち着き、これをサン・ファン・バプチスタと改称したが、やがて反対があってこれを立ち退かされて、ついで一軒の家を手に入れ[179]、小会堂と称した。長崎のイエズス会はローマ教皇の令書を楯に取って家の明け渡しを迫り、最後は奉行寺沢志摩守に頼んで、長崎退去を命じてもらった[180]。かくしてバプチスタは、長崎滞在一年の後、長崎から京都へ向かった。そして、一五九七年には、二十六聖人殉教者中の中心人物として、バプチスタは処刑された。

フランシスコ会がふたたび長崎に居住したのは、一六〇八年頃か、その少し前であり、その時、長崎で聖フランシスコに捧げられた聖堂と修道院が建てられ始めたという[181]。一方、この教会はパードレ・ペドロ・デ・ラ・アスンシオンによって一六一一年に始められたともいう[182]。いずれにしても、ドミニコ会のモラーレスが長崎に到着した時、殉教者レオンの「遺体を聖フランシスコ会パードレたちは蠟燭を手に掲げ、「我らデウスを讃えん」と歌いながら深い信心と喜びをもって迎え、遺体はフランシスコ会の教会に暫時預けられた[183]」という。したがって、ドミニコ会のモラーレスより、フランシスコ会の長崎居住が古く遡る事になる。ただし、教会らしい教会が建ったのは、（イエズス会の見解からみても）サント・ドミンゴ教会がサン・フランシスコ教会より遡るのであろう。

最後にアウグスチノ会については、同会の修道者エルナンド・デ・サン・ヨゼフが一六一二年、長崎にその会の修道院と天主堂を建てたという[184]。詳しい事はわからない。

以上の三托鉢修道会のうち、村山等安と密接な関係をもったのは、ドミニコ会とフランシスコ会であった。

次に長崎では、初期の日本人司祭の存在も無視できないものがあった。日本人司祭として、一六〇四年の叙階が一名、一六〇六年の叙階が三名で、四人はいずれも一六〇一年にセルケイラ司教の創立した神学院に入っているので、最初はイエズス会によって教育された事がわかる。

第一に、ミゲル・アントニオは一六〇四年に叙階され、この教区司祭のため山のサンタ・マリア教会が定められた。

一六〇五年にこの小聖堂は、長崎在住のポルトガル人の寄付によって教会堂に改築された[185]。ミゲル・アントニオ神父はその主任となった。モラーレスによると、村山等安は「サンタ・マリーア教会」のために「多額の金を使いました[186]」と記すが、それがいつの時点かはわからない。

第二に、ロレン・ソ・ダ・クルスは、おそらく一六〇六年に司祭に叙階された三人のうちの一人と考えられており、後にサン・ペドロ教会の主任となった。この教会は、一六一一年に「町の司令官」(代官村山等安)によって建てられ[185]、モラーレスによると、村山等安は「サン・ペドゥロ教会のためにも多くの金を使[186]」ったという。一六一四年の司教代理をめぐる騒動の際、彼はイエズス会管区長に反対したグループに入っていた。

第三に、フランシスコ・アントニオ村山は村山等安の次男で、一六〇六年に司祭に叙階され、一六〇七年に新しくできたサン・アントニオ小教区の主任となった。その聖堂は村山等安の寄付によって建てられ[185]、長崎の教会の中では、イエズス会のサン・パウロ教会（岬の教会）を除けば、最大の教会[187]であり、「非常に立派なものでありましたから多額の金を消費した[186]」ものであった。

第四に、パウロ・ドス・サントスは一六〇六年に司祭に叙階された。一六一二年にサン・ジョアン・バプティスタ教会が完成した時、彼はその主任[185]になっている。教会の前身をなす聖ラザロ病院は、ポルトガル人船長の寄付で始まり、一五九二年頃建設されたと考えられる。フランシスコ会のペドロ・バプチスタが長崎に来た時、この教会を使用した。一六〇六年の終わり頃、小教区となり、パウロ・ドス・サントスが最初の主任司祭[188]となった。モラーレスによると、村山等安は「サン・ファン・バウティスタ教会のためにも多額の金を使[186]」ったと記すが、それがいつの時点かは、わからない。一六一四年の司祭代理をめぐる騒動の際は、これに関与しない立場をとった。

以上のように、初期の日本人司祭とその教会に対して、村山等安は財政的な援助を行なっており、大きな影響力を与えたのである。

以上のように村山等安とスペイン系の托鉢修道会とは密接な関係をもつようになるが、村山等安に関するスペイン的

図４　スペインのガレー船（モルガ『フィリピン諸島誌』による）

なものについて、一例をあげておきたい。

一六一六年から村山等安は台湾遠征隊を派遣するが、その船について、パードレ・カーロの記述には「当安のこの息子（三男長安）が三隻の船と若干のガレー船の司令官として派遣された。このガレー船は彼らが舟（フネアス）と称んでいるもので、甲板があり、一舷側に二十五ないし三十の櫂がついている[189]」と記している。

長安の三艘の船の形態は不明だが、他はガレー船であるという。ガレー船は大撓船で、撓で進むのを基本とし、一本か二本のマストをもっている[190]。ガレー船が軍船として大型火砲をもつようになると高乾舷大型船ガレオン船となり、大型帆船にだんだん近くなる。フィリピンでは、ガレオン船・ガレー船のような撓船の系統が主流[191]であった。

一方、十六世紀のポルトガルのインド航路では巨大な商船ナウが主流[190]で、これは純粋に帆船で撓は全くなかった。ナウは多量の荷物を運べるが、船足が遅く、オランダ船によってしばしば捕獲されたのである。そのため、マカオでは、速力を高めるためのガレー船を小型化したガレオタ船を複数用意して、マカオから長崎に来る船を一六一八年以降撓船を基本とする船に変えた[192]。マカオのガレオタ船使用は一六一一年まで遡りうるが[193]、それは一隻であって、等安が派遣したガレー船が一六一六年派遣であり、十隻近くあるようで、さらに「一舷側に二十五ないし三十の櫂がついている」[189]フィリピンの典型的なガレー船である事を考えると、等安とフィリピンとの交渉は、フィリピンからの宣教師との交流だけにとどまらず、貿易さらに船の構造にまで及ぶものであったと考えられる。

## (七) キリスト教禁止令

一六〇〇年以降、日本の各地ではキリスト教に対する迫害は、断続的に行なわれてきた。一六〇一～三年の肥後の加藤清正、一六〇四～七年の安芸・山口の毛利輝元、一六〇八年の薩摩の島津義久によるものがその主要なものであるが、いずれも各地の諸大名による領内のものであり、幕府による強い命令ではなかった。ただし、五野井隆史によると、一六〇五年の秋頃、家康と秀忠が一度、江戸と関東でのキリシタンの調査とその棄教を江戸奉行に命じたという[194]。しかし、強い命令ではなかった。同年スペイン総督にも書翰を出しているから、秀忠将軍任命に際して、キリスト教禁令の原則論を表明したのであろう。

ところが、慶長十七年から十九年にかけて、キリスト教禁止令が発布され、それは第一段階、第二段階に分かれる。

第一段階は慶長十七年（一六一二）に行なわれたもので、その経過を『徳川実紀』[195]の記述に添いながら概観してみよう。

岡本大八は本多上野介正純の主要な家臣である。大八は、有馬晴信にマードレ・デ・デウス号焼打ちについての恩賞として、有馬の旧領である肥前三郡をいずれ賜るであろう、またそれを周旋すると称し、晴信から再三金銀錦繍の賄賂を受け取った。晴信は恩賞の沙汰が遅いのをいぶかしく思い、本多正純に連絡する。二人は対決させられ、大八の悪事は露見して、慶長十七年二月二十三日、獄中に下された。家康にとって第一の家臣である本多正純の書記役大八と、家康の孫娘国姫の嫁ぎ先の父である有馬家城主晴信は、いずれも自分の直臣ではないが身内に近い立場にあり、いずれもキリシタンであった事は、家康にキリシタン取締まりの方策を想起させた。
三月十一日「このごろ天主教は倫理を害し風俗をやぶることをしろしめし、厳に禁制せしめられんとて、御家人十人づつ一隊とし、隊ごとに査検を命ぜらる」とし、家康は駿府城内の家臣を調査させ、キリシタン武士の財産を没収して追放した。三月十八日、今年は獄中の大八から有馬晴信を訴えた。「これは晴信唐船互市唐糸の事、常に長谷川左兵衛藤広に命ぜらるるを猜み恨み」「殺害せんとたくむよしをうたへしなり」と。これを晴信は「閉口」して、申し訳けを立てる事が出来なかった。三月二十一日、岡本大八を駿府で火刑にした。「晴信、大八等邪教に化せられ、かかる奸悪の挙動しければ、彌《いよいよ》邪教禁断せらるべしとて、板倉伊賀守勝重に其寺院の京洛にある所は、悉く破却すべしと命ぜらる」。「長谷川左兵衛藤広を長崎につかわし、邪教を査検せしめらる」。三月廿三日に、有馬晴信は甲斐国に流され、五月七日に自殺した。

幕府は、八月六日、禁令五ヵ条[196]を出し、その二番目の条に、伴天連門徒は禁止である、もし違反する者がいれば、忽ち刑にして其罪のがるべからずと警告し、全国の諸大名に伝えた。

以上の第一段階のキリスト教禁止令に対し、各地の情勢はどうであったか。セルケイラのイエズス会総会長宛書翰（一六一二年十月十日付）に添って述べると次のようである。

駿府では家康の直臣のキリスト教徒の名簿を作らせ、それが十四名であったが、家康はそれを知り激怒した。長い間の家臣であったので、命だけは許す、しかし財産を取りあげ追放すると。家康の家臣たちは、同じ措置をとり、自らの使用人・従者からキリスト教徒を追い出した。それは七百人ほどであったという[197]。

江戸では、フランシスコ会の修道院と教会は、迫害が始まる少し前に破壊されていた。また、江戸では徳川秀忠によって新たに制定された禁令、即ち貴人や兵士は何人もキリスト教徒になってはならない、という禁令が行なわれた[197]。江戸におけるキリシタン殉教者は、翌一六一三年にあらわれる。

京都では二つの教会が破壊され、イエズス会の住居一軒と一教会が残された[197]（それは昔、国王の勅令で許可されたものであるから残されたという）。

有馬では、家康の孫娘国姫の夫、有馬直純が父有馬晴信に替わって城主となった。直純も自領に帰ってキリスト教を禁ずるが、今回その対立が最も厳しいものになったのは有馬であった。というのは、父有馬晴信が、最後のキリシタン大名であったからである。「そこは有馬領の土地であり、すべてがキリスト教の土地である」[197]からである。直純は家康の後楯をもって、さらに長崎奉行長谷川左兵衛の援助を得て事にあたった。直純は、自分の家臣はキリスト教徒になってはならない、また仏僧を迎え入れる事が出来るようにせよと命令し、役人たちは十字架を撤去し始めた。外見上は直純に同意したように見えたが、今後、有馬領からの逃走、さらに強い抵抗が予想された。まず有家では、慶長十七年六月末に、信仰の中心人物であった伊東ミゲル・マチヤス小市兄弟が役人が遣わした刺客に殺された[198]。次に有馬では、七月末に信仰の厚い喜多リアン喜左衛門が殺された[198]。しかし有馬藩とキリシタンとの対立は、厳しい状態のまま、一六一三年に移行した。

長崎では、奉行長谷川佐兵衛が司祭・修道士たちに対し駿府から追放された十四人のうちのだれかが当地に来ても、決して居住させないように、と警告した。しかし「キリスト教会にも、そこにある修道士たちや原住民司祭たちのカーザ（住居）や教会にも、何らの変化もなかった[197]」。

次に慶長十八年（一六一三）から慶長十九年初めの第二段階のキリスト教禁止令について述べよう。まず、慶長十七年（一六一二年）のキリスト教禁止令の延長線上で、慶長十八年に大きな動きがあったのは、江戸と有馬であった。

慶長十七年に江戸のフランシスコ会の教会は破壊されていたが、慶長十八年五月、フランシスコ会のベァト・ルイス・ソテーロ神父は癩病患者のいた浅草に庵（礼拝堂）を作った。この事およびキリシタン信者の事を知った秀忠は、男子信徒は斬刑に、ソテーロを火刑に処すよう命じた。かくして慶長十八年七月一日にミゲル笹田など八名を斬刑、翌日マルコス喜左衛門など十四名を斬刑、さらに三十二日後にファン・ミボクら五名の首を切った。しかしソテーロは秀忠の指示により釈放され、伊達政宗の派遣した使節大使としてメキシコ・スペインへ旅立った[199]。

有馬では[200]慶長十七年末に有力なキリシタンの家来六人を追放、十二月八日にはトメ平兵衛とその家族五名を斬った。慶長十八年八月二十三日には、多くの群衆の見守る中で、有力なキリシタンの家来八名を火刑に処したのであった。

このように江戸と有馬で、それぞれの地域特有の弾圧が行なわれたが、全国的な動きとしての第二段階のキリスト教禁止令は次のような経過をたどっている。

まず京都の所司代がキリシタンの名簿作成を幕府の指示で慶長十八年十一月十六日（一六一三年十二月二十七日）から始め、すぐに伏見・大坂でも同じ事が行なわれた。京都市中には七千人のキリシタンがいたが、名簿には千六百名が記載[201]されたという。

そして、慶長十八年十二月十九日、幕府重鎮の大久保忠隣《ただちか》に、「近年京辺天主教尊奉の徒多しと聞ゆ、急に上洛し、京坂堺の邪徒をことごとく禁断すべしと命ぜら[195]」れた。そして、十二月二十三日に金地院崇伝により天主教禁令の令文「伴天連追放令」が発布された[202]。曰く、「夫れ日本は元是神国なり」、吉切支丹之徒党は「正宗を惑わし、以って、城中の政《まつり》を改む、是大禍の萌なり」。「彼の伴天連の徒党、皆、くだんの政令に反し、神道を嫌疑し、正法を誹謗し、義を残《ざん》し、善を損じ」「邪法にあらずして何ぞ哉と」「実に、神敵仏敵なり」「急いで禁ぜざれば、後世必ず、国家の患い有り」と（『徳川禁令考』）。

慶長十九年になると一月六日（一六一四年二月十四日）、「イエズス会士であれ、他の修道会であれ、上《カミ》にいる者は全員追放するように[203]」という命令が京都のイエズス会に伝えられた。京都のイエズス会では、先述の名簿では、八人のパードレのうち三人、イルマン七人のうち三人、同宿二十人のうち六人の名前を記載し、他は匿れる事にしており[201]、京都の修道長ガブリエル・デ・マトラが二人のパードレ、三人のイルマン、六人の同宿を伴って京都を退去したのが一月十三日の事で、その後大坂のパードレ、イルマン、同宿六名が加わり、さらに他地域からのパードレが加わり、最後にディエゴ・デ・サンフランシスコら十七名のフランシスコ会士[204]と合流させられた。一同は二月二十五日に大坂を出帆、三月九日に長崎に着いた[203]。

一方、追放惣奉行として、慶長十九年一月五日に小田原城を出発した大久保忠隣は、一月十七日（又は十八日）京都に到着、翌日には残されていた京都の二つのキリスト教会を焼払い、破却した[195]。ところがこの忠隣は大久保長安事件の連坐によって慶長十九年一月十九日[195]に改易が行なわれ、その知らせが京都に来たのが一月三十日、二月二日には近江の配所中村郷へ移されてしまった[195]。此所で五千石を賜ったという。

さらに旧大名のキリシタンの大物、高山右近と内藤如安を慶長十九年一月二十六日、召捕て京職へ送るよう命じ[195]、二月十六日には改めて長崎に送るよう命令された。一方、多くのキリシタンの名簿が作成され、そのうちの都と大坂のキリシタン七十三人[205]（京都の四十七人、大坂の二十四人とする記述[201]もある）が、慶長十九年二月十六日に津軽に追放される事が決められ、しばらく投獄されていたが、四月十三日に追放地に向かって出発した[205]。

以上のように第二段階のキリスト教禁止令は、一六一四年二月十四日に届いた命令では「イエズス会士であれ、他の諸修道会であれ、上《カミ》にいるものは全員追放するように[203]」というものであり、さらに京都のイエズス会院長ガブリエル・デ・マトス宛長崎奉行長谷川佐兵衛から来た手紙では「国主が自分にキリシタンの指導者たち全員を日本から国外追放するよう命じて来ていたから[201]」であった。そして、旧大名であったキリシタンの大物、高山右近と内藤如安をそれに加えており、キリシタンの指導者たちを海外へ追放する事を目ざしたものであった。

それでは、なぜこの時期に行なわれたのか、という点に関しては、すでにオスカー・ナホッドが一八九七年の『十七世紀日蘭交渉史[206]』で述べているように「家康がカトリック宣教師並びにそれに心服せる日本基督教徒に対して開始した迫害は、一身の安全と外国に対する日本の不隷属性とのため、自らその女婿秀頼に向かって開いた戦闘の序曲にすぎなかった」。いずれキリシタンは本格的に弾圧しなければならないが、さしあたって今、キリシタンの指導者たちを海外へ追放する理由は、近く仕掛けられるであろう豊臣氏との戦いのためであった。

五野井隆史は次のように指摘する[207]。「幕府の最終的政治目標は、大坂城の豊臣氏を倒して反幕勢力を一掃し、強力な幕藩体制を確立することにあったから、大坂方との対決を前に障害物の除去が急がれた。したがって、幕府が豊臣氏を軸とした反幕勢力とキリシタン勢力との結び付きを極度に警戒したことが、慶長十八年十二月の禁教令発令の一因となった、というべきである。」

ところで、これは歴史学者が後代に調べて判明するわけで、家康を除けば、この当時にこの事を気付く人は全くいなかっただろう。幕府重鎮の大久保忠隣が京都に派遣されなくても、京都の所司代で十分事を運ぶことが出来たはずである。大久保の京都派遣自体が、目を暗ますための最初の仕掛けであり、その派遣で本格的な厳しいキリシタン弾圧を行なうとみせかけながら、実は単にキリシタンの指導者たちを長崎へ移動させただけであった。さらに、その意図を不明にさせるため、大久保忠隣の改易を京都で弾圧を行なっている期間中に行なった。目を暗ますための二番目の仕掛けである。方広寺の鐘銘事件がおこるのはその数ヶ月後であり、キリシタンの指導者の海外追放から豊臣氏との戦いへという流れを予見できるのは、両方を仕掛けた張本人である家康だけであったろう。

## ㈧　慶長十九年の長崎　―宣教師海外追放・教会の破壊―

慶長十九年の春、長崎奉行長谷川佐兵衛は政庁から長崎へ向かう途中、有馬に寄って、有馬・口ノ津・有家・島原・三会・加津佐の長と会談し、棄教を迫ろうとしたが、強い反発を受けた。佐兵衛は、この実情を家康に報告したが、家康は慶長十九年七月十六日孫娘国姫の夫である有馬直純を有馬から日向国に移封した。直純ではキリシタンの信仰が根強い有馬での統治は無理と判断したのであろう。代りに、中央からの役人を派遣する事にした。

慶長十九年五月十六日（一六一四年六月二十三日）、佐兵衛が有馬から長崎に到着し、十月には宣教師らをすべて、マニラ・マカオ向けの船に乗船させるよう通告した[208]。すでにこの事は、三月から四月において、佐兵衛から等安への書翰で、幾度も書かれていた事であった。

そして中央政権の動きは、七月以降、家康の豊臣方に対する攻勢は強まり、大坂の異変が身近に感じられてきた。即ち、豊臣方の費用支出によって太閤の寺である京都方広寺がふたたび完成していたが、慶長十九年七月二十九日、家康は突如として梵鐘の銘に不穏当な語句があるとして、供養の延期と、鐘銘・棟札の写しを提出するよう命令してきた。そして　慶長十九年十月一日、家康は大坂討伐を決意し、近江・伊勢・美濃・尾張等の諸大名に出陣を命じた[209]。

この七月から十月にかけて、長崎では宣教師追放の実行が家康によって急がされた。

まず、慶長十九年八月五日の夜、アビラ・ヒロン『日本王国記』[208]では「首府からの使者が駿河殿〔山口直友〕と佐兵衛あての手紙を携えて到着したが、何でもその手紙で内府は佐兵衛とその弟〔長谷川忠兵衛〕、それに両者の甥〔長谷川権六〕を呼びよせていたという噂である。そこで弟と佐兵衛の家臣で極悪人の又四郎が、急拠、出発した」とある。八月二十四日『駿府記』[210]では「長崎より長谷川忠兵衛、茶屋又四郎清次來り、南蛮唐人商船来朝の由云々、吉利支丹追放の儀、御尋ね成らせらる」とある。呼びよせた主要な目的は、宣教師追放の実行を急がせたものと考えてよい。さらに、十月九日、『徳川実紀』[211]では、「寺澤志摩守広高江戸より参謁す。すみやかに唐津に帰り、長崎の代官長谷川佐兵衛藤広と相計て、伴天連等追放すべし」と命じられた。そして、十月十三日の『駿府記』[210]では、「長崎より飛脚、到来参着し、長谷川佐兵衛申云」、「去月廿四日、伴天連徒党百餘輩、ならびに大檀那高山右近、内藤飛驒守、其外長崎中の伴天連乗船し、天川（マカオ）に遣す由申上」げた。家康は「御快気之」様子であった。

しかし実際の出帆は、佐兵衛の報告より遅れている。「船はいずれも出帆した十一月六日〔慶長十九年十月五日〕まで港に停泊していたのである。この日マヌエル・ゴンサーレスの船はマカオへ向かって出帆し、マニラへ向かうパードレや修道士の乗船したもう一艘も出帆した。さらにシャム行きのもう一艘には、シャムを経由してチナへ留まろうとする何人かのパードレらも乗船していたが、これは同じ月の八日に出帆し、またエステバン・ダ・コスタが乗っていたドミンゴ・フランシスコ船長のそれは九日に出帆した[208]。」

海外へ追放されたのは[212]イエズス会一一五名のうち八九名、ドミニコ会九名のうち二名、フランシスコ会十名のうち四名、教区司祭七名のうち二名で、全体として一四四名中一〇〇名で、六九％の追放率であった。もちろん、幕府としては、建前上は全員を追放したつもりであった。

イエズス会は七七％の追放率で、在留者の決定については、管区長ヴァレンティン・カルヴリョの判断、即ちポルトガル人主体という判断で決められた。管区長は乗船させられた船から脱出できなかった。

ドミニコ会は九名のうち七名が残留した。日本語をよく知らない二名がマニラにもどり、船からはモラーレスとオルファネールが脱出し、五名は最初から匿れており船に乗らなかった。オルファネールは次のように述べている。「残留を覚悟していた修道会士は、日本人教区司祭の船に乗船しに行った。この船は当安がマニラへ派遣する船の一隻で、当安の子息の日本人教区司祭が他の日本人教区司祭らと共に乗り組んだ。当安の子息がキリシタンと計画を立てていたのである（計画はすべて父・当安と協議したものであり、それは当安が聖ドミニコ会士と聖フランシスコ会士に好意を抱いていたからである）[213]。「聖ドミニコ会士二人、聖フランシスコ会士二人、および日本人司祭たちがこの三隻の船に適当に互いに分乗し、しかも各船はそれぞれ別の航路を進んだ」[213]。モラーレスは村山徳安の家に匿れ、また、最初から船に乗らなかったアロンソ・デ・メーナは、等安の屋敷地内にある三男長安の家に身を匿した。

次に、フランシスコ会では十名のうち六名が残留した。等安が段どりした船によってファン・デ・サンタ・マルタら二人[214]が乗船させられた船から脱出した。

聖アグスティン会では三名が日本に残留[213]している。

また、教区司祭では七名中五名が残留した。村山フランシスコ・アントニオと同じく、他の四名も同時に小船によって収容されたものであろう。

以上が、家康が望んでいた宣教師追放令の実行された実態であるが、追放に際して、多くの脱出者、匿れ人がいたにもかかわらず、それを止めたりするための強い取締りが行なわれた形跡がなく、それによって捕われた者が一人もいないのはなぜか。しかも、家康は早く追放するように、と催促していたのである。

さすがに、アビラ・ヒロンはこの点について疑問を呈している[215]。「全部が全部残っていたわけではないとしても、多数のパードレが残ったということは、われわれは期待もしなければ、思いつきもしなかったことであった」。「わたしも未だにこの意図するところがよく理解できないのである。なぜなら、佐兵衛は修道士たちの残留に同意したにちがいないからである。」

佐兵衛は宣教師たちの残留を同意した訳ではないが、残留を黙って見逃したのである。それは大坂の陣が始まる前に、宣教師を海外へ追放する事によって、豊臣氏とキリシタン勢力の結びつきを大筋において絶てばよく、キリシタンを徹底的に追放・弾圧すれば多少の衝突は免れず、それは大坂の陣に良い影響を及ぼすものではなかった。キリシタンの本格的弾圧は家康の中では順位の高い項目ではなかった。家康は豊臣の根絶を第一に望んでいたのであり、次は財源としての貿易重視であった。家康のキリシタン禁止令は主として豊臣家根絶のために利用されたのであり、家康は晩年においても貿易を重視しており、もし貿易の諸問題が解決されるとすれば、そこで初めてキリシタンを徹底して弾圧するという考えであったろう。

さて、海外追放の船は慶長十九年十月五日から八日にかけて出発したが、ほぼそれと併行して、長崎の主な教会も十月二日から十六日にかけて、肥前の国の各藩の兵士たちによって、破壊・焼却された。

まず、十月二日から七日にかけて聖母昇天天主堂（サン・パウロ教会）が平戸の殿松浦壱岐守の兵士によって破壊・焼却され、十月五日から八日にかけてサンタ・マリア教会（後に立山奉行所となる）が大村の殿大村民部少輔の兵士によって破壊・焼却された。また十月八日に聖ジョアン・バプチスタ教会（後に本蓮寺となる）が大村の殿の兵士によって破壊された(208)。同日、使徒聖アウグスティン天主堂、十日はサン・アントニオ・デ・パドゥヴァ天主堂を、十一日には使徒聖ペドロ天主堂とサント・ドミンゴ天主堂を。こういう天主堂は残らず、同じ月の十三日までに取りこわされた。ついで十四日にはセラフィコ・パードレ・サン・フランシスコの天主堂と、使徒サンティアゴ天主堂の取りこわしに着手し、サンティアゴ天主堂は当日こわされ、サン・フランシスコの天主堂は十六日地面へうち倒された。こうしてこれら九つの天主堂が破壊され、焼失(208)した。

## (九) 村山等安と末次平蔵の争い

代官職をめぐる村山等安と末次平蔵の争いについては、その訴訟の年次について、長崎の地誌類は元和元年か二年とし、西洋の文献の多くは一六一八年（元和四）としている。

長崎の史書のうち、代表的なものである『長崎実録大成』・『長崎根元記』・『長崎拾芥』・『長崎始由来記』・『長崎港草』では、両者の対決、等安の敗訴および死罪、平蔵の代官任命をすべて元和二年としている。一方、元和元年説は、『長崎集』・『長崎縁起略記』・『長崎縁起略』・『長崎町年寄発端由緒書』などで、両者の対決、等安の敗訴および死罪、平蔵の代官任命などが一括して描かれており、元和元年がどこの部分にかかるのか不明なものが多い。

西洋の文献からみると元和四年の等安の決定的敗訴、元和五年の死罪はほぼ確実なので、長崎の地誌類がなぜこれだけ年次を間違っているのか、不審である。しかし、この等安に対する訴訟事件は江戸で秘密裡に行なわれており、しかも等安自身元和元年に保身のために相当期間上京し、元和二年の後半には「上《カミ》にいる」状態で長崎に帰ってこないまま、次年度以降訴訟が長びいているから、等安が元和二年に失脚したという説は、長崎在住の人間としては信じ込みやすい要素をもっていた。同様の例は同時代の長谷川佐兵衛が慶長十九年十二月に長崎奉行のまま堺代官に任命されたが、堺の仕事が忙しく、その後長崎に一度も帰っていないから、長崎の地誌類では元和元年以降の長崎奉行は佐兵衛の代行をした甥の長谷川権六と揃って記す。実際は、権六の長崎奉行就任は、元和三年十月の佐兵衛の死の後であった。

さて、西洋文献で訴訟の始まりが元和二年かそれ以前にある事を明言しているのは、ペドゥロ・モレホンの『続日本殉教録』[216]のみで、次のように記す。

「当安と平蔵という地位あり富裕な二人の人物が、内府様の時代に統治と皇帝の年貢に関する地位に大きな野心を抱いて争った。（そこにあるものは貪欲と無秩序な野心であって、法も友情も血縁関係も全く問題にされなかった）。平蔵は敗北し面目を失ったが、現将軍の時代になって別の要因によって再び訴訟を起こした。」

ここで年貢に関する事と言っているのは、「東庵僅の運上を以て莫大の利潤を取」った（『長崎拾芥』[217]）という事であり、アビラ・ヒロンの表現[218]では、「平蔵はこの国の重臣たちの前に出頭して、当安に対する数多の不平を申し立て、長崎・諸聖人・浦上・稲佐・西泊に於て取り立てている年貢について彼がそのうちの大きな部分を横領し、百姓やこの市の住民を虐待している、それで彼らはみな当安の専横と残念さのために彼を憎んでいる、だから長崎の支配権を自分に与えられよ、そうすれば（当安より二千両多く）五千両の年貢を支払うであろう」と言ったと、記述する。また、イエズス会管区長マテウス・デ・コーロスの表現では、等安はこれらの土地（外町および周辺邑）から生ずる「収益を管理していましたが、収益を報告する時にいつもその三分の一か半分を自分のために残しておきましたから、毎年多い時には五千クルザード以上の収益があるのに三千クルザードのみを支払ってい[219]」たというのである。

この時の訴訟は、元和元年後半か、又は元和二年の前半（家康が死ぬ以前）に行なわれ、代官が幕府に収める年貢の額を問題としたものであり、この時の平蔵の訴えは退けられた。

この初期の訴訟が終わった後、さらに家康が死去した後、等安は長らく京都や江戸に滞在したようである。元和三年二月十九日（一六一七年三月二十六日）付、ジェロニモ・ロドリーゲスの長崎発イエズス会総会長宛書翰には次のように記す。

「この市は二つの統治に分割されている。一方は当安という当地の重立った人物が統治し、今一方は、当地にいる他の四人の重立った人々が治めている。この当安はもうはるか以前から上《カミ》にいる。そしてそこから町の長全員に対し、一人も修道士を泊めることはしない、ということに署名をするよう命じた[220]。」

ロドリーゲスの記述では、等安は上から長崎の町の長全員に対して指示をしているから、その地で等安の身柄が拘束されているのではなく、保身活動のために自からの意図で上にいると考えてよいだろう。したがって、これよりほぼ三ヶ月前の元和二年十一月十三日（コックス日記一六一六年十二月十一日）の「ジョルジュ・ドゥロイスが長崎へ向かって出発する準備が整ったところへその地の首長が嫌疑をかけられて捕えられて縛に就いたとの報せが来た。そこで彼は次の報せを聞くまで出発を見合わせることにした[221]」と記す。その地の首長とは等安に違いないが、等安が捕えられたというのは、単なる噂で実行されたものではない事がわかる。しかしその噂が本気でとらえられる程、等安をとりまく状況は厳しいものがあったのである。

長崎の町年寄は、一六一四年の署名および聖体行列において等安と対立していたが、その後も外町・ドミニコ会などを基盤とする等安と、内町・イエズス会を基盤とする町年寄の対立は続いていたから、等安失脚を目ざす末次平蔵と町年寄との結び付きは自然なものとなっていく。

その結びつきの例を二つあげると、一つは一六一九年二月二十三日付、マテウス・デ・コーロスの書翰で「当地にジョアンと称する一キリシタンがおりましたが、日本名を平蔵といって、非常に抜目のない人物であり当安に対して不平を抱いていました。この市の四人の長のうちの二人〔高木作右衛門ペドロ及び町田宗加ジョアン〕と結び、首都へ行って諸重臣に、当安が約束している年貢よりも二千クルザード多く収益を挙げて見せる、と申しました」と記す事、また一つは、『高嶋家由緒書[222]』に、「村山等安悪事有之、末次平蔵・高木了可・高僑良悦・内談一決仕、平蔵は江府之罷越、言上仕候處、等安父子御刑罰仰付けられ、其後末次平蔵請地と相成」と記す事である。

さらに、奉行代行長谷川権六も反等安派との結びつきを強めていた。そして等安は、外町・ドミニコ会を基盤とし、町年寄は内町・イエズス会を基盤としていたが、前者はスペイン（マニラ）貿易推進派であり、後者はポルトガル（マカオ）貿易推進派でもあったが、スペイン貿易を積極的に行なわせていた家康の死は、等安の保身に決定的な打撃を与えた。

さて、末次平蔵による、等安への二回目の訴訟は元和三年（一六一七）の後半期に始められた。オルファネールによる、一六一九年十月二十五日付の報告[223]によると、「このころ当安と平蔵が首都において長崎の代官職をめぐる大きな争いを続けていました。（この争いの最中に〔一六一七年十一月二十七日〕平蔵の味方であった佐兵衛が死んで、キリシタンの敵が一人減りました）。両者は激しく攻撃し合って、互いに神父を匿まったと訴えましたた」とあり、訴訟は佐兵衛死去以前から始められていた事がわかる。

アビラ・ヒロンによると、この時平蔵は次のように訴えた(218)。

㈠国王が日本全国から宣教師をことごとく追放したのに、等安はこの命令に反してその家にサン・フランシスコ会やサント・ドミンゴ会の修道士及び同じく自分の息子トクアンを匿まった、と訴えた。

㈡宣教師である彼の息子パードレ・フランシスコをマニラに送ったように見せかけ、これを下船させて長崎にとどまらせ、後に秀頼のために、人員・武器・弾薬をもたせて大坂へ行かせた、息子はそこで死んだ、と訴えた。

㈢彼の知人である女の問題で当市において十五・六人の人間を殺した、と訴えた。

㈣この市で何年か前に行なわれた聖行列に彼の子供全員と一緒に加わった事を訴えた。

これに対し等安は答えるに(218)、㈠パードレを自分の家に留めたという事は真実ではない、㈡息子フランシスコについては、等安に対して従順ではなかったので、自分の知らぬ間に下船したのであり、大坂へ行ったかどうかも、息子の死後までそれを知らなかった。㈢女性問題については事実であるが、殺された人々は皆、等安の家来で、自分に毒を盛ろうとしたから、これを殺したのである、と応酬した。

ここで、おそらく等安の身柄拘束と平蔵の代官代行が決定され、さらにパードレ・フランシスコの件を詳しく調査する事が決定され、訴訟を一時中断した。再審理は数ヶ月後と決まり、平蔵は証拠収集のために長崎へ帰った。

元和四年一月十三日（コックス日記一六一八年一月二十九日(224)）には、「権六殿の不在中の長崎の知事が当地を通過して、私に彼の弟が私に宛てて書いた手紙一通を届けて呉れた。その手紙は、昨年この航路を通過したさい彼を親切に款待したことに対する挨拶状であった。この男は、長崎の富家である等安殿を相手取った訴訟手続の用務を帯びて皇帝の宮廷に赴くところであるが、この男はその相手に対して不利な評決を得て、等安を完全に零落させようとしている」と記す。

元和三年の末から元和四年の初めにかけて、パードレ・フランシスコの件が事実であるかどうかが重点的に調べられた。このため次の人々が長崎から呼ばれる事となった。パードレを上陸させた者、パードレに宿を提供した者として、迎えに来た長ジョラン・イヒョーエ、船の掌帆長アンドウレス、書記サンチョ・シンゾーの三人[225]は、初めは否定したが、やがて、彼らは自分たちの師であり信仰を守り霊を救済するために必要であった、と主張した。三人およびその家族を合わせて十二名、元和四年十月九日（一六一八年十一月二十五日）に長崎で火刑に処せられた。これが長崎出身のキリシタンで長崎で処刑された最初の例である。

そして、元和四年の四月以降は、等安・平蔵の両者お互いに宣教師を匿していると罵り合う状態になってきた。一六一九年二月二十三日付マテウス・デ・コーロスの書翰では、等安側は自からの窮状を脱するために「平蔵及びその仲間二名を通じて五千クルザードの年貢を約束した人々はイエズス会の諸パードレ[219]」であり、「訴え出た人々は、この長崎にイエズス会のパードレの何名かを、かくまっている[219]」と述べ、マテウス・デ・コーロスやスピノラら具体的な名前をあげた。また、平蔵側は、多数の修道会士が長崎に在住している事を、一六一七年の後半以降主張していた。こうして、ふたたび諸パードレを調べるために二ヶ月近くもの時間がかかり、ついに平蔵に有利な最後の判定が下された。

元和四年七月十日（コックス日記一六一八年[226]八月十九日）に「トウアン殿が彼の訴訟に敗れて、総べての彼の財貨を没収され、彼の生命は皇帝の意のままに委ねられ」る事になった。そして、平蔵は長崎に帰り、パードレを悉く捕えあるいは捕えさせると重臣たちに約束した、と云われている。

一六一九年二月十五日付、フランシスコ・ヴィエイラの書翰[227]では、「権六という長崎市の異教徒の奉行と、当安の職務を帯びた平蔵を同市に送るに当たり、統治者たちは将軍に代わって彼らに対し、長崎に一人のパードレもいないようにせよ、と言った。というのは、たとえ一人でもそこで見出されたら権六は斬首、平蔵は磔刑に処せられる事になっていたからである。このような指示を帯びて、二人は去る十一月に長崎に入った」。

一方、等安は江戸・長崎から追放され、常陸国泉の秋田殿に引き渡された[218]。元和五年になると、ドミニコ会のアロンソ・デ・メーナが捕えられ、さらにフランシスコ・モラーレスが村山等安の長男徳安の家にいる事が判明し、両者は一月二十九日に逮捕された。徳安は長崎で十月十三日に火刑にされ、等安は十月二十六日に江戸近郊で斬首された。

# 第三章　宣教師・同宿・宿主が殺される時代の到来

## (一) 佐兵衛の堺奉行兼任と徳川家康の死 ―元和元年・二年―

慶長十九年十二月二十四日（一六一五年一月二十三日）から長崎奉行長谷川佐兵衛(228)が堺奉行を兼任し、堺に常駐したので、慶長二十年（元和元年）から、長崎には佐兵衛の甥の長谷川権六が「奉行代行」（中世以来の呼び方でいえば、又代官）として赴いた。権六は、長崎では奉行として事務のすべてを処理していたが、問題が生じる部分では、堺にいる佐兵衛に奉行としての決定権があった。

そして、長崎においても大きかったのは、元和二年になると、四月十七日（一六一六年六月一日）に徳川家康が逝去した事である。

すでに述べたように貿易とキリシタンに対する家康の方針は、第一に徳川幕府体制の維持とその確立をめざし、第二に幕府財源としての貿易重視であり、最後にキリシタン禁止令の施行であった。即ち、家康は晩年においても貿易を重視しており、もし貿易の諸問題が解決されるならば、そこで初めてキリシタンを徹底して弾圧するという考えであった。しかも具体的な貿易のあり方、キリシタン弾圧の有無は、すべて家康の頭の中で統一的に把握されていたはずであり、諸事件に対する家康の指示は、その時々の判断に委ねられていた。

しかし家康の死と共に、貿易とキリシタンを有機的・総合的に判断する支配者がいなくなり、両者は別のものとして分離されるに至った。複雑な国際関係と貿易の問題は幕僚（老中）会議に委ねられたが、キリシタン禁止令は原則的立場としてそのまま残り、天領におけるキリシタン探索の程度・弾圧の程度・処刑の程度は、個々の将軍のその時々の意志に委ねられる事となった。

家康没後、百か日を過ぎて、さらに九日目の元和二年八月八日、老中の名で「伴天連宗門御制禁奉書」[229]を、諸大名に通達した。伴天連の門徒の儀は、堅く御停止になる旨、先年相国（家康）様が仰せ出でられ候上は、さても、その趣旨をこころえられ、下々百姓以下に至るまで、かの宗門これ無きように御念を入れらるべく候とし、後半では、黒船とイギリス船は右の宗躰に属するものとして、貿易船の入港は長崎と平戸の二港に限定すると諸大名に命じた。

慶長十八年十二月十三日の「伴天連追放令」が大坂の陣を前にしての、大坂方とキリシタン勢力の結びつきを阻止する裏のねらいがあったのに対し、今回の条令は、将軍秀忠の代においては外交・貿易と関係なく、いや、まずキリシタン禁制があって、それに従属する形で外交・貿易を考えていくという宣言でもあった。

## (二) 長崎での宣教師の宿泊禁止と宣教師の探索 ―元和三年・四年―

等安の初期の訴訟が終った後で、等安は長らく京都や江戸に滞在したようであるが、元和三年二月十九日（一六一七年三月二十六日）付、ジェロニモ・ロドリーゲスのイエズス会総長あて書翰[230]には次のように記す。長崎は「二つの統治に分割されている。一方は当安という当地の重立った人物が統治し、今一方は、当地にいる他の四人の重立った人々が治めている。この当安はもうはるか以前から上にいる。そしてそこから町の長全員に対し、一人も修道士を泊めることはしない、ということに署名をするように命じた」。

モラーレス神父の「数名の殉教者及び最近起こった出来事について」の記録[231]では、「昨年（一六一七年）長崎の人々に自分の家に修道士を泊めないという誓約をさせ、各町で最も責任のある十二名に署名を命じました。彼らは署名をしましたが、これを実行するつもりはありませんでした」と記す。

以上のように、一六一七年の初め頃、長崎では宣教師（修道士）の宿泊禁止令が出されている。宣教師は建前上、一六一四年に追放されているはずであるが、今回宿泊禁止令が出されたのは、江戸の幕僚たちには、宣教師の長崎在住が知られている事を示している。しかし、まだ宣教師に対する捜索は行なわれていない。

さて、等安と平蔵との二回目の訴訟は元和三年の後半期に始められ、元和四年（一六一八）の四月以降、等安・平蔵の両者とも、お互いに宣教師を匿していると罵りあう状態になってきた。そして、ついに平蔵に有利な判定が元和四年七月に下された。かくして、元和四年のはじめには長崎奉行となっていた長谷川権六と、裁判判決後、正式の代官となった末次平蔵は、宣教師捜索のために、長崎へ向かった。

イエズス会のフランシスコ・ヴィエイラの書翰[232]では、「権六と」「平蔵とを同市に送るに当たり、統治者たちは将軍に代わって彼らに対し、長崎に一人のパードレもいないようにせよ」と言ったという。さらに、「というのは、たとえ一人でもそこで見出されたら権六は斬首、平蔵は磔刑に処されることになっていたからである」と記すのは、老中たちまたはイエズス会士の誇張表現と考えられるが、権六にはこれに近い言葉がかけられ、それを権六が気にしていたふしがある（後述）。

平蔵の長崎到着は九月中旬で、権六の到着の数日後であった。また、宣教師を上陸させ、宿泊させたため、等安の裁判に江戸へ呼び出されていた三人も、平蔵と同じ頃、長崎へ帰って来た[233]。権六はこの三人（イヒョーエ、アンドウレス、シンゾー）とその妻子、合計十二人を元和四年十月九日に、生きながら火刑に処した。背後の判決文には「この者たち伴天連を上陸せしめ、家に泊めたる廉により刑死さる[224]」と書かれていた。

権六と平蔵は、長崎の宣教師の捕縛計画を極秘で行なおうとしていた。この時、強力な助っ人が入った。長崎町年寄四人のうちの一人、高木作右衛門はすでに棄教しており、市の事情を最も知る男が、奉行・代官側についた。もし、本当に極秘で事を行なったならば、当時長崎に十数人いた宣教師のほとんどを捕える事ができたであろう。「しかし彼らは特に酒宴の席で（このような酒宴は日本でよく催され、酒に酔うと秘密を守れなくなるが）慎重さを忘れ、時に油断[234]」しためであろう、かなりの宣教師は、秘密の捕縛計画を知っていたようである。

元和四年十月二十七日の深夜に探索を開始し、宣教師の宿泊所を多数強襲した。しかし、二件の家で四人を逮捕したにすぎなかった。即ち来日したばかりのドミニコ会の宣教師二人と、イエズス会の宣教師カルロス・スピノラとアンブロシオ・エルナンデスであった。スピノラは、安全のために家を代わるよう助言されていたが、懇望されたミサを挙げるためその日はとどまっていたという。

宣教師捕縛強襲日の二日後の元和四年十月二十九日、長崎奉行長谷川権六は高木作右衛門に対して感謝の書状(235)を送った。

その後、その年の末までに、何人も宣教師に宿を提供すべからず、違反者は家族もろとも、火刑に処すという布告が出され、宣教師の発見者にたいしては報賞金として銀三十枚が用意された。

## (三) 町年寄高木家の棄教

頭人・町年寄の四家のうち、高木家だけは開港当初に移住した可能性がある事を述べたが、長崎の地誌類では天正六年の深堀との戦いや、天正七年の長崎甚左衛門と町方の合戦に際して、高木惣兵衛・高木勘左衛門・高木宮内左衛門の名が出てくる。このうち、高木勘左衛門が高木作右衛門忠雄で、高木宮内左衛門はその兄宗重を意識して描かれた事は間違いないだろう。この二つの話は、年代的に疑わしい人名もあらわれるが、この説話の一部は高木家由緒書(236)にもあらわれるから、高木家では信じられていた話と考えてよい。したがって、この頃高木家は軍勢の大将となるべき人物や名うての槍の名手を有しており、武芸の伎倆を持つ町方の中心となっていた事を示している。

そして、文禄元年（一五九二）には、四人の頭人は町年寄と改められ、高木作右衛門忠雄も町年寄となった。また、当然のことながら、キリシタンであり、ルイス作右衛門と称していた。秀吉が死に、家康が将軍になると、一六〇三年の初めにロドリーゲスと村山等安が挨拶に行き、そこで代官村山等安と高木作右衛門以下四人の町年寄の任務が承認されている。

末次平蔵による村山等安に対する訴訟については、平蔵に対し高木了可と高嶋良悦が協力・援助し、等安敗訴による受用銀については町年寄四人で配分し、そのうち了可・良悦二人が拾貫目あて加増され、また糸割符も五割増の増加で受用したと記す。[236][237]

作右衛門忠雄は文禄元年から元和三年まで二十六年間町年寄を務め、その最後の年に息子の忠次が相続するよう願い出て、願いの通りになり、[236]現役を引退し、寛永六年十二月八日に病死している。

この作右衛門忠雄が、元和二年[238]か元和三年[239]にキリシタンを棄教という説がある。おそらくその根拠は薬師寺熊太郎献納の『町年寄発端由緒書』[136]で、それには次のようにある。

高木了可於江戸長崎表邪宗門改の儀御請申上候節、為御褒美御紋付の御服・白銀等拝領仕候、依之年寄共申談於当地邪宗門の者堅制之、改宗仕らせ才覚を以伴天連共在所穿鑿仕出、猶又隠居候邪宗門の者共追々尋出改宗仕らせ、正道ニ不服ものハ召捕之申上候、

しかしこの文章は、高木清右衛門の『由緒書親類書遠類書』[236]では、ほとんど同一の文章が忠雄ではなくその子の忠次の由緒を記した文中に出てくる。

（高木了可実子）於江戸長崎表邪宗門改の儀御請申上候其節為御褒美御紋付之御服白銀等拝領仕罷下　於当地邪宗門之者堅制之、改宗為仕才覚を以伴天連共、　穿鑿仕出召捕之様又隠居候邪宗門の者共、追々尋出之、改宗為仕、正道ニ不服者は召捕之申上候、

明和七年の『由緒書高木作右衛門』[240]でも、忠雄については「後剃髪」「病死」としか書いておらず、忠雄の子の忠次については、「邪宗門の者多有之候付、改儀於江府請申上」と記すから、高木家全体としては、忠次の棄教とその御褒美を由緒書に明記したのであり、薬師寺熊太郎の『町年寄発端由緒書』では「高木了可実子」の「実子」部分が消えて、

あたかも高木了可が江戸で御褒美をもらったように記入してしまったのであろう。

村山等安と末次平蔵との二回目の訴訟で、等安が完全に敗訴した事が決まったのは、元和四年の七月頃であった。長谷川権六と末次平蔵は宣教師捜索のために長崎へ向かった。権六と平蔵は長崎の宣教師捕縛計画を極秘で行なっており、それを実行したのが元和四年十月二十七日（一六一八年十二月十三日）であった。イエズス会の宣教師二人とドミニコ会の宣教師二人が逮捕された。二日後の元和四年（『貞享高木作右衛門書上』は午、即ち元和四年とし、『長崎名家略譜』では元和二年とする、前者が正しい）十月二十九日、長崎奉行長谷川権六は高木作右衛門忠次に対して感謝の書状を送った。

「長崎中にて、貴殿一人ぬきんで、きりしたんのしうもん御かへ候事」「ばてれんいるまんどもの有所迄、貴殿平蔵両人のさい覺を以聞出し、すみやかに被申出付て召取置候」「江戸にて御奉行衆へ急度御披露可申候、恐々謹言」「午十月廿九日　長谷川権六印　高木作右衛門殿[241]」。

ところで、「貴殿（忠次）一人抜きんでて、キリシタンの宗門を御変へ」たのは、いつの事だろうか。忠次の父忠雄が町年寄を引退したのが元和三年で、忠次が町年寄になったのも元和三年と記されている。町年寄の世襲については、長崎ではこの忠雄―忠次の件が最初の例であり、それを認可するのは長崎奉行長谷川権六であろう。権六は町年寄職の世襲を認める代りに、キリシタンの宗門棄教を迫ったと考えてよいのではないか。おそらく、忠次はこの時棄教したと考えられる。

しかし、この後、忠次はイエズス会作成の文書に署名している。即ち一六一八年三月二十一日（元和四年二月二五日）付の文書で、イエズス会は等安と平蔵の争いには関係していない、イエズス会は大坂の戦いで人を送ってはいない事等を証明する文書で、その確認署名者は高木作右衛門ペドロと町田宗加ジョアンの二名[242]である。元和四年の長崎では、すでに宣教師は追放されて存在しないのが建前であるから、忠次（ペドロ）が奉行所の立場に立って棄教していると知っていれば、イエズス会は署名を忠次に頼まないだろう。イエズス会側は、忠次がこの時点で棄教しているとは考えていないのである。

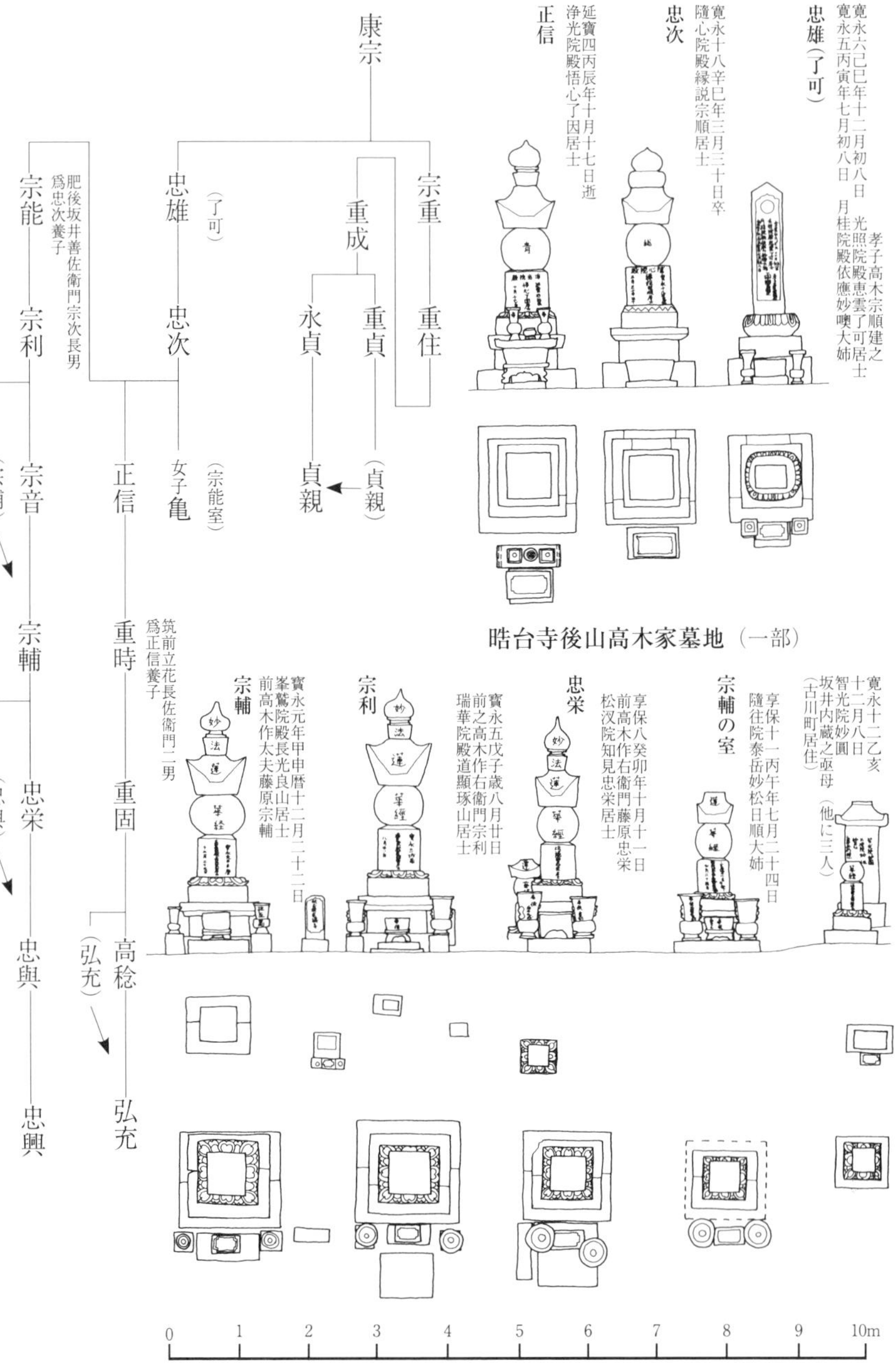


皓台寺後山高木家墓地（一部）

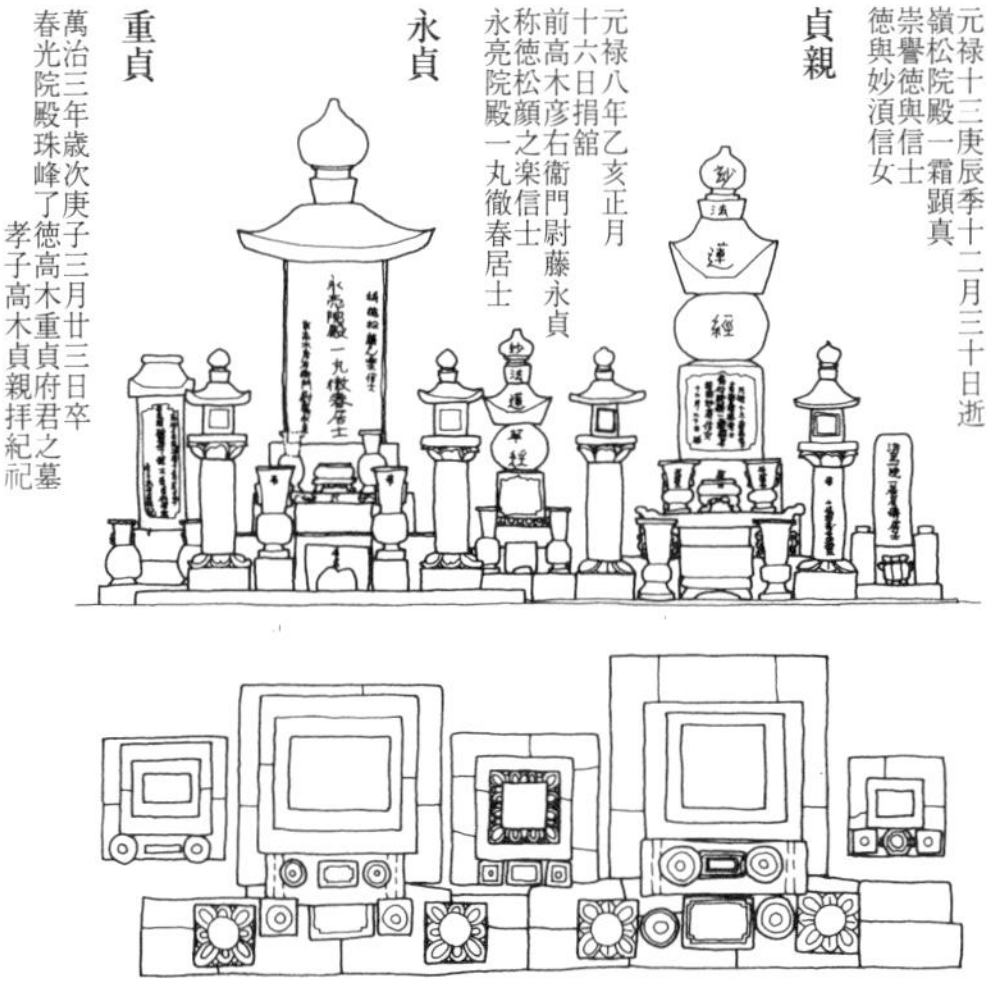


高木彦右衛門家墓地（本蓮寺後山）

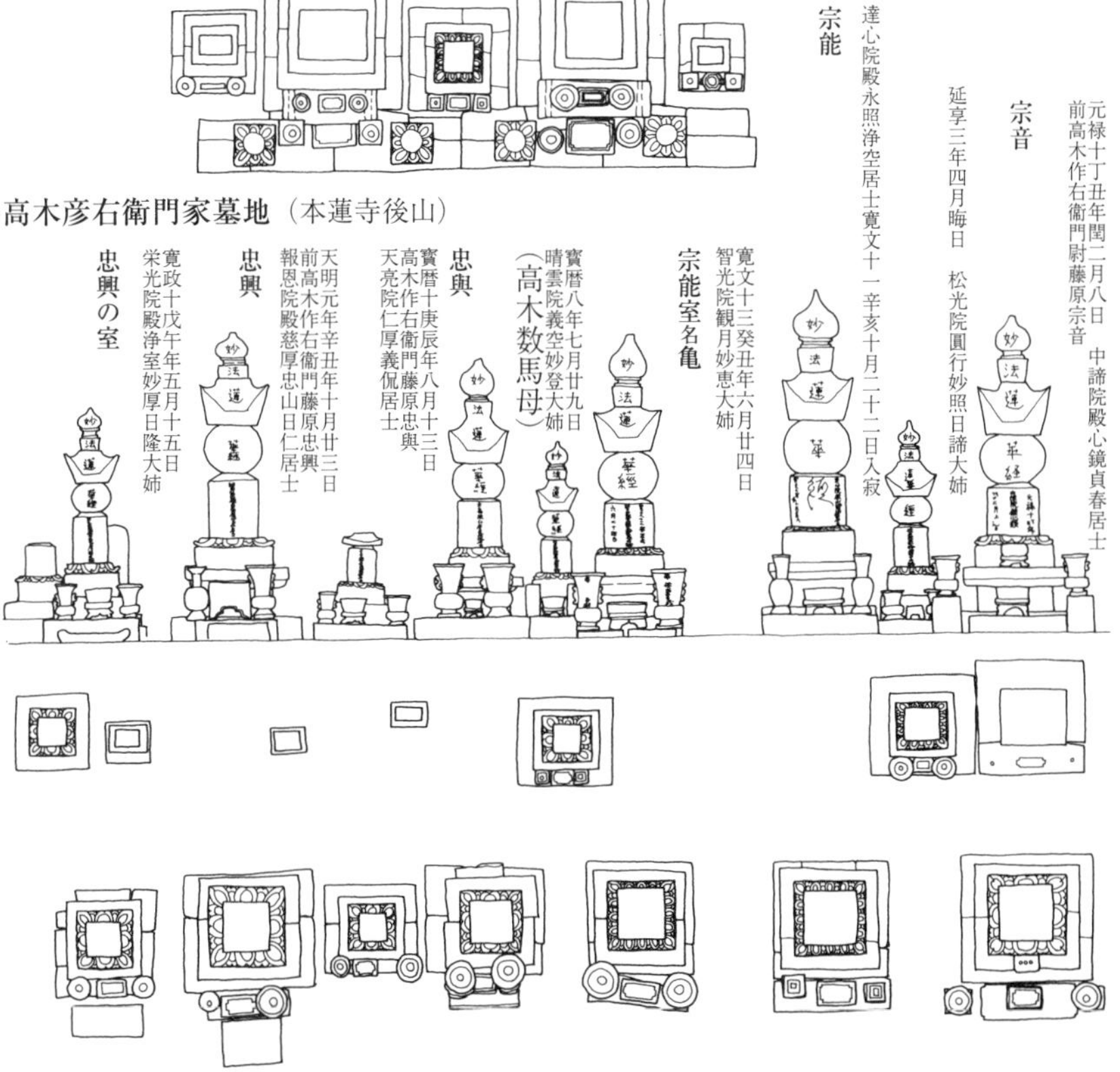


長崎市指定史跡高木家墓地（本蓮寺後山）

図５　各高木家墓地

おそらく、忠次の町年寄世襲は忠次の棄教と引きかえに行なわれたものであり、それは一六一七年の終り頃までに長谷川権六と高木家の間で内々に決着をみていた。しかし、権六はこの時点では、まだ奉行代行であり、正式の奉行就任は長谷川佐兵衛が死んだ一六一七年十一月二十四日以降の、おそらく一六一八年の初めの頃であった。忠次の正式の町年寄世襲も、おそらく一六一八年に入ってからであろう。この頃、忠次の棄教は、長崎内で全く知られていなかった。忠次の棄教を、公に表明させるために、権六は元和四年十月二十九日（一六一八年十二月十五日）に、忠次に感謝の書状を渡したのであろう。もちろんそれは多数の宣教師の隠家を探し出した功によってであった。

高木家がキリシタンの棄教を決心した理由は、単に町年寄職を世襲する件だけでなく、末次平蔵と村山等安との訴訟における平蔵への援助、平蔵の勝訴、長崎市中における仏教寺院造立への動き、キリシタン教会・施設の破壊などを目のあたりにした事などがあげられている。[243]さらに追加すると、高木家の特徴として、大村領長崎の時代にみられたように槍の名人が多い事である。奉行の手による『崎陽群談』には、「高木作右衛門が祖は、是も甚左衛門が属士なりし処、甚左衛門滅亡の後、此所を立退き加藤肥後守清正に仕へて軍功もありしよし、数年の後清正の家を辞して、長崎に立帰り蟄居し候[244]」とあり、これを町年寄作右衛門忠雄とすれば肥後に行く余裕は全くないが、単に「高木作右衛門が祖」と言っているだけだから、拡大解釈して忠雄の兄の高木宮内左衛門宗重の事と考えれば、辻褄が合う。宗重が長崎に来た年代については『長崎建立幷諸記挙要[245]』では、天正十五年に「高木彦右衛門初代高木弾正宗重為孤当地へ来、後町田家亡蹟を継ぐ」と記す。加藤清正は天正十六年から慶長十六年まで隈本城・熊本城主であり、槍については功名談を残している。宗重は「稲妻のごとく」[246]槍を使いこなす名手であり、宗重が清正の所に行った可能性は高いのではないか。長崎で武術談を残す、後の浜田弥兵衛の子、新蔵もまた武勇を以て熊本城の細川家に使えている。[247]また高木作右衛門忠次は、自分の実子を後嗣にせず、加藤清正の家臣であった坂井善左衛門の子久馬助を長女亀の婿養子とし、家督を継がせている[248]。

加藤清正は反キリシタン大名として有名であり、このような高木家と加藤清正とのつながりも、又、キリシタンからの棄教を考えさせた理由であろう。父忠雄の代から、キリシタン棄教の件は、検討されていただろう。そして、晩年の忠雄もまた、棄教していた可能性は高い。しかし、引退後の忠雄が、公に棄教を表明する必要は、もはやなかったのではないだろうか。

## (四) 等安一家の処刑と京都の殉教 ―元和五年・六年―

元和五年一月二十八日（一六一九年三月十四日）、ドミニコ会のアロンソ・デ・メーナが捕縛され、従僕・宿主および四人の隣人が捕えられた。翌日、メーナの従僕に拷問を加えて、ドミニコ会管区代理フランシスコ・モラーレスが村山等安の長男、徳安の家にいるとの情報を得た。こうしてモラーレスと村山徳安は元和五年一月二十九日に逮捕された。

その後、長崎では数人のキリシタンと日本人教区司祭が逮捕された。長谷川権六は、一六一九年の一月に一度江戸へ報告に行っていたが、七月にふたたびキリシタン捕縛に関する報告のため都へ向かった。

一方、将軍秀忠は、元和五年五月から将軍になって二度目の上洛を行なっていたが、八月になって京都に多数のキリシタンが牢獄に捕われている事を知り、彼らを直ちに、ことごとく火焙りにせよと命じた。[249]元和五年八月廿九日（一六一九年十月六日）に五十二人が七条河原で処刑された（『徳川実紀』[250]に、六十餘人火刑とするのは、処刑の数日前に死亡した九人を加えたためであろう）。

この処刑では、宣教師は全く含まれておらず、キリシタンの信者たちだけであった。即ち長崎以外の地では、将軍の命令によって、キリシタンという理由だけで死刑となる状態になった事を物語っている。

権六がキリシタンの逮捕者について報告のため、都に上った時、将軍は都の五十二人を火刑に処すとの判決を下したところであった。将軍は直ちに長崎の逮捕者を火刑にするよう命じた。[249]権六は元和五年十月九日（一六一九年十一月十四日）に長崎に到着し、それから四日後に、イエズス会の日本人修道士レオナルド（木村）と、宣教師の宿主であった村山徳安、ドミンゴ・ジョルジェ、コスメ竹屋、ユアン〔吉田〕素雲の合計五人を火焙りの刑にした。続いて火刑の数日後、パードレを泊めないと署名していたにもかかわらず、それぞれの町内でパードレが発見されたとして十二名を逮捕し、棄教の有無を確認した上、元和五年十月二十二日（一六一九年十一月二十七日）に十一人を斬首した(251)。

将軍秀忠は元和五年十月六日に伏見から江戸城に帰還していたが、直ちに村山等安の処刑を命じたのであろう。十月二十六日に等安を江戸近郊の地で斬首し(252)、同じ頃三男長安（秋安）を京都の近くで斬首、十一月に等安の若い子供ペドロとパブロを斬首した。

次に、元和六年には、長崎に残っていた小規模の教会・病院および潜伏者の小屋と考えられる建物が破壊されたが(251)、キリシタンの捕縛者は少なかった。

以上のように外国から来日した宣教師は、元和四年に四人、元和五年に二人が長崎で捕縛され、長崎以外に置かれた牢へ送られ、最終的には大村の鈴田の牢に入れられている。これらの長崎で捕縛され他地へ移された外国人宣教師は数年間処刑されずに、すぐ処刑されたのは日本人修道士と、宣教師の同宿・従者およびその隣人であるのは何故だろうか。長崎の牢に入れるか、他地域の牢に送るかは長崎奉行長谷川権六の判断によるものだろうが、外国人宣教師は必ず長崎以外に送られている。これは先述した権六や平蔵が宣教師捕縛のために江戸から長崎へ送り出される時、「長崎で一人のパードレもいないようにせよ」と言われ、さらに「一人でもそこで見出されたら権六は斬首」というのは、ある意味矛盾しており、「長崎で一人のパードレもいないようにせよ」、最後の一人まで必ず捜索せよ、それが出来なければ処分する、というのが普通であろう。権六は矛盾した言葉、老中たちの誇張表現に、惑わされていたのではなかろうか。

そして、権六が長崎のキリシタン捕縛の現状を幕府に報告するのは、大部分は老中に対してであろう（伏見では、将軍に直接話した可能性はあるだろう）。秀忠は、キリシタンおよびキリシタン捕縛に関する話には、しばしば激怒したように描かれている(253)。家康の時には、側近の本多正純や長谷川佐兵衛は家康に正確な判断を求めるため、隠しだてなく報告したようであるが、気むずかしい[254]秀忠に対して、長崎のキリシタン捕縛の話を、老中たちは正確には伝えていない、とみた方がよいだろう。

将軍は、長崎で捉えられているキリシタンを死刑にせよ、と何度か命令した事があり、長崎奉行は、長崎の牢にいる同宿・従者たちを長崎で処刑にしたが、主として大村に送った外国人宣教師については、老中には正確に報告したが、将軍に明言する事は避けた。「一人でもそこで見出されたら権六は斬首」という言葉に、権六はいつまでも惑わされた可能性は高い。

イギリス商館長日記には、「陰険」「言葉と行為に裏表がある[255]」と評された長谷川権六であるが、長崎奉行として積極的に行なった事がある。それは仏寺と神社の造営援助である。『六本長崎記』には、権六は「誠に智仁勇備りし人にて、次第に思召の通に相成りけり、其後右の趣を聞、地下どもは、慈悲権六様と崇め奉りし也、此時宗門張始り、寺十ケ寺餘造営あり、此時延命寺権六建立なり[256]」とあり、此時とは元和二年である。

長崎の寺院については『長崎実録大成[257]』では造営年次順に並んでいるので、それを引用すると、悟真寺（慶長三年）、正覚寺（慶長九年）、大光寺（慶長十九年）、光永寺（慶長十九年）、晧台寺（元和元年）、深崇寺（元和元年）、延命寺（元和二年）、大音寺（元和三年）、本蓮寺（元和六年）、興福寺（元和六年）、法泉寺（元和七年）、清水寺（元和九年）、三寶寺（元和九年）、浄安寺（寛永元年）と、長崎の寺院の創建から権六が長崎奉行であった寛永二年までに十四ヶ寺を数える。

このうち個々の寺院の縁起や由緒書などで、権六との深いかかわりを伝えているのは、深崇寺・延命寺・大音寺・本蓮寺・法泉寺・清水寺・三寶寺・浄安寺および正覚寺の九ヶ寺である。『長崎実録大成』では悟真寺・正覚寺・大光寺・光永寺は慶長年間の創建と伝えられているが、悟真寺・正覚寺の初源が慶長九年（一六〇四）およびそれ以前に遡るとしても、両寺が明確な仏寺の形をなしたとは考えられないし、慶長十九年（一六一四）創建を伝える大光寺・光永寺についても、大光寺はキリスト教会の木材を分配され、光永寺はキリスト教会の破却後の跡に作られた[259]と伝えるから、大光寺・光永寺とも建物の造営は元和元年以降となる。

即ち、これまでにあげた十四ヶ寺の大部分が元和元年以降の造営、つまり権六の奉行および奉行代行時代に造られたものである。オルファネールの『日本キリシタン教会史』[260]では、仏僧が長崎に目に見える形で活動し始めたのは、元和五年（一六一九）からであるとしており、おそらくこの頃から諸寺の本格的造営が始まったのであろう。

なお、『六本長崎記』には、諏訪神社について「寛永二乙丑年、御奉行長谷川権六思召には、寺々は段々建立すといへども、神父なし、依之古來は神宮寺を以て、当地の宗廟と仰ぎし由なれば、明神を勧請し、神宮寺と合躰して祭るべしとて、伊良林村の内、今の諏訪町の上の辺り山下と云所に、諏訪の社を建て、諸人神祇を拝禮す、其後寛永四年に丸山に移す[256]」と記す。

権六は、仏寺・神社の造営に熱心であった。

## (五) 長崎キリシタンの署名文

長崎では元和七年と元和八年に長崎キリシタンによる署名文が書かれている。前者は主としてイエズス会によって作成されたもの、後者は主としてドミニコ会によって作成されたものである。

前者は、元和七年二月四日（一六二一年三月二十六日）付のもので、長崎信徒の奉答文が作成され、十三名が署名した[261]。これはローマにおいて、一六一七年に教皇パウロ五世が教書を発したが、その中で日本教徒が迫害で苦しむのに言及し、慰問していた。これに答える形の奉答文が、長崎、有馬地方、中・四国、京阪および奥羽の五地域から、一六二〇年から二一年にかけて作成され、奉献された。

教皇教書の日本到着は元和六年（一六二〇）で、その時長崎では管区長マテウス・デ・コーロスが司教の職を執って教書と訓示の伝達を行ない、本文・翻訳文を各地の教徒に送った。これら教皇教書の配布、奉答文の起草、署名のとりまとめと、それをローマに送り届けるまで、すべてイエズス会の手で行なった。

長崎信徒の奉答文は「七ヶ年以来、我等片時も安堵の思ひに住する事なく、不断常任、災難に逢ひ、ヘルセキサン（迫害）の逆浪に漂ひ奉る折節」、「是れその地ラウマより到来すといへども、偏に天より降り下りたる心地致し」、「されば此国へエワンゼリヨ（福音）の御光り、デウス（神）の御法をひろめ給ひたるゼススのコンパニヤ（イエズス会）のパアデレス（神父達）、又自餘の出家衆によて、はや御主ゼスキリシトの、又其御方のエケレジア（教会）に対して、果報ゆゆしく、御血をながし、喪身失命し給ひたるもあり」。「然りと雖も、かほど御名誉深きマルチレス（殉教）の御血を以て潤湿し、加之世界にをひて高上のデウスの御名代にて在ますパッパ（ローマ法王）、喩へば日輪の光のごとくに御哀憐の御眸《まなじり》を懸け給ふを以て、かくやくたる此キリシトの日本のビネヤ（葡萄園）は、増々莫大の実を結び、又此我等が船は難風を凌ぎ、かほどの御大将の御導きを以て、終には天の湊へつつがなく至り奉らんと、頼母しく存じ奉る也。」と、記した。

「一六二一年三月廿六日　貴き御主の御足を謹ですい奉る　於長崎

町田寿安・高島是良二母・後藤登明・今泉時庵・中村あ手れ・犬塚見ける・福田とみんこす・さるめんと寿安・久富利安・源右衛門みける・中島みける・岡村寿安・佐藤登明[261]」

まず最初の三人は町年寄であり、町田・後藤は古くからの町年寄として間違いなく、さらに高島是良二母は「高島四郎兵衛の子であろう[261]」（姉崎正治）とする説もあるが、四郎兵衛茂春は元和八年（一六二二年）まで町年寄の職にいたと考えられる（後述する）から、高島是良二母は高島良悦ジェロニモである。四人の町年寄のうち、高木作右衛門忠次はすでに棄教しており、この中に入っていない。

この頃までに町年寄個々の人物とイエズス会との関係は、四十年前後の長い歴史をもち、基本的には問題のない良好な関係を保ってきた。

しかし、中央政府の方針がキリシタン宣教師の追放という事態に至ると、長崎町年寄のもつ二つの側面、即ち長崎キリシタンから選ばれたキリシタンの代表という面と、町の全体を支配・管理するために長崎奉行からその職を任命・認定されるという側面は、町年寄自身が板挟になる可能性が高く、この点で隠れているイエズス会と表にいる町年寄とは微妙な関係になってきたのである。

一六一七年三月二六日付、ジェロニモ・ロドリーゲスのイエズス会総会長宛書翰[262]には「四人（町年寄）と町の長たちは、彼らの間で審議会を開いた。国王（将軍）が彼らのことを問題にするのは、彼らがキリスト教徒だからではなく、パードレたちを泊めたからだということが分って、彼らは次のような結論を出した。即ち、この住民の利益の為に、われわれ（宣教師）が日本から去ることと、われわれがナウ船で帰ることが良い、と。それゆえ、彼らはたびたび私に伝言を送ってきた」と記す［（　）内は筆者の補足］。

また一六一八年には村山等安と末次平蔵との最後の訴訟があり、両者はお互いに宣教師を匿していると罵りあう状態になってきたので、長崎をはじめとする各地に宣教師が存在するのは衆知の事実となり、この年の末には長崎で一斉に宣教師捜索が行なわれ、四人が捕えられた。この時長崎奉行長谷川権六は、「キリスト教徒」で、かつ「統治者」である五人の乙名（町年寄ら）を呼び、パードレ全員を自分に渡すよう説得した。「そして、もしそれを行なわないならば、長崎における事の推移をすべて将軍に言う」と、彼らを威した。彼らは、「パードレたちといえども引き渡さねばならない、と考えた[263]」。しかし、実際には自ら引き渡す事はしなかった。

したがって、それから二年経過した元和七年における長崎信徒の奉答文には、三名の町年寄の署名が記されているが、それは極秘に行なわれたものであり、イエズス会と三人の町年寄との間には、既に大きなギャップが存在したと考えてよい。

一方、今泉時庵以下に記す十名は、古くからイエズス会と親しく、かつ熱心な信者と考えられる。例えば、一六二〇年二月九日、今泉時庵の家の中では、最初の日本人司祭セバスチャン木村の修道者としての最終誓願式が、管区長マテウス・デ・コーロスがミサをささげている間に行なわれた[264]。

次に、後者の署名である元和八年正月十三日（一六二二年二月二三日）付の、長崎ロザリオ組中連判書[265]は、おそらく一年前のイエズス会による長崎信徒の奉答文に対抗する形で、ドミニコ会に属する信者によって作成されたものである。

一、「何時も長崎は」キリシタンの日本国中の「本国の様」なもので、諸国はキリシタンに対する禁令が厳しいが、長崎中は「出家衆」（パードレ衆）のみの禁令で、キリシタンの宗門には「さして御かまひなき候ゆえ」、多くの追放された信者が長崎へ集まってくる。それ故、長崎には、とりわけパードレ衆が必要となってくる。

一、パードレ衆に対する禁令は、「日本国中に、長崎ほど」厳しい所はなく、「長崎中は、いつも其御ありかを尋ねまわり候。」パードレの宿を見立て、注進した者には、「過分の銀子を遣わさるべしとの御触」が始まってからは、パードレ衆をかくし申すべき道は、「絶え果てたばかりの」状態であります。

一、このような状態の時に、聖ドミンゴ会のパードレ衆は、諸国での布教と共に、特に長崎への助力が必要である事に気付き、「身をかえりみず」、懸命にわれらを救いに来られ、長崎で今まで入牢中の者も、殉教の時には、牢の番が厳しくとも告解を聴きに来られた事を証明します。

一、入牢者の数は、「さんととみんこに数多御座候」、これが他の修道会のパードレ衆を凌いでいる証明である。

一、聖ドミンゴ会のパードレ衆のみならず、長崎に創設した聖母ロザリオの組、ならびにイエズスの御名の組によって、無数の人々の助力となった事は多大でありました。

一、終りに、ロザリオならびにイエズスの御名の組中、組親の者だけ、若干名前と苗字を署名します。(265)

長崎のドミニコ会に属する組は、はじめ村山等安の次男フランシスコ村山が創始した「クルスの組」(266)が出発点で、フランシスコの死後、組員がドミニコ会に庇護を求め、ドミニコ会のフライ・アロンソ・ナバレテが組を引き継ぎ、「イエズスの御名の組」と称して、万事を援助した。(267)ナバレテが捕縛・処刑される一六一七年六月以前において、ナバレテは同会のアロンソ・デ・メーナと仕事引き継ぎのために連絡をとっており、メーナはこの少し前に、長崎紺屋町の「ほとんど全員をロザリオの組へ入れた」(268)という。また「イエズスの御名の組員」は、「同時にロザリオの組員である」(267)という。年の経過とともに、ロザリオの組員の中でも、とりわけ苦しい状況の中で「組の規約を遂行しうる能力」をもつ熱意ある組員を「イエズスの御名の組員」(267)と称したらしい。

したがって長崎ロザリオ組は、ドミニコ会を中心とした宣教師の指導のもとに組織された広範な信心会であり、その組親一〇四名の署名がなされている。このうち明確に内町・外町の区別ができる者九七名のうち、内町の署名が三四名、外町の署名が六三名である。

宣教師追放令が最初に実行された一六一四年頃、長崎内部の政治勢力・宗教勢力は内町と外町に分れ、内町を支配する町年寄はイエズス会系の信徒であり、外町を支配する代官村山等安はドミニコ会や教区司祭に経済援助をして来た。そしてフランシスコ村山、村山徳安、村山等安ら村山一家が没落しても、ドミニコ会を基盤とするロザリオの組員は一六二二年の署名時点では、外町だけでなく、広く内町にも（ただし、最初の六町の中では大村町しか組員がいないが）広がっていたのである。

即ち内町では、五島町に七名の組親、築町に四名の組親が署名し、外町では、今石灰町に六名、中町に六名の組親が署名し、今大工町・本鍛冶屋町・油屋町にそれぞれ四名の組親が署名しているのが人数の多い例である。一名の組親がどの程度の組の人数を束ねているのか不明だが、アロンソ・デ・メーナが紺屋町の「ほとんど全員をロザリオの組に入れた」と記すにもかかわらず、紺屋町の組親は三名しか記入していないから、一名の組親は相当な数の組員を代表しているとみてよいだろう。「ろさりよせすすの組中、以連判可申上候へ供、数万人之儀ニ御座候」[269]と記すものと、「数千人」[269]と記すものがあるが、一千人や二千人程度の人数ではなかった事は確実だろう。

これは一五七〇年以来、五十年間長崎で信仰生活を指導してきたイエズス会に対して、一六〇九年にドミニコ会のモラーレスが薩摩から長崎へ移動して以来本格的となった、ドミニコ会・フランシスコ会・アウグスチノ会のフィリピンから渡来した修道会が、十二・三年の間に長崎で、イエズス会と同等かそれ以上の信者を獲得するようになったのである。署名の本文中に、入牢者の数は「さんととみんこに数多御座候」、これが他の修道会のパードレ衆を凌いでいる証明であると記すのも、単なる誇大表現ではなく、自らの自信のあらわれであろう。

## (六) 平山常陳事件と処刑執行

一六二〇年（元和六年）マニラのアウグスチノ会では、日本への宣教師派遣を決定し、かって来日し善良な性格として知られていたペドロ・デ・ズニガを選び、これにドミニコ会の宣教師だが高齢のルイス・フロレスが呼応して、二人の宣教師がマニラに居住していた日本人船長平山常陳（ヨアキン・ディアス）のフラガータ船に乗り込んだ。出発した船は嵐に巻き込まれたが、どうにかマカオに到着する事ができた。船はマカオを一六二〇年七月二日に出帆して日本へ向かったが、七月二二日に、台湾近海で、イギリス船エリザベス号に拿捕された。(270) 甲板の下から発見された西洋人二名が宣教師と推測されたため、イギリス船はフラガータ船ごと平戸へ連行した。

当時イギリスとオランダは極東において共同してスペイン船・ポルトガル船に対し敵対・拿捕行為をするよう指令を受けており、それを実行したのであるが、それは海の上での理屈であり、船が日本の港に持ち込まれると別の問題が生じるおそれがあった。もし乗員全員が正当な商人で、宣教師がいなければ、船長が日本人で日本商人の商品も入っている場合が予想され、非はイギリス艦にあると非難される可能性は高かった。

したがって平戸に船を連行した以上、イギリス・オランダ商館側は、何としても二人が宣教師である事を証明する必要があったのである。捕えられたルイス・フロレスが記すように「イギリス人は、日本の将軍から（パードレを逮捕した理由で）フラガータ船と積荷のすべてを報酬として与えられるのを狙《ねら》っていた(270)」のである。そして、イギリス側は二人をオランダ商館へ引渡した。

平戸のオランダ商館では厳しい取調べ・拷問が行なわれたが、二人は徹底して商人であると主張した。オランダ・イギリス商館側は、平戸藩主（松浦隆信）に事態を説明すると共に、将軍側へ例年の贈物を持って船を拿捕した理由を説明するため江戸へ向かったが、その返事は容易に得られず、松浦隆信の報告に委ねられた。

一方、長崎奉行長谷川権六も元和六年閏十二月に平戸に立寄り、この件の調査を行なっていたが、捕獲から一年三ヶ月もたった元和七年十月に、平戸の松浦邸に長谷川権六を迎え、主としてペドロ・デ・ズニガの尋問が始まる事になる。

ところで、松浦隆信はイギリス・オランダ人の肩を持ち、両商館側に「既に述べたことを主張するように」指示し、「訴訟に勝つことについては心配無用である[271]」とひそかに伝言した。一方、長谷川権六はどちらかといえばポルトガル人・常陳・日本商人の味方をしていたし[272]、数年前ズニガを逮捕せずに、警告して日本から立ち去らせていたのでそれが明るみに出ないように知らぬふりをし、きわめて慎重・寡黙であった。そして尋問の進展は、ズニガが宣教師であると認めざるをえなくなってきた。

松浦邸での審議は元和七年十月三日から行なわれていたが、十月十七日に訴訟に呼ばれたドミニコ会のフランシスコ・モラーレスとズニガと二人でひそかに話し合った。ズニガは「何も知らぬ船の人々に危害を及ばさない為に今まで匿していた[273]」と言って、身分を明かす事にした。この日のイギリス商館長日記には「我々はフリゴット船をめぐる我々の訴訟に勝ったのである[274]」と記されている。そして、ルイス・フロレスも、翌元和八年正月二十三日、身分を明らかにした。

その後、長崎奉行は江戸へ向かい、元和八年六月二十一日に江戸から長崎に到着後、フラガータ船の水夫・乗組員を法廷に出頭させ、「生命が欲しければ転べ[275]」と命じた。彼らが求めに応じる気配を示さないので、公儀の牢へ投じた。宣教師たちが乗船していたフラガータ船の件で長崎の牢に入っていた乗組員たちは十六人で、このうち公儀の名簿に記された十人が処刑された。全体の処刑人数はこの十人と宣教師二人・船長・掌帆長・船の書記の十五人である。

宣教師は通訳した船長を介して「なぜ日本の将軍は罪もないのに修道会士やキリシタンを処刑するのか」、「殺せば殺すほどヨーロッパからの修道士が来るのだ[275]」と奉行に言った。五人が奉行所から出た時、十人と中庭で会ったので、常陳は「私のためにこのような結末に至ったことを残念に思います」と語ると、彼らは全員ロザリオ信心会員であったので「そのようなことは言わないで下さい、われらはディオス（神）のためであり天国を得る道なので、心から喜んで耐え忍んでいるのですから[275]」と答えた。

元和八年七月十三日、長崎の処刑場には数万の人々が集まってきた。柵の中に、宣教師二人と常陳が入り、その後から十二人が入って来た。十二人は入ると、直ちに斬首された。斬首された時、柵のまわりのキリシタンの涙があふれ、イエズス・マリアと叫んだ大声が空に響いた。奉行所の役人は柵の周囲にいて、奉行代理は隣接する場所で処刑に立会った。彼らは、火刑に処せられる三人の前で、面前の板の上にある鉤釘に十二人の首を晒させた。三人は首を見ると、ディオスの愛、殉教の希望、聖なる羨望が一層燃え上がったのだという。

常陳は「己の幸運と大いなる幸福を日本語で大声で説きはじめ」、「パードレたちも同じくスペイン語と身振りで説き始めた。「果報者」という意味の声を聞き、ペドロ・デ・ズニガは、カホーシャ・カホーシャと叫び始めた[275]。三人は、柱を前にして抱き合い、お互いに祝詞を述べ、自分の柱に口づけをしてから縛られた。ルイス・フロレスは、最期の説教を語り始めた。常陳は、大声で通訳し始めた。群集はこの話を聴いて静まりかえった。「医者は健やかな者にではなく、病める者に必要なのです。この世は罪で病んでいます。このためにディオスの御子が降って人となられ、罪人を救い病人を癒さんがために死と受難を受け給うたのです。パードレ様もこれを扶けんがために故国から日本に来られるのです[275]」。

ペドロ・デ・ズニガは常陳に「ヨアキン殿、いまあなたは船長とならなければなりません、フラガータ船の船長ではなく天国の船長に」と、語りかけた。常陳は「いかにも、尊師のおとりなしでそうなることをディオスに期待しています、尊師の大きなお恵みを感謝します[275]」、と。柵のまわりのキリシタンの慟哭は大きく、彼らはイエズス・マリアを誦えて、わが主に祈りを捧げつづけた。三人の受けた火刑は三十分から四十五分続き、高齢のルイス・フロレスが最初に倒れ、次に常陳が倒れ、最後がペドロ・デ・ズニガであった。

柵のまわりのキリシタンたちは「このような光景は決して見たことがない」、「殉教者とともに生命を捧げる人びとに根づいている熱意は言葉では現わせません[275]」と語った。『日本キリシタン教会史補遺』の著者ディエゴ・コリャドは、この光景を見ていたが、「これを記している私としては、たとえ私がキリシタンでなくても、このような偉大な光景を見ただけで改宗するに足りたと思いますし、この光景を見るまでは、感動改宗させ信仰を根づけ植えつける殉教者の亀鑑の効果がよく判らなかった、と告白する次第です[275]」と述べている。

## (七) 大殉教

平山常陳事件で、元和七年（一六二一）十月十七日に、ペドロ・デ・ズニガが自分が宣教師であると認めた段階で、捕われていた多くの宣教師が近く処刑される事が予想できた。というのは、オランダ人は船を拿捕した理由を説明しようと江戸に向かったため、大村や長崎の牢に多くの宣教師が捕われている事が、将軍の耳に入り、厳しい処刑の実行が予想されたからである。

『日本キリシタン教会史補遺』の著者コリャドは、「将軍が以前彼らの処刑を命じなかったのは、おそらく彼の耳に達していなかったからであろう。なぜなら、通常、将軍の意にかなわぬようなことは伝えられないからである[267]」と述べている。平山常陳事件で捕縛され処刑された宣教師の存在は、同時に、大村の牢と長崎の牢に囚われている宣教師・修道士・宿主・同宿の存在を明らかにさせた。将軍が牢内にいる全員を殺せと指示するのは、誰もが予想していた。

元和八年八月四日、長崎の牢にいる者の中から処刑の決定者が三十二人選ばれた。この日、死刑執行のため長崎へ連行されていた大村の囚人は、二十四人浦上に逗留した。翌八月五日（一六二二年九月十日）には、長崎の処刑地に二十五本の木の柱が打ち込まれていた。処刑地には多数の群衆が集まっており、一説には三万とも六万ともいう。まず大村からの二十四人が馬に乗って到着した。長崎の牢からの三十二人の来着は、一時間以上遅れたので、大村の囚人たちは諸種の歌・説教・別離の挨拶・群衆への励ましを行なった。

イエズス会パードレ・カルロス・スピノラは、スペイン人やポルトガル人に対し、感動すべき忠告を与えた。「諸氏よ、卿等は皆ただ迫害が止みそうだと思っておられる。ところが、迫害は寧ろ始まったばかりだと思ふがいい。死ぬ力がない人、修道者を預かるだけの力のない人は、銘々郷里に帰り、致命の罪を犯したり、この教会を躓かせるようなことに身をさらさぬことだ。日本を去らんとしても閉ざされたる出口が見出されず、逃げようとしても逃げられない時が来ようとしている(277)」と。

ドミニコ会のフランシスコ・モラレスは語った。「キリシタンたちよ、この最後の模範をよくご覧下さい。われわれが日本滞在中に、あなた方の師として言葉で教えてきた信仰の真理をディオスのご加護によって確認させるのです。」「しかし万一、苦痛の最中に本来苦痛を避けるわれらの弱き肉体が悲しみを現わし何らかの変化を見せても驚かないように。またそれはすぐにも生命をディオスに捧げる決意をしている精神のゆえではなく、それを本能的に示す弱い肉体のゆえだと思って下さい(278)」と。

ドミニコ会のハシント・オルファネールだけは説教をせず、黙想にふけって死の準備に専念していた。

こうするうちに、長崎の牢からの三十二人が到着した。宣教師と宿主との再会時の歓喜・信心・涙・嗚咽は今生の別れを告げるものであった。フランシスコ・モラレスは村山徳安の妻、宿主マリアを見ると、彼女に幸福の祝詞を述べた。モラレスは徳安が火刑に処せられた時に残した幼い一人息子パブロの事を尋ねた。彼女は「その子はすでに死亡しました」が、「ディオスのお力によってすぐにも会えるでしょう(278)」と答えた。聖フランシスコ会のリカルド・デ・サンタ・アナの女宿主であった信心深いルシア・デ・フレテスは、リカルド・サンタ・アナに別離の挨拶をした。最後に全員は互いに訪問し、語り合った。

これが終ると五十六人一同は競いあうように柵の中に入って行った。大村から来た二十四人は、自分たちのために柱が用意されたと思い、柱へ向かって行った。しかし長崎の牢にいたうちの宿主三人、即ちパブロ田中（サン・ハシント・サルバネスの宿主）、アントニオ・コライ（セバスチャン木村の宿主）、ルシア・デ・フレテス（リカルド・デ・サンタ・アナの宿主）は火刑の宣告を受けていたので、二十七人のうち二人が柱から引き離された。ドミニコ会の修道士トマス・デル・ロザリオとフライ・ドミンゴ平修道士は無理やり引きづられて連れて行かれた。三十一人は跪き手を合わせて斬首された。[278]

斬首された人物を、ドミニコ会関係、聖フランシスコ会関係、イエズス会関係の順に名をあげると次のようになる。

トマス・デル・ロザリオ[279][280]──少年時代、サント・ドミンゴ修道院で養育され、大村湾内の鷹島までパードレ・ナバレテとアヤラに同行したが、二人の殉教の場には立ち合わせてもらえなかった。一六一八年宣教師サント・ドミンゴおよびアンヘル・フェレル・オルスッチと共にいた所を逮捕された。長谷川権六はトマスを釈放したいと思ったが、トマスは「私は十三才の時から聖ドミニコ会で育てられた者ゆえ、この修道会士に心から務めてきたのです[281]」と答えたので大村の牢へ送られた。大殉教の日、火刑の宣告を受けていたが、柱が足りず、斬首された。享年二十才。

フライ・ドミンゴ[280]──旧名はユアン永田。筑後の生まれ。一六一八年十二月十三日に、パードレ・アンヘル・フェレル・オルスッチと共に逮捕された。大村の牢内で聖ドミニコ会の従僕（平修道士）として入会を許可された。聖ドミニコ会の修道服を着衣し処刑場に臨んだが、火刑ではなく、柱から引き離されて斬首された。

マリア村山[282][283]──村山等安の長男である徳安の妻。マリアは長崎代官末次平蔵の姪にあたり、奉行所は処刑をまぬがれさせようとしたが、マリアは最後まで信仰を貫いた。ドミニコ会のフランシスコ・デ・モラレスの宿主として、斬首された。処刑者の中で、マリアの胴と頭だけが、辛うじて家族の手に帰ったという。享年三十三才。

アポロニア[284]──村山徳安の隣家の住人で、モラレスが徳安の家にいる事を洩らさなかった。翌日処刑されたイエズス会のガスパル籠手田の伯母であった。享年六十才。また、アポロニアの息子のフランシスコは翌日処刑された。

マリア[284]──パブロ田中の妻。サン・ハシント・サルバネスの宿主の件で処刑される。ドミニコ会の肩衣を着て死す。

クレメンテ大野[284]とその子アントニオ[285]──パブロ田中の隣家の住人。サン・ハシント・サルバネスが田中の家にいる事を洩らさなかった。彼の子、アントニオも二才で斬首される。

ルホ石本[284]──長崎のロザリオ組の組親元。パブロ田中の隣家の住人。パードレの秘匿者の廉で死す。

イネス・コレア[284]──日本に来着したばかりの時にパードレ・カステレット、後にアンヘル・フェレル・オルスッチを

**図６　元和八年の大殉教図**（部分）（松崎實『考註　切支丹鮮血遺書』1926 による）

自宅に匿まっていた。パードレ・フロレスの遺物を入手した人物でもある。アンヘル・フェレル・オルスッチの女性宿主として、ドミニコ会の肩衣を着て斬首される。享年四十二才。

マリナ田浦[284]――イネスの隣家の女性住人。アンヘル・フェレル・オルスッチがイネスの家にいる事を洩らさなかった。享年四十五才。

テクラ永石とその子ペドロ[284]――パブロ永石の妻。彼女は現世から離脱し、剃髪していた。徳秀でたる婦人。彼女は長与に通ずる長崎近在の夫パブロの離れ家に住み、伝道士・説教師職としてドミニコ会から夫に給与されていたもので家族を扶養した。ドミニコ会の肩衣を着て斬首される。享年六十四才。両親の子の廉で、七才の少年ペドロも斬首された。

マリア[286]――アロンソ・デ・メーナの宿主、ユアン吉田素雲の妻。吉田素雲は一六一九年十一月十八日に火刑を受けたマリアはドミニコ会の肩衣を着て、斬首される。享年二十八才。

ユアン[286]――ユアン吉田素雲の家の四人の保証人の一人。若い青年。マリアの隣家の住人。アロンソ・デ・メーナがマリアの家にいる事を洩らさなかった。

マダレナとその子ミゲル[286]――ドミニコ会士の秘匿者の廉で斬首。享年三十五才。

トマス七郎[286]――唐津出身。七郎の子の妻（嫁）が死につくべき所を七郎が代って出頭した。

ペドロ本山[286]――ユアン本山の息子。享年五才。ユアン本山はアロンソ・デ・メーナが発見された時、引受人の廉で逮捕され、一六一九年十一月二十七日に斬首された。

ドミンゴ中野[286]――筑後生まれ。マティアス中野ミヨタの息子らしい。マティアス中野ミヨタはアロンソ・デ・メーナが発見された時、引受人の廉で逮捕され、一六一九年十一月二十七日に斬首された。ドミンゴ中野は享年十九才。

クララ山田[286]――ドミンゴ山田の妻で、大村生まれ。聖フランシスコ会ペドロ・デ・アビラとフライ・ビセンテの女宿主。享年四十二才。

イルマン・ジョアン・中国[287]――山口生まれで、二十年来パードレと離れる事なく、有馬の千々石や長崎で準管区長パシオの随伴者として生活し、最後にカルロ・スピノラの随伴者となった。一六一八年十二月十三日、スピノラおよびアンブロージョ・フェルナンデスと共に縛についた。牢の中にあって四年間、修道士などに奉仕を行なった。享年四十才。

イザベル・フェルナンデスとその子イニャーシオ[288]――イザベル・フェルナンデスはドミンゴ・ジョルジェの妻。ドミンゴ・ジョルジェは、ロザリオの聖母に信心深く、イエズス会パードレの定宿主であり、村山徳安・コスメ竹屋・ユアン素雲と共に火刑にされた。ドミンゴ・ジョルジェとイザベルとの間には一児があり、カルロ・スピノラは彼に洗礼を施してイニャーシオと命名した。イザベルは刑場でスピノラと対面し、自分の児を示し「パードレ等よ、これぞ我がデウスに捧げ奉る大切なる生贄なり」と述べた後、斬首された。イザベル享年二十五才。

マリアとその子ヨハネとペトロ[289]――マリアは朝鮮人アントニオ・コライの妻。アントニオ・コライは妻と同日、火刑。マリアはセバスチャン木村の宿主の廉で斬首。彼等の子供、十二才のヨハネ、三才のペトロも斬首される。

バルトロメ河野七右衛門[290]――有馬生まれ。アントニオ・コライの隣家の住人で、セバスチャン木村がアントニオの家にいる事を洩らさなかった。享年六十才。

ダミアン多田弥七とその子ミカエル[289]――大村生まれ。アントニオ・コライの隣家の住人で、セバスチャン木村の秘匿者の廉で斬首される。享年四十才。ミカエルは五才。

ドミンゴ山田[289]――肥後生まれ。アントニオ・コライの隣家の住人で、セバスチャン木村の秘匿者の廉で斬首される。享年三十四才。

マグダレナ[289][290]――摂津の国の人。夫アントニオ三箇と同様に、立派なキリシタンであったという。享年三十五才。

以上の三十一人が斬首されると、彼らの首は一枚の板の上に並べられた。そして残っていた二十五人は柱に縛られた。その縛り方は細紐で、すぐに解けるようにゆるく結び、かつ薪と柱の距離を二尋半（約四メートル）ほど離して、時間をかけて火炙りする仕掛けであった。火炙りされる人々は左から右に、また海の方から山手の方へと次の二十五人が並んでいた。

アントニオ三箇[291]――河内の三箇の領主の従兄弟であり、上方キリシタン中最古の家柄の出身であった。イエズス会のセミナリオで教育されて、修道士となった。しかし健康上の理由で修道生活を全うする事ができなかった。彼は奉行所から追われる身でもなく、自ら長崎奉行長谷川権六の前に出頭し、迫害を止むべきを乞い、長崎の牢に投獄された。入牢以来彼は三十二人の未信者に洗礼を施したという。「拙者はイエズス会の中に於て享けたる大なる善より他の事を考へざるなり」、「願くは拙者を奴隷として受入れ給はん事を」と、管区長パチェコに書翰を送った。享年五十五才。

パブロ田中[292]──土佐の出身で、長崎に来たハシント・サルバネス神父を自分の家に泊めた。一六二一年八月十七日、ハシント・サルバネス神父とともに捕えられた。パブロ田中は長崎の牢に入れられた。享年四十六才。

アントニオ・コライ[293]──高麗生まれ。イエズス会宣教師に対して深い尊敬の心をもち、またロザリオ信心会員で、ドミニコ会管区長代理であったディエゴ・コリャド神父のすすめで、ドミニコ会宣教師たちの宿主にもなった。セバスチャン木村がアントニオ・コライの家にいる時、そこに住んでいた朝鮮人の下女が賞金に惹かれて、神父の隠れ家を洩らした。かくして、セバスチャン木村と宿主アントニオ・コライが逮捕された。アントニオ・コライは享年四十才。

ルシア・デ・フレテス[294]──長崎の生まれで、ポルトガル人フィリペ・デ・フレテスと結婚した。親切心が強く、殉教の熱望を持っていた。ルシアの家はすべての宣教師の宿であった。心の弱い一人の信者が権六の代理人の前で信仰を棄てたと聞くと、直ちにその事を抗議するため奉行所に出掛けた。奉行所は気狂いとして彼女を追い出した。ある日、ルシアは一人の宣教師から「あまり度が過ぎる」と叱責された。ルシアは答えた。私の「これらの事は欠点かも解りませんが、しかしあなたは、私が神の愛のために火刑になるのを御覧になりますとき、私の総ての欠点と罪がそこで焼かれることをも御覧になるでしょう」と。ルシアは聖フライ・リカルド・デ・サンタ・アナが重い病気にかかったため、手厚い看護をして療養させている時に、二人同時に逮捕された。処刑当日、長崎から刑場に到着する処刑者の群れの先頭にルシアはいた。彼女は牢獄から同会の修道服を着て出て、キリスト受難の御聖画像を抱きかかえ、愛の言葉を何度も誦え、聖母の讃美歌を高らかに歌っていた。奉行所の役人は、これに我慢できず、ルシアから御聖画像を奪ってずたずたにし、修道服を引き裂いた。ルシアの勇気はすべての人を感嘆させた。火刑の二十五人中に、婦人はただルシアだけであったが、誰一人としてルシアの精神力に驚嘆しないものは無かった。享年八十才ともいう。

カルロ・スピノラ[295]──イタリアの名門タッサローロ伯オッターヴィオの子として一五六四年に生まれた。一五八三年、カルロ・スピノラが神に対する興味を持ち始めた頃、イエズス会のロドルフォ・アクワビーヴァ神父の殉教に大きな衝撃を受け、イエズス会入会とインド派遣への決意を固め、その後日本布教への望みを持った。一六〇二年、念願かなって長崎に上陸した。一六〇五年都へ上り、同地方の世話人兼会計係として活躍した。マードレ・デ・デウス号事件の後、ジョアン・ロドリーゲスがマカオに追放されたため、都で会計係をしていたスピノラがイエズス会の財政担当パードレ（プロクラドール）として長崎に戻った。一六一四年の宣教師追放令では変装し名前を変えた。一六一八年の奉行権六と代官末次平蔵の宣教師捕縛計画時には、スピノラは安全のため家を出るよう助言されていたが、懇望されたミサを挙げるため、その日はとどまり、伴侶アンブロシオ・フェルナンデスと共に捕縛され、大村の鈴田牢に投獄された。鈴田牢内では、隠者のような頭髪とひげを生やし、衣類は着換える事ができず、用便も牢内でする不潔な生活を送った。一六二〇年一月に伴侶フェルナンデスが急病で牢内で死亡したが、日見山で隠修者の生活をしていた四人が鈴田牢に入り、彼らはスピノラに師事したので、スピノラにとっては大きな慰めとなった。鈴田の牢内ではドミニコ会の宣教師と同居していたので、「単なる疑いのみでイエズス会に対する数多の悪口を言うようになっています。私はこれを聞いても平和を守るために、それらに応えず牢獄よりもさらに辛いこの苦しみに忍耐強く耐えています[296]」と書翰に書き（一六二一年イエズス会総会長宛）、また「私たちは互いに愛情を保たなければならないと言いました[296]」（一六二一年三月、ジェロニモ・ロドリーゲス宛書翰）。処刑場でスピノラは自分の刑柱より奉行代理助太夫に向かって「我々が献げた貴重な贈物を拒んだ汝等は最後の審判を報告されよう。我々はその時汝等の告発者となり申そう[297]」と忠告した。スピノラは長年伝道に努力し、四年もの間、極端に狭い場所で監禁を受けていたためであろう、二十五人のうち最初に絶命した。享年五十七才。

アンヘル・フェレル・オルスッチ[298]――イタリアのトスカーナ地方のルッカで、一五七五年、貴族の家に生まれた。一五九七年に司祭に叙階され、その後スペインのドミニコ会修道院に移った。マニラに到着したのは一六〇二年で、一六一八年七月十五日にマルチネス・デ・サント・ドミンゴ神父とともに長崎に上陸した。しかしこの年の十二月十三日、サント・ドミンゴ神父およびコスメ竹屋とともに逮捕された。牢内では厳しい牢獄生活を送ったが、牢内にいた同郷の出身者カルロ・スピノラ神父とは深い友情が結ばれていた。享年四十七才。

サン・ハシント・サルバネス[299]――スペインのマドリード地方サルバネスに一五八〇年生まれる。一五九八年にサント・ドミンゴ修道院で誓願を立てた。一六〇五年スペインを出帆し、一六〇七年までメキシコにとどまり、その年の五月にマニラに着いた。六月、日本に入国し、ハシント・オルファネールと共に、薩摩の京泊にあるドミニコ会ロザリオの聖母教会在住を命じられた。一六〇九年には、ドミニコ会宣教師は薩摩から追い出されたので、サルバネスは京都に派遣された。一度長崎へ行った後、一六一四年の宣教師追放令に際して、サルバネスはスペイン商人を装ってふたたび京都に戻った。しかし、一六一五年九月の初めには重い病気のために長崎に戻った。一六二一年八月十七日まで長崎で仕事を続け、その日、伴侶アレホ（フライ・アレシス）と共に捕縛された。鈴田の牢に連行され、処刑の日、サルバネスは日本語がきわめて流暢であったので、見事な数々の説教を行なった。サルバネスは咽喉が渇き、水を少し下さいと、近くのキリシタンに訴え、信心深い女がすぐに水を捧げたので、水は二十五人全員が飲んだ。享年四十二才。

ハシント・オルファネール[300]――一五七八年スペインのバレンシア国ラ・ハーナ町に生まれた。勉学が秀れ、十四才から十五才の頃、教師がスペイン語で読む本を、直ちにラテン語の韻文にして書き取って行った。一六〇〇年に殉教者聖女カタリーナ修道院でドミニコ会に入会した。一六〇五年七月、極東で働く宣教師として志願し、スペインを出発、メキシコで病気になり、一六〇七年五月にマニラに到着、六月には薩摩に到着した。薩摩でのキリシタンに対する迫害が激しくなり、一六〇九年にこの地を追い出される事になったので、オルファネールは浜町（佐賀）での宣教活動に派遣された。一六一四年の宣教師の海外追放に際しては、オルファネールはマニラへ向かう二隻の船の一つに乗ったが、沖に出て、小船へ乗り移り、長崎へ戻った。その後、彼は巡回宣教師として派遣され、一六一九年頃から「一六〇二年以降の日本キリスト教会の出来事に関する報告書」を書き始め、それは彼の有名な著作『日本キリシタン教会史』の基礎となった。一六二一年、彼はこの著作の執筆が終ると、大村地方の巡回宣教に出かけたが、長崎に帰る途中、矢上で捕えられ、長崎に連行され、翌日、大村の鈴田牢に送られた。大殉教の日、「オルファネールだけが説教しないパードレであるのに気づいた。なぜなら、彼は昔からの謙遜から、他の人びとに説教を任せ、黙想にふけって死の準備に専念し、十字架の印によって励ましを得ていたからである」[301]と、『日本キリシタン教会史補遺』の著者コリャドは記述している。火炙りに際して、オルファネールはかなり長時間にわたって生きていたと言われている。享年四十四才。

セバスチャン木村[302]——一五六五年頃、平戸に生まれた。フランシスコ・ザヴィエルにより平戸で受洗した改宗者木村の孫であるという。一五八〇年、臼杵のセミナリオが開設され、セバスチャン木村はそこに入り、一五八四年にイルマン（修道士）としての誓願を立てた。以後、京都・島原で伝道に従い、マカオで設立された神学校に一五九五年に送り込まれ、一六〇〇年に日本に帰ってきた。一六〇一年、最初の日本人の司祭として叙階され、その後、天草・豊後・加津佐で布教を行なった。彼は勇気があって判断力に優れ、謙虚にして優しく、物柔らかにして従順なりきとし、「彼は朝の黙想に宛つべき時間を寸刻も奪はず確保せんが爲め、何處に行くに當りても、其の時間を測るため、一時間分の砂入れを携帯せり」[303]と『日本イエズス会史』に記される。一六一四年の宣教師追放令では、潜伏して長崎に残った。一六二一年六月二十九日、セバスチャン木村がアントニオ・コライの家にいる時、賞金欲しさの密告によって逮捕された。大殉教の日、彼は「驚嘆するほどしっかりしていた。この国の流儀で、頭を下げ、そして火を拝みつつ、彼は腕を十字に組んだまま三時間身動きもせず、死ぬまで姿勢をくずさなかった」[304]と記す。享年五十七才。

ペドロ・デ・アビラ[305]——スペインのアヴィラ近郊のパロメラで生まれ、若年のうちにフランシスコ会の聖ヨゼフ管区に入会した。一六一五年、彼は二十四才でスペインを離れ、メキシコ経由でフィリピンに渡った。一六一九年の後半期、中国船で長崎に着いた。一六二〇年の暮れ近く、ビセンテ・デ・サン・ヨセフと共に、長崎附近で捕えられ、鈴田牢に送られた。大殉教の日「真の救いは他の宗教になくキリシタンの教えのみあるのです。この真理の証拠として全員が死ぬのです。私に千の生命があれば千たびもこのために生命を捧げることができるのです」[306]と説教した。享年三十一才。

アロンソ・デ・メーナ[307]——一五七八年にスペインのログローニョに生まれた。一五九二年にドミニコ会のサン・エステバン修道院に入った。一五九八年にフィリピンに来て、マニラの聖ドミニコ修道院に在住し、中国語の勉強をした。しかし、管区会議はメーナを日本に派遣した。メーナは一六〇二年、管区長代理フランシスコ・モラーレスらと共に日本へ向かい薩摩の甑島へ入った。薩摩の大名は宣教師が家康を訪ねて挨拶する事を希望したので、多分メーナが中国語を話せ漢字を知っていたので、ドミニコ会宣教師団の代表として徳川家康に挨拶するために駿府へ出かけた。一六〇六年八月、メーナのよく知っているスペイン人船長フランシスコ・モレノ・ドノソの船が深堀の近くに入港した事を知り、メーナは直ちに船長に会いに行った。深堀の小領主は佐賀の大名に、メーナを誉め称えて紹介したので、ここでドミニコ会の肥前進出の手がかりをつかみ浜町・肥前鹿島での教会建設が許可された。また遅れて、佐賀市内での教会建設が許可されたので、そこの初代修道院長にメーナが任命された。一六一四年の宣教師追放令では、村山等安の屋敷内にある三男ジョアン（秋安）の家に身を匿した。二年後、すべて表面は静かになったので、メーナは秋安の家を出たが、長崎にドミニコ会のパードレたちの泊まる所もないのを見て、長崎の紺屋町で「街の殆んど全員をロザリオの組に入れ」た。一六一九年、密告する者があって、三月十四日紺屋町にあるユアン吉田素雲の家で逮捕された。八月、鈴田牢へ入れられた。鈴田の牢内ではメーナは病気になり、またほとんど盲目になって物が見えなくなった。大殉教の日は、メーナは全く身動きせず、大理石で体ができているごとくその苦しみに耐えていた。享年四十四才。

ビセンテ・デ・サン・ヨセフ(305)——一五九八年頃スペインのフェルヴァ地方にあるアヤモンテに生まれた。メキシコに渡ってから、サンタ・バルバラ修道院でフランシスコ会に入り、一年後の一六一六年に誓願宣立を許された。一六一八年にフィリピンにわたり、一六一九年の後半期にペドロ・デ・アビラと一緒に日本に派遣され、長崎に着いた。一六二〇年十二月十八日、ペドロ神父と共に捕えられ、鈴田牢に送られた。享年二十四才。

リカルド・デ・サンタ・アナ(305)——ベルギーのハンスル・ヘウルに生まれ、一六〇四年に修道士としてフランシスコ会に入会した。ローマでは、ホアン・ポブレ修道士から二十六人聖人殉教の事を聞き、キリストのために自分の命を捧げるという望みを持ち、スペインへ行った。一六〇七、八年に他の大勢の修道士と共にフィリピンへ向かい、一六〇九年マニラに着いた。一六一二年か一三年に日本に行き、一六一四年の宣教師追放令では日本から追い出された。一六一七年、リカルドはもう一度日本へ戻った。平山常陳事件ではズニガとフロレスの救出依頼を受け牢屋に忍びこんだが、失敗した。一六二一年十一月四日、長崎で一人の棄教者を改心させるのに熱心なあまり、その人物の密告によって捕えられた。リカルドは病気になったが、重い病気を忍ぶだけの忍耐力は充分に持っていた。享年三十七才。

フランシスコ・モラーレス(308)――一五六七年にスペインのマドリードで生まれた。十五才から十七才の頃、ドミニコ会で着衣し、聖パブロ修道院で誓願を立てた。東洋布教のため一五九七年スペインを出帆し、一五九八年マニラに到着した。一六〇一年、マニラ聖ドミニコ修道院の院長になった。一六〇二年、モラーレスを日本宣教団の初代管区長代理に任命し、他の四人のドミニコ会士と共にマニラを出帆し、薩摩の甑島に着いた。薩摩の大名に挨拶のため帖佐の町へ向かい、数ヶ月滞在して教会建設の許可をもらい、甑島へ戻って小さな教会を建てた。そこで、日本語の習得と布教を行なった。一六〇五年には、甑島の教会が台風で倒れたが、九州本土の京泊に教会を建てる許可を得た。一六〇八年、薩摩の大名の要請で、徳川家康を駿府に秀忠を江戸に訪問し、長崎での教会建設の許可を得た。一六〇九年に薩摩に帰ると、大名から薩摩退去の命令が出たので、モラーレスは長崎へ向かった。長崎では村山等安の援助で、優美なサント・ドミンゴ教会を作った。一六一四年の宣教師追放令では、マニラ行きの船が沖に出てから小舟に乗り移って長崎に帰り、村山徳安の家に迎えられ、そこで五年間匿れていた。一六一七年にはアロンソ・ナバレーテが殉教したので、代りにドミニコ会管区長代理になり、信徒会・ロザリオの組などを指導する責任者となった。一六一九年三月十五日、モラーレスは急に襲われて徳安と共に捕えられた。大殉教の日、モラーレスは「背後の火があまり燃えていないと知るや、結びつけられていた紐をできるかぎりゆるめ、懸命に前の方へ近づこうとした。ここに偉大な堅忍不抜の精神と受難の望みを示したのである(306)」と、コリャドの『日本キリシタン教会史補遺』に記す。享年五十五才。

レオン・デ・薩摩(309)――リカルド・デ・サンタ・アナの従僕。サンタ・アナが一六二一年に逮捕された時、第三会員レオン・デ・薩摩は不在であり、その事を知って急いで役人のもとにかけつけ、その日のうちにサンタ・アナと同じ牢に入れられた。信心のために聖フランシスコ会の修道服を着たまま火炙りにされる。

アントニ・キウニ(310)――三河の武家出身。長年京都と長崎の学林で神父たちに奉仕していた。マカオに行ったがマカオで追放にあい一六一七年に日本に帰った。他の三人と共に、長崎のイエズス会の修練生がいた場所から程遠くない山で小屋を建て、苦行を行なって暮らした。一六二〇年、長谷川権六に対して「私は、私と兄弟の救済のことを心にかけている唯の人間に過ぎませぬ、とにかく私は死ぬまで全力を尽くします」と言い、鈴田牢に送られた。獄中でカルロ・スピノラの指導を受けて修練を行ない、イエズス会への入会を許された。大殉教の年、彼は五十代であったという。

ゴンサロ・フサイ(310)――備前の武家出身で、長年領主に任えていた。神父の手で改宗した後、伝道士になる事を希望した。マカオに行って、その後、牢中でのイエズス会入会までは、アントニオ・キウニと同じ。忍耐強く従順な人で、大殉教の年、彼は四十代であったという。

トマス・赤星(311)――肥後の武家出身で、一六〇〇年に伝道士になった。一六一四年神父たちがマニラに流された時に、これに加わったが、後日本に帰った。帰国後はセバスチャン木村に対し同宿の勤めを果たした。一六二一年セバスチャン木村が逮捕された時、その場にいなかったので、護衛の後を追い、逮捕され、鈴田牢に送られた。彼は牢舎の中でスピノラ神父から修士の資格でイエズス会への入会を許された。大殉教の年、彼は五十代であったという。

ペドロ・サムポ(310)――奥州に生まれ、富裕な武家出身。広島で洗礼を受けた。マカオに行って、その後牢中でのイエズス会入会までは、アントニオ・キウニやゴンサロ・フサイと同じ。大殉教の年、彼は四十代であったという。

ミカエル・シュムポ(310)――尾張に生まれ、両親ともキリシタンであった。九才にして奉仕をはじめ、十二才の時学院に入学し、宣教師と共に働いた。宣教師の追放後は、自らは人里離れた森に隠退生活を行ない、一六一七年以降他の三人と共に、長崎の山中に小屋を建て、厳格な苦行を行なって暮した。一六二〇年鈴田牢に送られ、獄中でカルロ・スピノラの指導を受けて修練を行ないイエズス会への入会を許された。享年三十三才。

以下、ディエゴ・チンバを記す前に、元和八年七月十三日の常陳事件処刑時の火刑と、八月五日の大殉教時の火刑とは少し異なる事を記しておきたい。平山常陳事件の処刑の際には前日の夜霧と夕刻の雨のために薪が湿っており、「ペドロ・デ・ズニガは汗に苦しみ、頭を少し横に向けて片腕を噛み、苦痛をさらによく耐えようとしていた(312)」経験をふまえて、処刑者側は棄教者を出させようとして、平山常陳事件の処刑では柱と薪の距離を一尋半にしていたものを、今回の大殉教時の処刑ではその距離を二尋半ほど離して、ゆっくり火炙りするという仕掛けであった。

ディエゴ・チンバ――ディエゴは一六一七年七月二十三日、ドミニコ会トーマス・デ・スマラガとともに逮捕され、一六一八年初めに釈放され、一六一九年三月末にふたたび長崎の牢に入れられた。権六は彼に、キリシタンたちに信仰の勧めをする事を中止するよう求めたが、全く応じなかったので、一六二一年に鈴田牢へ移された。大殉教の日、彼は「結びつけられていた細紐を切り焔から出ようとして焔のまん中で倒れた」。死刑執行人たちは近づいて、槍と長い棒で刺しつづけた。「この人物については、どのような心境で出て来たのか判らぬ(313)」とドミニコ会のコリャドは『日本キリシタン教会史補遺』の中で記す。同書註を付けたホセ・デルガド・ガルシャは、彼は立派なキリシタンであったと記す。ダニエロ・バルトリの『日本イエズス会史』では、ドミニコ丹波、ディエゴ・チンバ、パブロ永石の三人は「彼らが顔をしかめ、身をかがむきて後、逆上するや」「薪の環の間を通りて外に逃出し、自ら轉向せる徴としてアミダ・アミダと叫びつつ助命を乞ひ」たが、「背教者等を火中に押戻さしめた(314)」と記す。フランシスコ会のディエゴ・デ・サン・フランシスコは、ディエゴは「死を免れるために自分の柱から離れて逃れようとした。」「彼は火を逃れたが、刑吏が槍で突いて無理失理に元の所に戻し、火の中に投げ入れた(315)」と記す。アミダ・アミダと叫んだというのは書き過ぎであり、フランシスコ会の記述が妥当であろう

ドミニコ丹波――ハシント・オルファネールの伴侶。同宿すなわち伝道師、オルファネールのミサ答えの青年。大殉教の日、自己の信心からドミニコ会の修道服を着て死ぬ事を許されていたが、柱から離れて、「役人すなわち奉行代理へ近づき、われらを殺すつもりならば、このような火では死ねないので他の方法にしてくれ、と言った。異教徒たちはこれを勇気の欠如のせいにして、転べ、と説得しはじめた。ドミンゴだけが細紐を切っていたので、一死刑執行人が両手を解きに近づいたが」、彼は「むしろ腕を振って抵抗した」。「このために異教徒たちは激昂し、腹立ちまぎれに足を縛って火中に投じた」。「これ以上出て来られぬように、死ぬまで棒と長い槍で同じ火中に刺しつづけていた(313)」とコリャドは

記す。浦川司教の註では「斬首にして貰いたいと願うために刑吏の方へ駈け出したのだ、と言う人が居る[315]」としている。イエズス会は「アミダ・アミダと叫びつつ助命を乞ひ[314]」たと言っている。

パブロ永石[316]——若い時からドミニコ会に協力し、結婚した後も伝道士、在俗説教師の資格で、彼と家族は聖ドミニコ会パードレから扶養されていた。肥前での伝道から後に長崎に移った。一六一七年、トーマス・デ・スマラガと共に捕われるが、翌年自由の身となり、一六一九年ふたたび牢に入った。大殉教の日、隣の柱にいたドミニコ丹波とディエゴ・チンバの二人が火焔から出るのを見ると、彼らを引き留めるため「信仰を弱めてはいけない、と大声で叫びはじめた。そして信仰の強さの模範を彼らに示すために焔に近づき、両手で燠をつかみとり、それを薔薇のように頭と身体にふりかけ」たと、コリャドは記している。

ルイス河原[317]——高来に生まれ、有馬晴信と直純に仕えた。直純によって追放され、人里離れた森の中に潜んだ。彼は家族を伴って長崎へ移動したが、ここで二児を失ない、ふたたび有家に帰ったが、ここで妻子を失った。彼は「デウスの御許しによりて彼等を嘗て享受せし事あるを感謝し、然のみならず、彼から彼等を取去り給ひし事をもデウスに感謝」した。長崎で静寂の地に藁葺の小屋を作り、彼は一途に悔悛・断食・苦行衣・鞭・徹夜の苦行に徹した。長谷川権六のもとに連行された時、彼は「貴命（奉行命）に服する能はず」と答え、権六は立腹して鈴田牢に送った。獄中でカルロ・スピノラの指導を受けて修練を行ない、イエズス会への入会を許された。大殉教の年、彼は四十才程の年齢であった。

アレホ三橋三郎[318][319]——長崎生まれで、フライ・ヨセフ・ハシント・サルバネスの伝道師であった。一六二一年八月、この神父と共に捕縛された。聖ドミニコ会修道服を着たまま火刑にされた。彼は一番端の柱に縛られたので、異教徒たちは彼に近づき、転べ出て来いと説得し始めた。彼は「べー Bee」と言っただけであった。享年二十一才。

## (八) 大殉教後の余震

元和八年八月五日の大殉教の後、その余震とも言うべきものが、しばらく続く。八月六日、前日の処刑に間に合わなかったガスパル籠手田およびコスモ武谷の息子フランシスコそして河野七右衛門の息子ペドロの二少年、合せて三名が長崎で斬首された。ガスパル籠手田は平戸に本家があり、長崎で生まれ、子供の頃はドミニコ会の修道士に育てられ、大きくなってイエズス会のセバスチャン木村、その後コンスタンシオの伝道士として仕えた者であった[320]。

さらにその翌日、八月七日には、投獄された場所が最初から大村であった八人が、大村の放虎原で火炙りにあった。ドミニコ会のトマス・デ・スマラガとその随伴者ドミンゴ孫七、ドミニコ会の司祭誓願修道士マンショ・デ・サント・トマスそして、フランシスコ会のアポリナリオ・フランコとその随伴者マテアス林とユアン池田およびフランシスコ会の日本人誓願者パブロ・デ・サンタ・クララとフランシスコ・デ・サン・ブエナベントウラの八人であった[321]。

ドミニコ会のトマス・デ・スマラガ[322]はスペインで生まれ、二十三才で司祭に叙階され、一六〇二年にマニラから薩摩の甑島に渡った。京都・京泊・佐賀で布教活動を行ない、一六一四年の追放令では密かに日本に残った。一六一七年、大村地方の信者のために働いたが、七月宿主のもとで捕縛され、直ちに鈴田の牢に連れて行かれた。

フランシスコ会のアポリナリオ・フランコ[323]はスペインで生まれ、司祭に叙階されて数年たった一六〇〇年にメキシコへ渡り、翌年マニラに着いた。一六〇六年にアポリナリオは日本に派遣され、本州中部で布教した。一六一四年の宣教師追放の際には首尾よく逃れた。その数ヶ月後大坂城にいたが、炎上する城から幸運にも脱出した。一六一七年、大村地方には一人の司祭も存在しないのをみて、トマス・デ・スマラガと共に大村へ向かった。そして、その年の六月に捕縛された。彼は牢内において自分に厳しく、他人にも厳しかったという。彼の言い分は「修道者になるため修練を積まなければならない」というものであった。先の二十六聖人の殉教者がフランシスコ会の宣教師であった事を考えれば、彼が鈴田の牢の中で、「天上のものへの強い欲求にかり立て」られる心が最も強い人物であった、という事は当然とも言えるのである。

八月二十二日には、長与出身の三人、レオン助左衛門と妻マリア、トマス岩永源左衛門は、大殉教で処刑されたオルファネールの遺体を持ち去ろうとして捕えられ、処刑された。(324) 同日、オルファネールが逮捕された家に住んでいたマティアスヌ又右衛門一家五人が、矢上において火刑・斬首された。(324)

八月二十七日には、平山常陳事件でルイス・フロレスを奪回するため平戸のオランダ商館に行って逮捕されたルイス弥吉の一家四人を含む九人が火刑・斬首された。(325) 同じ頃島原と平戸においてイエズス会司祭が火刑にあった。九月六日には、平戸でルイス・フロレスとペドロ・デ・ズニガの救出を援助していた二人の青年が長崎へ送られ斬首された。(325)

## ㈨　町年寄高島家の棄教

高島家は近江国浅井郡の小谷山に築城・居住していたが、天正元年の八月に本家の高島四郎実春父子が討死し、その一族である高島氏春と子の茂春は、肥前国藤津まで退き、翌天正二年（一五七四）に長崎に移ったという。(326) 父氏春は寛永十年七月二十七日に没しているが、氏春の長崎での地位・役割は不明である。

高島四郎兵衛茂春は、天正二年父と共に長崎に移り「直に長崎頭人と罷成(326)」と記すが、天正十五年から十六年にかけての頭人選出の頃までに、長崎内での地歩を築いたのであろう。文禄元年には四人の頭人は町年寄と改められ、茂春も町年寄となった。また、高島良悦と号した。

家康の時代になっても町年寄の人員とその任務が承認された。奉行小笠原一庵の不首尾の儀がある時、慶長十二年（一六〇七年）高木了可と高島良悦は駿府へ召され、長崎勘定の儀を仰せ付けられ、両人は滞りなく相勤めたため、ありがたく上意を蒙り、御暇を下し置かれ、その後当地の諸勘定は、両人が引き受け、勤める事となった。末次平蔵と村山等安との訴訟に際して、平蔵方へ高木了可と高島良悦が協力・援助し、等安敗訴による受用銀については町年寄四人で配分し、そのうち了可・良悦二人が拾貫目あて加増され、また糸割符も五割増の増加で受用したと記す。茂春は元和八戌年七月十二日に病死した。墓は晧台寺後山にあり、墓石には「元和八年壬戌七月十二日　理清院殿怡惟良悦居士」と記し、同墓石に妻の名が刻まれ、「寛永二年丙子九月十九日　闇窓院殿直心妙正大姉」の字がある（『高島家系譜』では妻は寛永十三年丙子没とする）。

茂春は元和八年まで町年寄の職にいたと考えられる。一年前の元和七年二月四日（一六二一年三月二六日）、長崎信徒の奉答文が作成され、十三名が署名した。その中にMachida Joannes 町田寿安、Tacaxima Hieronymus 高島是良仁母、Gotó Thomas 後藤登明の三人の町年寄の署名[327]がみられる。高島是良仁母のヒェロニモについては、『イギリス商館日記』では「高嶋四郎兵衛ソータ・トメ・リオ・イェツ殿」「後藤宗印ジェロニモ・フォンギチョ・ソーイン殿[328]」とのメモを記しているのであり、これはトメとジェロニモが逆転しているのであり、後藤宗印トメ、高島良悦ジェロニモとしなければならない。

茂春は病死するまでキリシタンであり、棄教しなかったのではないだろうか。

茂春の後を継いだのは、茂春の子、高島四郎兵衛茂定であった。茂定が町年寄になったのは『長崎名家略譜[329]』では「元和元年町年寄に任ず」と記す。しかしこれは誤りで、『高島家由緒書[326]』では「元和八戌年」に町年寄に仰せ付けらる、とする。これが正しい。さらに、玉園散人が手写した『高島家系譜[330]』では「元和元年壬戌町年寄被命之」とする。元和元年は乙卯の年であり、「元和八年」を「元和元年」に誤記した事は明らかである。さらに、金井俊行の『長崎名家略譜[329]』になると「元和元年」のみが残り「壬戌」が脱落しているのである。

このように茂定が町年寄になった年が元和八年である事が明らかになると、茂定は父である茂春の病死後に町年寄になった可能性が高い。ここで、町年寄職世襲に際して、高木家の場合と同じく、ふたたび長崎奉行長谷川権六による茂

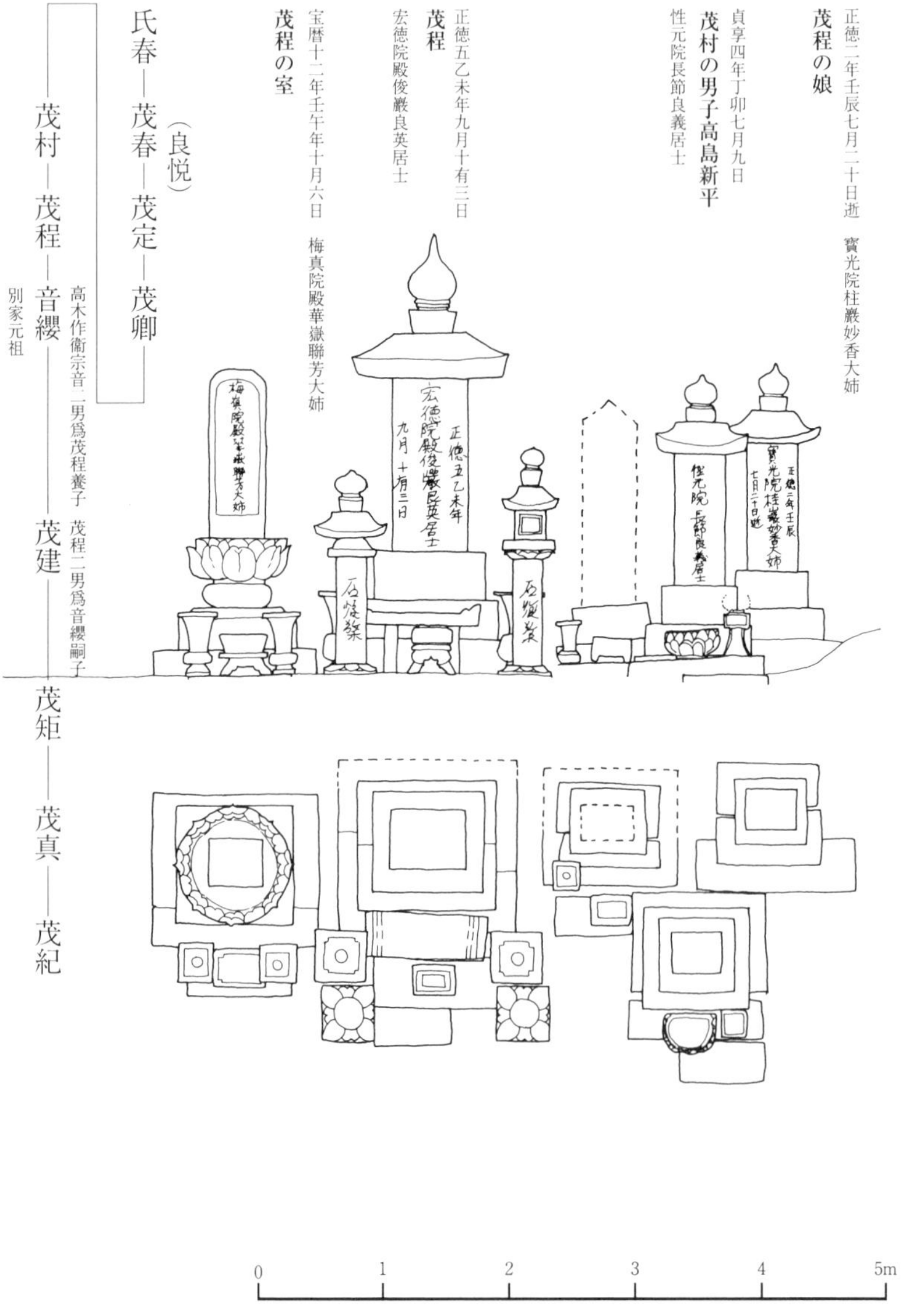
茂程の娘
正徳二年壬辰七月二十日逝　寳光院柱巖妙香大姉
茂村の男子高島新平
貞享四年丁卯七月九日
性元院長節良義居士
茂程
正徳五乙未年九月十有三日
宏徳院殿俊巖良英居士
茂程の室
宝暦十二年壬午年十月六日　梅真院殿華嶽聯芳大姉
氏春—茂春（良悦）—茂定—茂卿
茂村—茂程—音纓—茂建—茂矩—茂真—茂紀
高木作衛宗音二男爲茂程養子
茂程二男爲音纓嗣子
別家元祖
0
1
2
3
4
5m

**第７図　長崎市指定史跡高島家墓地**（左の北側部分のみ図示）

墓地の奥（東側）正面に茂卿の墓が据えられており、茂卿が没した寛文十三年頃、墓地が形成された。子の茂村の墓は奥の南側を占め、茂定の墓は墓地南側と推定される墓石が倒れて文字が読めない。氏春の没年、茂春の室の没年は誤って記されており、氏春・茂春の二基の墓が当初の墓でなく、後補の墓であることを示す。茂程・音繆の時代以降に新たに作った墓であろう。

定に対する棄教の説得があったものと考えられる。
父茂春が死去したのが元和八年七月十三日で、この年は元和の大殉教の年であり、ちょうどこの十三日に平山常陳乗組員の十二名の処刑があり、さらに八月五日には五十六名の宣教師・同宿等が処刑されている。このような状況の中、高島茂定がキリシタンのままでは、町年寄の世襲を受け継ぐ事はできなかっただろう。茂定が棄教を決断したのは、高島家が高木家と歩調を合わせる事が多く、また茂定の妻が末次平蔵の養女出身であった事もあるだろう。[330]
茂定は病気がちで、寛永十三年（一六三六）には家督を息子茂卿に譲った。しかし、その後長生きし、延寶元年（一六七三）十月三日に死去している。茂定の墓は、今、晧台寺後山の墓地の中で、倒れている一基と考えているが、文字を読みとる事ができない。

## (十) 長崎奉行長谷川権六の最後の三年間 ―元和九年・寛永元年・二年―

元和九年七月、家光は三代将軍としてその職を世襲したが、家康の晩年と同じく秀忠がなお大御所として存在しており、実権を握っていたのは秀忠とされている。ただし、大名に対する命令としては「形式的には（秀忠・家光）対等の形で「決定され表明され[331]」た事が明らかにされている。それでは、キリシタンに対する指示はどうであろうか。

徳川秀忠と家光は、元和九年に将軍職拝命のために上洛していたが、家光が閏八月二十四日頃江戸へ帰城し、秀忠が九月七日に江戸へ帰着した。元和九年に秀忠が江戸に戻った時、キリシタンの問題の成り行きについての報告がもたらされ、今後の指示が求められた。その時秀忠は、それはその権限のある新将軍に求めたほうがよい[332]、と答えたという。おそらく、秀忠は家光に位を譲るに際して、キリシタンに対しては強い弾圧で臨むという基本方針を二人で確認していたのだと思う。したがって、家光将軍の時代には、キリシタンに対する弾圧が最も厳しく、その処罰の方法は家光自身の判断に委ねられたのである。

ところで、秀忠に指示を求め、家光に委ねられた一件とは、「江戸の大殉教」とも呼ぶべき事件であり、旧家康の家臣でキリシタン原主水《もんど》の従者が、金欲しさに、江戸で原主水と司祭の所在を明らかにした事が発端であり、原主水、二人の司祭ジロラモ・デ・アンジェリスとフライ・フランシスコ・ガルベス、それに修道士シモン・遠甫、アンジェリスの宿主レオ竹屋、ガルベスの宿主ヒラリヨ孫左衛門、同宿ジュアン長左衛門、同宿ペドロ喜三郎の他、四十二名の一般のキリシタンの処置の問題であった。奉行所の役人たちは、力ずくで家々に押し入り、キリシタンと判ると奉行の元へ連行していたのである。

新将軍は説教した司祭も、キリシタン宗門を信奉した他の者たちも、生きたまま火炙りの刑に処するよう命じた。(332)かくして、元和九年十月十三日（一六二三年十二月四日）に、品川で五十人のキリシタンが火刑に処せられたのである。この殉教は、全国に及ぶ新たな迫害の序幕とも呼ぶべきもので、三代将軍家光のもとにおける組織的掃滅政策の発端(333)をなすものであった。

二十日後の十一月三日には、三十七名の者が江戸で処刑された。二十四名はキリシタンで、他の十七名は異教徒であったが、キリシタンを泊めたか、キリシタンを泊めた者たちを助けようとしたから、処刑されたのであった。

このようなキリシタンに対する厳しい弾圧は、やがて長崎にももたらされるものであろう。寛永元年（一六二四年）の「長崎とその近郊のキリシタンに関して(334)」一六二五年三月二十八日付、マカオ発信、ジョアン・R・ジランのイエズス会総長宛の一六二四年度・日本年報は、長崎奉行長谷川権六の行なった事として、第一に、自分の家にキリシタン（を教える人々）を泊めている者は、そのキリシタンを奉行所にひき渡すこと、もしそれに違反している場合は、その地区住人全員を死刑に処すとの布告を出し、第二に、聖書を読んで聞かせてはならない、教会に奉仕している者が家にいたら、家長はその者の名を届け出ること、と言う布告を出した。(334)

幕府（一六二四年度・イエズス会日本年報では将軍と記す）からの指示として、第一に長崎のキリシタン住民の渡航禁止を行ない、第二にフィィリピンからの渡航禁止、日本からフィリピン諸島への渡航禁止を指示した。第三に長崎奉行による外国人統制の具体化として、長崎にいる外国人を取り調べ、すべての者の名前を書き留め、外国人を宿泊させた者への報告義務を負わせた。第四にポルトガル人やスペイン人は、全部日本から追放するよう命じた。[334]

寛永二年（一六二五年）の「長崎における迫害[335]」について、一六二六年三月十五日付、マカオ発信、ジョヴァンニ・バッティスタ・ボネッリのイエズス会総長宛の一六二五年度・日本年報は、長崎では「キリシタンは人前でロザリオの祈りもできぬほど」になり、昨年の長崎のキリシタン住民の渡航禁止の布告とは、海外渡航は勿論のこと、国内でもキリシタン住民は長崎から一里以上外に出てはならぬというもので、商人の商売を阻害するようになった。

このように、長崎においても一般のキリシタン住民に対する制限が行なわれ始めたのである。ただ、他地域のようにキリシタン住民であるから処刑するというほど、長崎では厳しいものではなかった。貿易という観点から、キリシタンを完全に除去できるか、という問題と、数万人にのぼる住民のほとんどが、今もってキリシタンであるという現実は、将軍の厳しい命令と強力な長崎奉行の実行力によらなければ処理できない問題であった。「最近の不穏で不幸な状況の下にあっては、信徒にとってこの（長崎の）市《まち》以上に安全な場所は[335]」日本全国どこにもなかったからである。これは寛永二年までの状況であった。しかし長崎では、寛永三年以降、一般のキリシタン住民に対する弾圧が繰り広げられるのである。

「日本殉教者の歴史」を書いたライエル・ハイスベルツは、長谷川権六について次のように述べる。「奉行権六は鮮血を流すことを余り悦ばないように見える。自分がそう感ずるは、かれが何時も病気であり、あるいは病気だと称しているからである。自分が彼に面会した時、彼には何か苦悩があるようで、それがため昼夜休息することが出来ない。再三解職を願い出たと語った。その出願は一六二六年聞き届けとなり、皇帝の群臣中の一貴族河内殿がこれに代った[336]」と。

# 第四章　キリシタンであるだけで罰せられた三年間

## (一) 寛永三年の長崎奉行水野守信

モンタヌス『日本誌』には、長崎奉行水野河内守守信について次のように述べている。[337]「権六の辞意は聴届けられて、終に更迭は行はれたり。河内殿、将軍より派遣せられしが、此人は長崎市に困難及驚愕を生ぜしめたり。殊にキリスト教徒に対して甚しとす。河内殿は厳格にして大膽なる人なり。従来長崎を治したる人は大抵普通の商人にして、将軍の命令によりて此地に住し、将軍の宮中にて要する物品を買うの目的に過ぎざりしなり。由来、日本の貴族は傲慢にして、凡ての商人を狗の如くに見たり。是が為に凡ての人は新奉行河内殿を恐れたり。一六二六年六月（寛永三年閏四月）河内殿長崎に着任せり。」

たしかに、前任奉行の小笠原一庵・長谷川左兵衛については、『崎陽群談』に「両人ともに堺の町人ともいふ也[338]」とし、長谷川権六も左兵衛と同じ出身と考えてよいから、前任の長崎奉行三人とも、将軍用の買物が得意であったが、役人としては比較的未経験の者を抜擢した感じが強かった。

ところが水野河内守守信の経歴を『徳川実紀[339]』でみると、元和五年（一六一九）にすでに大坂の町奉行となり、それから九年を経過した寛永五年には、長崎奉行水野に対して天主教についての指令が下され、ふたたび翌寛永六年には大坂町奉行に戻り、今度は堺奉行を兼任している。

この水野の経歴の変遷について若干検討してみよう。大坂町奉行と長崎奉行との両方を経験した人物としては、水野の他に、松浦河内守信正[340]・土屋駿河守守直[341]・水野若狭守忠通[342]・松平石見守貴強[343]・成瀬因幡守正定[344][345]らがおり、水野忠通を除く五人はいずれも大坂町奉行が先で、後に長崎奉行となっている。水野忠通の場合は、長崎奉行の後に一度閉門させられ、その後復帰して大坂町奉行となっているから、大坂が先で後に長崎奉行という順は、原則的に守られているといってよい。

そして、これらの五人のうち松浦河内守信正のみは、大坂町奉行にすすんだ後、五年間長崎奉行を兼ねている。この時には、大坂町奉行は三人体制で、松浦が長崎奉行を兼ねている間は、他に二人の専任の大坂町奉行がいたのである。おそらく、水野河内守守信の場合も、三人の大坂町奉行体制の中での、長崎奉行の兼任と考えた方がよいだろう。

長崎奉行の兼任とはいっても、大坂町奉行で七年の実績があり、役人としての敏腕を認められた抜擢であり、長崎市民のキリシタン棄教を行なわせるために選ばれた奉行であった。

寛永三年閏四月二十三日（一六二六年六月十七日）[346]水野河内守は長崎に着任したが、まずこの地の顔役であるキリシタン町年寄やキリシタン乙名が、奉行所に来て礼謁するのを禁じ、礼物を贈るのを禁じ[347]、すでに棄教している代官末次平蔵および町年寄高木作右衛門と協議した[348]。

二日後の閏四月二十五日に、長崎の処刑場で十三本の柱が建てられた。すでに、島原と大村の領主に、キリシタンの囚徒を長崎に送るようにと、通知していたのである。

島原の領主は長崎奉行所からの連絡によって、フランシスコ・パシェコ、ジョアン・バウティスタ・ゾラおよび五人の日本人信者を問題が生じないように夜中に送り出し、彼らは長崎に達する一里前の所で大村からの囚徒と合流するために待った。大村からは、バルタサール・デ・トルレスとその従者一人が送られて来た。これら三人のイエズス会宣教師および六人の信者は、いずれも昨年捕縛されていたものである。

新奉行は刑場を視察したが、柱と薪との距離が甚だ離れていたのでその理由を問うと、役人たち同士で相談し、上司の命で柱と薪の距離を一尋半に直した。

刑場には柱数が十三本あったが、囚徒は九人であった。処刑と「同じ日にアルバロ・ムニョース、バルタサール・デ・ソーサ、ファン・デ・アコスタが棄教し、彼らを焼くために立てられた木の柱は空いたままで」、「ディエゴ・デ・アコスタは何日も前に棄教[349]」した。これら水先案内などのポルトガル人は棄教し、頭を日本風に剃り、長崎の妻子を見ようと日本に帰来したのであった。

刑場では、まずバルタサール・デ・トルレスと同行者ミカエル藤蔵が中に入ろうとしたが、長老フランシスコ・パシェコを見て深敬して礼を行ない、お互いに抱きあった。

この時、新奉行は代官末次平蔵を従え、多数の兵を率いて、此場に臨んだ。時に、バルタサール・デ・トルレスは奉行に向かい敬礼をしたが、奉行は少し首を下げて答意を示した。こうして九人は柵の中に入り、やがて薪に火が点ぜられた。点火の後、半時間で処刑は終った。

フランシスコ・パシェコ[350]はポルトガル、ブラガの大司教区のポント・デ・リマで生まれた。十九才でイエズス会に入り、一六〇四年に日本に派遣された。一六一四年の宣教師追放に際して、マカオに帰り、翌年、身を商旅に扮してふたたび日本に来た。その後日本にとどまること十一年、一六二二年からは教皇の指図によって管区長の任にあった。「師父は説教に熟練し、かつ、自ら戒むること尤も厳なれども、其性温厚にして謙譲[351]」であったという。パシェコは中風で、最後はほとんど盲目であったという。享年六十一才。

ジョアン・バウティスタ・ゾラ[352]は、イタリアのブレシア生まれ。十六才の時イエズス会に入り、一六〇六年日本に入った。彼は言葉を学んでから島原に派遣され、長い間島原で働いた。彼はマカオに亡命した後、一六一五年に日本に帰った。最後は有馬の修院長であった。享年五十一才。

バルタサール・デ・トルレス[353][354]は、スペインのグラナダで生まれ、一五九〇年にマカオに行き、一六〇〇年日本に派遣された。京都・大坂・能登・加賀などで伝道し、一六一四年には大坂に匿れていた。一六二六年に従者ミカエル藤蔵と共に捕縛され、長崎へ連行された。末次平蔵は島原の管区内で捕縛されたので、この神父を島原で引き取る事を望んだが、島原側から拒否され、平蔵は二人を大村に連行させた。享年六十三または六十六才。

ガスパル定松[355]は波佐見村に生まれ、十七才の時にイエズス会に入った。一六一四年に追放され、マカオに行ったがすぐ帰ってきた。ラテン語がよく出来た。管区長パシェコに従った。享年六十一才。

ペトロ・リンセイ[355]は有馬で生まれた。イエズス会の神学校で教育され、八年間、フランシスコ・パシェコに従った。享年三十八才。

パウロ・キンスケ[355]も有馬出身。彼はアンゼリスとナバロ両神父の旅行に同行し、最後にフランシスコ・パシェコに従っていた。彼は牢内でイエズス会員となった。享年四十五才。

ミカエル藤蔵[356]は有馬の人で、ジロラモ・デ・アンゼリス、セバスチャン木村及びバルタサール・デ・トルレスの諸神父に従った。牢内でイエズス会員となった。享年三十八才。

ゼアン・キサク[355]はガスパル定松の同行者となり、同時に捕縛された。口ノ津出身。享年二十一才。

ビンセンシオ・カウン[356]は朝鮮人。身分高き勇将の息子。神学校にあって、彼はその徳と学識とによって人目を引いた。彼は最後は、ジョアン・バウティスタ・ゾラの伴侶であり、伝道士であった。享年四十六才。

寛永三年五月十九日（一六二六年七月十二日）には、閏四月二十六日に火刑にあった三人の宣教師パシェコとゾラとデ・トルレス神父の宿主、および本年病死したガスパール・デ・クラスト神父の宿主等九名が長崎で処刑された。五名が火刑、四名が斬首であった。

ガスパール・デ・クラスト[357]はスペイン生まれで、日本司教に随伴して日本に渡ったが、一六一四年に日本を去り、一六二一年に再来日して、有馬・有家・肥後で伝道した。最後は有家の山中に入り、病死した。享年六十七才。この神父を四年間匿まっていたのが、ペトロ荒木庄兵衛[358]とその妻スザンヌであり、夫は火刑、スザンヌは斬首された。スザンヌは六ヶ月前に、恐ろしい拷問を受けていた。彼女は裸にされ、頭髪で樹枝に吊された。スザンヌは己を賤蔑した事を口を極めて誹謗した。女中は女児を助けんとしたが、スザンヌは「此児は妾の生し所なり[359]」と大声で言った。彼女は、このまま八時間放置された。

ジョアン・バウティスタ・ゾラの宿主は、ヨハネ長井とその妻モニカであった。モニカは、スザンヌと同じく裸にされると聞き「信教の故ならば衣裳は勿論、身体の皮肉を剝がるるも何ぞ苦となさん[359]」と云い、自ら腰帯を解いた。部屋を閉じられたが、彼女は冷静に逃げた。役人はモニカを別の部屋に移し、炭火をつかめと言った。彼女は直に手を入れ炭火を取り出した。

管区長フランシスコ・パシェコと同時に捕われたのは、マンシオ荒木広左衛門とマチヤス荒木喜左衛門であった[358]。二人の兄弟は、パシェコ師の宿主を四年間していた。二人は有馬の牢に入っていたが、長崎での処刑の命令が出された時、マンシオは死んでいた。彼の遺骸は、行李につめて長崎に運ばれ、マチヤスと共に火炙りになった[358]。

バルタサール・デ・トルレスの宿主は、ヨハネ田中美濃とその妻カタリナであった。

処刑日、長崎を距る一里の地に至りて、刑官は囚人に対し談話をなしたり、聖歌を歌ったりするのを禁じた。ヨハネ長井は、代表して一同これを承諾すと答えた。此地のキリシタンは、「眼中に涙を浮べて出で迎へ且祈請を乞ふも殉教人は皆其首を下げ[360]」て、ただうなずくのみ。

処刑場では、男は皆柱に縛せられた。間もなく、刑吏はまずカタリナの首を刎ね、次にスザンヌ、次にモニカに及んだ。モニカの娘ルイスは、首を切られた母の足元まで走り寄った時に首を刎ねられた[360]。

末次平蔵は、薪に水をふりかけて、死苦の時間を長くしようとした[360]。既に火は点ぜられ、柱に縛られた男たちは、皆イエズス、マリアを呼ばわり、炎が縄を焼き尽したため、ヨハネ田中美濃は、身の自由を得て、直ちにマンシオ荒木広左衛門の死体に走り近づきこれを抱き、次にマチヤス荒木喜左衛門およびヨハネ長井の側らに至り、其手を伸ばして云く、「今日何等の吉日ぞ、此場の景況實に快なる哉[360]」と云ひ終り、己れの刑柱の下に戻るに、猛火その脚を焼き、たちまち倒れて死んでいった。

寛永三年六月七日、長崎市外の大村でドミニコ会のルイス・ベルトラン・エクサルチが二人の日本人キリシタン協力者および宿主の三人の癩を病む婦人と共に捕縛された。彼は癩病人の小屋に貧しく生活し、若干年の間、嫌疑を被らずに過していたのであった。

奉行水野は、まず処刑と云う厳しい態度を長崎市民に見せた後、商売に関する件で強烈な圧力を加えてきた。即ち長崎市民の大部分は外国貿易によって生活を立てている商人であり、水野はこの貿易に関して二つの方法でキリシタンの棄教を迫ったのである。

一つは外国貿易における資本投入について、各キリシタンは、どれほどの金額を投資しているかを奉行所に報告しなければならなかった。ポルトガル船・中国船が長崎港に着くたびに、長崎のキリシタンの荷物の有無が調べられた。報告なしで荷物が見付かった者は死罪、報告通り荷物が見付かったが、持主がキリスト教を棄教しない場合は荷物を禁制品としてすべて没収、キリスト教を棄教した場合のみ、荷物を持主に渡すというものであった。[361]

二つ目の方法は、長崎に入港した中国船・ポルトガル船の乗務員の市内宿泊に際し、これまでは船宿《ふなやど》を両国人は自由に決める事ができ、寛永の初期には売上高の一割程度が、船宿側の収入であった。ポルトガル人は、熱心なキリシタンの家に泊るのを好んだが、今やキリシタンの家に泊るのを禁止された。キリシタンである家主が棄教しない限り、ポルトガル人はその家に宿泊できず、棄教者の家のみに宿泊する事になって、キリシタンの家主は収入を得る事が出来なくなった。また棄教者の家を、奉行所側から中国船に対して指示したため、従来貧乏であった人々が、「今や少許の産を積むに至った」[361]のである。

代官末次平蔵は、町年寄の後藤宗印・町田宗加を呼んで、「将軍の命じたように棄教したか、それを知りたい」[362]と言った。彼らはキリシタンとして棄教しない事を告げた。

その後、平蔵は町の乙名を一人一人呼んで、利益の約束や威嚇を行ないながら「喜んで棄教しないならば酷しい拷問を受けなければならぬ。それを身に受けた時に私を恨むな。もし恥ずかしくて棄教できないならば、私は秘密を守ることを約束する」[362]と警告した。六十五前後の町のうち、棄教した町の長（乙名）は八人で、そのうちの二、三名はすでに棄教者であった。[362]

そして、本年には、初めて仏教徒や棄教者も積極的な動きをみせた。即ち七月二十日、大工町の乙名の家を捜索し、七月二十七日にはクルス町を捜索し、十字架やイエズスの像を見つけ出した。宣教師を捜索する古い隊が作りかえられて、四隊が隊長の下に歩き、街中や街道を歩き回った。マカオから船が到着すると、直ちに書翰が没収された。[363]

「河内殿は棄教を肯んじない貧乏人に対しては鋭く脅迫するが、反対に命に従えば金銭貨財その他の援助を与え[361]」たのである。「これらまたは類似の方法により、河内殿は苛酷によって得るよりもより多くの棄教者を得た[361]」のである。

寛永三年八月十八日（一六二六年十月八日）、「新奉行は棄教した耶蘇教徒即ち新異教徒一五〇〇名に、盛装して出頭すべきを命じた。奉行は彼らに向って親切な言葉を加え、一層の援助と恩恵とを示すべき旨を約束したは、彼らの例に倣って棄教者の出でんことを欲したからである。奉行は皇帝の宮廷に呼び出され[361]」た。

## (二) 寛永三・四年の島原の情勢

松倉重政は大坂夏の陣で軍功をつくし、元和二年（一六一六）肥前国高来郡に移され日野江城四万石の城主となった。松倉重政は、当初島原のキリシタンに対して寛大であったらしい。寛大な理由が何であれ、重政のキリシタン弾圧は急に、極端に厳しくなった。

ディエゴ・デ・サン・フランシスコは「ある何人かの棄教したキリシタンが諸奉行や皇帝の顧問たちに、豊後殿はキリシタンに対して緩やかな態度をとり」、「そして多数の宣教師が彼の領内に隠れている」と知らせた。それでこの事が豊後殿の耳に入ったので、国を失う危険があるのを見て、国王に譴責される前に先ず宣教師に対する迫害から始めたと、報告[364]している。

一方『西教史』は寛永二年「前日其（有馬）領内に基督信者の残り居る者なし」と報告したにもかかわらず、次の日、イエズス会のフランシスコ・パシェコが有馬領内で捕縛（十一月十八日）された事が将軍に聞達せしにより、「（家光）将軍甚憤怒し」、重政に「死を賜はり、其政権を剥奪せんとす」との報が入ったので、彼は「将来精忠を抽《ぬき》んで、且其領内に在る所の基督信者を数を尽して殲滅すべきの命令を奉じ」、ようやく「領地に回施するを得たり」[365]と記す。

林銑吉が『島原半島史』で述べるように、「寛永二年重政が参勤した際、将軍家光から、いたく其の態度の温和で徹底しないことを叱責せられて、愈々家光の決意の固いこと知り、爾来切支丹に対する態度を一変した」[366]とする指摘が、その後の展開からみると妥当であろう。かくして、松倉重政は、他人がいまだ試みた事がないような拷問苛責を行なうようになる。即ち水責め、火炙り、烙印、指切り、穴つるし、硫黄責め、針さし責め、木馬責め、竹鋸挽き、子責め、温泉地獄責めなどである。

寛永三年末に松倉重政は江戸から島原へ帰ると、すぐ、島原地方全部のキリシタンの名簿を作成するよう命じ、キリシタンの捕縛を開始した。この指揮にあたったのが、松倉の家老である多賀主水であったという。

次に鉄製の烙印を作った。これは額や頬に刻みつけるためのもので、火で熱して使うものであった。印は「切」「支」「丹」の三個からなり、文字を分記したのは、文字が大きく目立つためと、三回の苦しみを味わせるためであった。

島原の人たちは多くは棄教し始めたが、抵抗した人もいた。領主に仕えていた二少年は抵抗し、老年の母と幼い弟をもつミカエル與吉兵右衛門は他国へ逃げ、一方のヨハネ松竹庄三郎は、炬火を以って顔を焼かれ、鼻梁焼燼するも屈する事はなかった。次に彼は首に縄を結ばれ、これを横木に縛着して数時間そのままにされ、さらに縄をもって手と足を背後に縛り、体を風車の如く旋回させられた。[367]

島原地方に、八十人の信者がまとまっていた。皆宗教のために死ぬ覚悟であった。彼らは城の中に招かれ、棄教を求められたが従わず、城の四つの門に勇猛な兵士を棍棒を持たせて配置され、一人門を出れば棍棒で殴打され、多くの重軽傷を負い、死んだ者もいた。[367]

以上述べた事は、口ノ津での拷問苛責と比べると、まだ軽いものであったという。

図８　『モンタヌス日本誌』地獄の沸湯（部分）
（『開港四百年・長崎図録』1970 による）

松倉重政は、口ノ津の乙名二人が、とりわけキリシタンに力を尽し、保護者である事を聞き、その家族ともども捕えて島原に来させた。一人の名はヨハキム嶺助太夫といい、妻をマリヤ、其母をマリヤ・ピレスといい、もう一人の名はガスパルド長井宗半、妻はイザベラであった。これらの人々は詰問され、棄教を求められたが、いずれも偶像教徒になるよりむしろ諸苛責を受けると答えたので、島原市街の広場でまず「切」「支」「丹」の烙印を押された[367]。

翌日にはこれら五人の者の上半身を裸とし、柱に縛って、寒天風雪の中、二日間置きさらされた。次に口ノ津に移動して、島原と同じく道路の広い所でさらされた。口ノ津ではさらに二人が捕縛された。茂木では新たに十一人が捕縛された。彼らは棒で打たれ裸にして曝され、顔や体中に極印が焼き入れられた。

日見では十八本の柱が建てられ、十八人は裸で縛られた。捕縛者の指を切り、極印を顔に焼き入れた。日見ではキリシタンの大部分が棄教した[367]。

日見から古賀へは十七人が移動し、一人は室内に閉居された。十七人は裸となり柱に縛られ、茂木から来た十人は顔への極印が焼き入れられた。また各人の指を残酷な方法で徐々に切り離した。古賀においては、抵抗した荒木幸吉は棒で打ちのめされ、裸で柱に縛られ、熱した鉄製釘抜き（鑷）で手指の肉を抜かれ、次に一束の葭《あし》を取って来て、人差し指を焼かれ、顔と脇腹を焼かれ、その部分に水をそそがれ、海草で摩擦され皮を剝がれた[368]。この男性は他の十七人と共に島原の牢へ連行された。

深江では、キリシタン信者として強い意志を示した者が十五名いた。まずトーマス宗信という地租の取り立を以て職とした老人、およびその子ヨハネ・インド・テムベイ（またはタイベイ）は、棄教を迫った役人に「聖教を捨んより寧ろ我が生命を捨てんのみ[368]」と、言い放った。この二人の他に、トーマス宗信の妻ガラシヤ、バルトロメオ馬場三右衛門、その妻クララと彼等の子供四人、レオ中井目、パウロ久蔵とその子ヨハネ次兵衛、ヨハネ紀齋、ディオニジオ佐伯、その子ルイス喜蔵、ダミヤン一弥太とミカエル喜蔵、最後にディオニジオ佐伯の従兄弟ダミーンと、その妻ルシアの十五人であった。

役人は力を尽くしてこれらの信者を服従させようとした。木炭を積み、火を点じ、鉄條を縦横に架し、トーマス宗信を鉄條の上に横たえ、獄卒四人はその手足を押さえた。四人は、宗信を「左右轉輾《てんてん》」（周転）させた。しばらくして「全身焦爛完膚なく、驚駭に堪へざる形状[368]」になった。「老夫は一語を発せず」。その子、ヨハネ・インド・テムベイは、それを見て一層信心を固くし、其父の傍に於いて死せん事を懇願した。役人は其意の半を許し、父の体を他所に移し、テムベイを其所に置き、同じく苦責したのであった。テムベイは苛虐の責を受けながら、救主に祈念していた。「時に口中紅黒色の煙焔を吐[368]」いた。さらに二人の両耳を大きく切り取り、其頬肉も耳と共に切り落として、顔に「切」「支」「丹」の文字を烙印した。「此二人は身體火焔に焦し黒烟に燻し總べて黒色に變じ、其何人たるを認め難き[368]」状態であったと記す。十二月二十五日、トーマス宗信は手指四本を切断され、大石を頸に結びつけられ、生きながら海中に投ぜられた。

深江の十五名のうち、インド・テムベイ、その母ガラシヤおよび他の三名の信者、合計五名は顔に「切」「支」「丹」の烙印を刻まれ、有家に送られた。

有家では、ルイス喜蔵の子、ダミヤン一弥太とレオ中井目が両手の指を切断され、バルトロメオ馬場三右衛門とトーマス宗信の妻ガラシヤは炬火を以って其の身体を焼かれた。家老、多賀主水は、この状態を有家の人々に示し、その信心を動揺させるため、もしなお其キリスト教を棄てない者がいれば、この人々と同じく責苦を行なうつもりであると。この時、有家の住民は他国に遁走し、或いは棄教する者がいた。しかし、有家の五十人の教徒は信心が堅固であり、決して宗教を変える事はしないと明言したので、刑官はますます怒った。

そこで、七十才の老人パウロ源内助右衛門とその子ルイスがまず拷問を受けた。多賀主水は二人を呼び出し、老父を捕へ杖を以って打撃すること無数回、次ぎに衣服を剝ぎ杭に縛って、炬火を以ってその身体を焚焼させた。老父は、ついに長い間の拷問を受けて亡くなった。ルイスは父と同じ苛責を受け、無数の打撃を受ける時、讃美歌「祝すべきかな、主なるイスラエルの神[369]」を歌っていた。役人は、さらに怒りを発して、その妻スザンヌに対しても拷問を加え、さらにその子供は火中に投げ入れられた。しかし、両親は動かなかったので、ふたたび子供は引き出された。

ヨハネ平作とその妻マリヤは、棒で打たれ、裸にされ、十名の男たちが持っている炬火の間を歩かせられ、炬火によって二人の身体を焼かれた[369]。結局、有家の住人としては、パウロ源内助右衛門の子ルイスと、ヨハネ平作が島原の牢に送られた。島原の牢舎には、既に一六二五年に捕縛されたイエズス会のジョアン・バウティスタ・ゾラの宿主であるパウロ内堀作右衛門がいたが、その後彼の妻アガタと、三人の子供、アントニオ、バルタサール、イグナチオが送られて来た。

寛永四年になると島原では牢内にいるキリシタンの処刑が始まった。キリシタンは十六名と二十名の二つに分けられた。十六名は海での責苦、二十名は雲仙地獄での責苦を受ける手筈となっていた。寛永四年一月六日（一六二七年二月二十一日）、十六名と二十名の者が外に出された。最初の十六名とは、ディエゴ七兵衛とその妻マリヤなど茂木の者七名、有家のパウロ古江源内、口ノ津では嶺助太夫の母マリヤ・ピレスと長井宗半の妻イザベラ、深江ではトーマス宗信の妻ガラシヤ、ミカエル喜蔵、ヨハネ次兵衛、そしてパウロ内堀の子供三人であった[370]。

十六名のうち最初に刑を受けたのはパウロ内堀作右衛門の三人の息子、アントニオ、バルタサール、イグナチオであった。三人の指が切られても、末子の五才のイグナチオですら、声を出さずにじっと見ていた。その後全員指を切られた。二条の縄をもって十六名の手と足を縛り、厳寒の海に沈め、しばらくして引揚げて呼吸させ、また沈め、又揚げ、こうすること数回、続けて行なった。この苛責が終り、ふたたび船中にて宗教を改むるやと問うが、全員が否定する。かくして十六名の頸に石を結び、海底に沈めた。

一方、二十名の者はこの處刑を見た後、指を切られ一度解放されたが、ふたたび捕縛された。四名が島原城内に幽囚され、十六名が雲仙地獄へ連れていかれた。この中には、島原のキリシタン乙名内堀作右衛門や口ノ津のキリシタン乙名長井宗半のほか、ルイス・シンザブロー（口ノ津）、ヨハキム助太夫の妻マリヤとガスパルド喜左衛門（島原）、ディオニジオ佐伯とその子ルイス喜蔵（深江）、ヨハネ平作（有家）、ダミヤン・イチガタ、レオ中井目、パウロ久蔵、ヨハネ紀齋（以上深江）、トマス新五郎、アレキシス庄八、コンドー兵衛門（以上茂木）、ヨハネ荒木勘七（古賀）がいた[370]。

皆は雲仙で着物を剝がれ、首に綱を結ばれた。最初にルイス・シンザブローが呼び出され、淵に飛込めと命じられた。シンザブローは飛び込んだ。しかしパウロ内堀作右衛門は、他の人に、誰も自分から生命を捨ててはならぬと言った。そこで他の人々は、自分で飛込む事を拒んで、投込まれるのを待った。最後の者は、パウロ内堀で、彼は何度も引き上げられたりしたが、最後は石を彼の頸に加へて深淵に沈められた(370)。

寛永四年正月十八日、島原城内に幽囚されていた四人の一人、ヨハネ・インド・テムベイは、深江に送られそこで息を引きとった。彼の体はほとんど傷だらけで、彼の肉は腐った。彼の死体は、町の入口で衆人環視の中で磔にして置かれ、数ヶ月そのまま放置された(370)。

## (三) 寛永四年の長崎奉行水野守信

寛永四年六月十日を過ぎた或る日、水野守信は江戸からふたたび長崎に到着した。この時以来、奉行は初めて長崎のすべてのキリシタンに対して、なんらかの形で処刑または処罰を行なうという姿勢になった。六月十四日（一六二七年七月二十六日）(371)にキリシタン町年寄の町田宗加（ジョアン）と後藤宗印（トメ）を奉行所に呼び出した。簡単な挨拶の後、家に帰し、次に二人の長男の町田惣右衛門（ペドロ）と後藤総左衛門貞朝（パウロ）を呼んだ。

ペドロ・モレホンは次のように記す。「奉行は彼らに江戸では彼らの問題を取り扱い、彼らも親も将軍に従わないでキリシタンとして続けていると報告した。それで幕府の方から次のように命じられた。もし、デウスの教えを棄てないならば江戸へ出頭しなければならない。そして親にもそのことを知らせるように、彼らはその両親が大分年老いているので、この悪い知らせを直接に伝えたくなかった(371)」と。

一方、平戸オランダ商館のピーテル・ノイツとピーテル・ムイゼルの参府日記には、「河内殿は、数人の主なキリシタン商人を、訴状により逮捕させ、彼らに裁判が行われ、既に死刑が決定された。彼らの一族、殊にその数人は、そのことを聞いて、上告の形で皇帝に訴え、江戸でその決定を待つことを許されるよう願い出た。河内殿は彼らにこれを許可した[372]」と記す。

水野が言ったのは、おそらく、キリシタンを棄教しない限り死罪を言い渡される。もし将軍に訴えたい事があれば、江戸へ直接行って訴え出るように、という事であろう。長崎のキリシタンにとって二人の町年寄は最も頼りになる顔役であり、また幕府にとっては、町年寄がキリシタンのままでは長崎市民全員の棄教はとてもおぼつかない。町年寄と乙名という長崎で地位が高い地役人をすべて棄教者によって占めさせる事、これが最初からのねらいであり、町年寄については江戸での判定に委ねたのである。

数日後に、二人の老人宗加と宗印およびその息子たちは長崎を出発した。町田と後藤が長崎を出てから数日後に、水野は同じように長崎の他の重立った十一人の信者を江戸に送った。

そして長崎の乙名たちは、キリシタンの棄教を迫られた。多くの乙名は抵抗し、彼らは免職され、新しい乙名に代った。新しい乙名が町内の人々を棄教させるようにとの命令を受け、さらに代官末次平蔵と町年寄高木作右衛門は町内のキリシタンを全部棄教させるため、毎日二十人づつ呼び出した[373]。

また、平蔵、作右衛門およびその他の横目や手下の悉くが歩き廻り、他方では棄教者が威嚇や甘言を以って棄教するように説いて歩いた。彼らの考え出していった方法は極めて多く、それで多数の弱い者が棄教した。五島町という富裕者の町に於いては、ミゲール、ルイス、フランシスコ・リザエモンの三人のほかは悉く棄教した。このリザエモンは、キリシタンとして彼の妻の父親によって家から追い出された。この三人はそれほど富裕ではない人々であった[374]。

自分の家を持たない借家住まいの人は、キリシタンであれば借家から追い出すようにとの命を受けてその家を追出され、さらに外にどこへも行く事を禁じられると、山の中へ入って行った。僅か一日で千人も山の中に入って行き、二ヶ月後には多数の者が餓死した[375]。

また、家持ちのキリシタンは、戸及び窓を釘付けにされたため、外出する事が出来ず、食物を手に入れる事さえ困っ

た。(375)

手工業者はキリシタンであればその本業を禁ぜられ、彼らに仕事を依頼する者もなくなった。航海以外に何事も知らないキリシタンの船乗りもまた、船に乗る事を禁止された。(376)

また、これらの事と同時に、牢内に捕縛されていた宣教師・宿主らの処刑が行なわれた。

寛永四年六月十七日（一六二七年七月二十九日）大村で一年前に癩病人の小屋で発見されたドミニコ会の司祭ルイス・ベルトランと日本人の伝道士マンシオとペドゥロは火炙り、宿主マルタと二人の癩病者ベアトリスとヨハンナは斬首された。(377)

寛永四年七月七日（一六二七年八月十七日）長崎においてドミニコ会の神父たちの宿主ら四人が火炙り、一人が斬首された。四人は、ドミンゴ・カステレットなどドミニコ会の神父の宿主をしたマグダレナ清田やフランシスカ・ピンソケレの女宿主二人、修道士たちの宿主フランシスコ九郎兵衛、デ・トルレスの宿主で朝鮮生まれのカヨ次右衛門の男宿主二人であり、斬首されたのは二十三才のアントニオめんこそであった。(378)

寛永四年七月十七日（一六二七年八月二十七日）には、フランシスコ会のフランシスコ・デ・サンタ・マリア宣教師と二人の伴侶であるバルトロメ・ラウレス修道士と日本人伝道士アントニオ、さらにその宿主であるガスパルとマリア、その他いく人かの信徒、合計十一名が長崎で火炙りの刑にあった。(379) この時、宿主らの子供五名を含む数人が斬首された。デ・サンタ・マリアが捕えられた時、伝道士アントニオの懐中に彼の責任であった物品や施物をすべて記録した紙が発見された。(380) この内容は解読されなかったが、これ以降水野河内守は、宗教関係の物品を保管している者には、ことごとく公に届けさせ、違反すれば本人及び全家族を死罪にすると命じた。

「人々は恐れて宗教関係の保管物を取り出し、いま所持していなくても、一時持っていたことを届け出る者さえ数多くいた。こうしてその奉行は私たちからミサの葡萄酒までも没収してしまった。これに続いて他の数多の困難が起こった。その理由は一人の悪いキリシタンが居て、私たち三人のルソンの修道士が修道士を連れて来るために船をルソンへ派遣したと言った。それで多数の人々が囚えられ、いま苦しみを受けているものと思われる。(380)」

なおフランシスコ・デ・サンタ・マリアら十一名の処刑について、フランシスコの弟子で友人であった一人は「処刑の日、殉教者たちは長崎へ引き立てられた。刑吏が彼らを火攻めにしている間、彼らがカトリックの信仰を説き、居並ぶ人々に教えているのを、わたしは目撃した[381]」と記している。

寛永四年七月二十七日（一六二七年九月六日）には、長崎でイエズス会の日本人宣教師トマス辻と宿主ルイス槇およびその養子ジョアン槇が火炙りになった。トマス辻[382]は大村領彼杵地方で生まれ、天草・大村で修練院に入り、イエズス会に入った。しかし「彼が女たちとたびたび弱さに陥ったこと」により、イエズス会から除名された。信仰ではなく女の問題で除名されたのである。その後、処刑の一年前に、槇の家でミサをあげようとしている所を捕縛されたのであった。西坂の刑場で柱に縛られた時、彼はその処刑を監督していた背教者の役人に対して、信仰にもどるようにと、強く勧めたという。

なお寛永四年の事として、モンタヌス『日本誌』では、「貴族等三十二人を配流す[383]」として次のように記す。水野河内守はローマン・カソリックを信じた五人の身分ある人を捕えて、其妻子と共に（大坂城落城の際に不思議に生き残った豊臣の家臣）マカオに向けて出帆せんとするポルトガル船を以って出発させた。その条件としては直にゴアに行くべしとの事であった。追放された日本人は妻子以下従者を合わせて三十二人であるが、その後数週間を経ないうちに一老婦人以外は死んだという。ポルトガル人のこれを毒殺せしことは容易に判断できる。長崎で處刑しにくい人たちを除去することによって当局者（長崎奉行所）の感謝を得べきを見込みてなり、と。

ライエル・ハイスベルツの『殉教者の歴史』では、「彼らが日本から放逐せられる原因は我々には分らない。高い血統のためであるか、大きな家柄のためであるか、全く秘密である。故に真原因を知るを得ない。帰来せるガリオットにより、マカオに流された人々が、大きなペストその他の病気に罹り、一人の老夫人を除き、全部死んでしまったことが伝えられた[384]」と記す。

寛永四年におけるマカオからの貿易船（定航船）の来航は欠航であったが、寛永三年に来た六隻のガレオタ船のうち一隻が長崎で冬を越し[385]、寛永四年にマカオに帰り、また一隻の連絡船がマカオ・長崎を往復[386]している。

寛永四年九月十八日、奉行河内守はふたたび江戸行の準備にかかった。その不在中には長崎の山中に追われた人々も、多少の自由を得て、ひそかに長崎に来て友人に会い、藁屋に宿泊する事を許された。

## ㈣　キリシタン町年寄後藤家の対応

後藤氏の出自についてふれたものとして、後藤貞栄が宝暦六年（一七五六年）に編纂した『後藤氏系譜[387]』があり、それには「家系等寛文三癸卯年悉焼失」したために不明とするが、自分が知り得た後藤宗印の生国として、或説（盧草拙・中島随素説）は周防山口、或説（随素の子、東麓の覚書）には山陽道毛利家に属するとの二案をあげている。

これらはいずれも根拠が明示されておらず、石井良一『武雄史[388]』では、「天正五年竜造寺隆信の三男家信が佐賀より来て武雄二十代の城主となるや、清右衛門幸明は知行三百五十石を給せられたが、後藤家譜代の家臣或は禅門に入り或は退出したため、清右衛門は長崎へ退出した」とする、即ち天正五年に肥前国武雄から長崎へ移住したとする説が妥当であろう。

石井良一は次のような系図を示す。

- 後藤職明
  - 女
  - 栄明
    - 後藤兵部太輔
      - 富岡貞明（山城守 中務太輔 信右衛門）
        - 清右衛門幸明（後藤宗印）
        - 久池井彦兵衛
        - 久池井勝左衛門
        - 女
      - 女
      - 新

後藤庄左衛門貞之（宗印）については、『後藤氏系譜[387]』や『由緒書後藤惣太郎[389]』では、次のような事項を列記している。

一、永禄の頃長崎へ来て、長崎最初より頭人。
二、東北を長崎甚左衛門、西南は後藤・高木・町田が地頭。
三、天正七年に長崎甚左衛門と頭人が不和、甚左衛門が打ち負け長崎を退散。
四、天正十五年、長崎一圓公領となる。
五、文禄元年太閤秀吉高麗を御征伐として名護屋へ御在陣なりし時、頭人名代としてアントウと云う者を名護屋に差出し、安等僞て自分頭人の趣に申上げ、長崎領自分請地の儀に相願ひ、願の通りに仰付けられ、長崎に帰ってきたので、頭人の内、又々、名護屋に罷り出るべしと相議し後藤宗印名護屋に参上せり。然る處、その頃長崎近郷と毎年取あひ多く、宗印辛労いたせし事、御聴に及ばれ、則ち殿下御前に召し出でられ、御紋の御陣羽織猩々緋拝領させられ、安等の儀は御代官と役名つけられ、頭人どもは御免地の分、支配いたし候ように仰せ付けられ、町年寄と役名をつけらる。
六、徳川方の御治世でも、等安は御免地の外の郷地支配、町年寄は御免地分の支配。
七、小笠原一庵殿御私欲多く、長崎勘定の儀は町年寄に仰せ付けらる。
八、奉行左兵衛の時黒船が入津、本多上野介正純より町年寄へ御奉書が下された。
九、等安は大坂城中へ内通のため江戸で死罪、平蔵代官になり、等安受用の分は町年寄四人で配分した。
十、寛永元年に始めて宗印に年番仰せ付けられ、寛永三年まで勤め嫡子貞朝に家督を譲った。
十一、寛永四年十一月病死した。

これらのうち一〜四、六〜九は長崎の一般的な歴史書、長崎の地誌類の中から町年寄記述の分を抜き書きして書いただけであり、後藤宗印の姿は全く見えてこない。いずれにしても、その内容の無さは、単に寛文三年の大火による史料焼失だけでなく、そもそも宗印の突然の死によって、宗印およびそれ以前の事を知る者がいなくなり、二代目の時点で多くを書く事ができなかったからであろう。

以上十一の事項のうち、後藤家独自の情報を有するのは五・十・十一であり、五では後藤宗印が秀吉に会いに行き、町年寄という役名をいただいた、という話になっている。『町年寄発端由緒書』[390]でもほぼ同じ内容となっており、『長崎町年寄発端幷先祖代々相勤候由緒書控』[391]では、等安の後、庄左衛門が名護屋へ参上仕り、御目見へするよう仰せ付けられたという、簡単な記述で終っている。後藤宗印が名護屋城の秀吉に会いに行き、四人の頭人が町年寄の役名をいただいたというのは認めてよいだろう。ただ、それ以外の事は検討を要する。

後藤宗印の姿が少し明らかになってくるのは、南蛮の印刷所としてである。即ち次の三冊が後藤による印刷と判明[392]している。

一、おらしょの翻訳（慶長五年三月上旬）

一、どちりな・きりしたん（慶長五年六月上旬）

一、ひですの経（慶長十六年五月上旬）

これらについて、一六〇〇年八月二十五日付長崎発信の副管区長の書翰には次のように記される。

「當地にはセミナリオの他にも別の印刷所有之候。耶蘇會は此事教徒にとりて甚だ有用なりと考慮致し候ひしかば、少からぬ資金を右の印刷所に投じ申し候。既に一度ならずも報知申上候ことなれど、右印刷所よりは、日毎に新しき書を世に出し居り候。諸種の書籍の印刷に供へんがため、日本語活字を豊富に鋳造し、イタリック及びラテンの鋭鈍両用の印字をも製造致し候。（中略）日本文字印刷器は本年前記印刷所より取り離し、長崎の有力者の一人なる教徒に委託致し候[393]。」

イエズス会では活字印刷機を日本に持渡り来て、セミナリオ（神学校）・コレジオ（学院）で書籍を印刷して来たが、「日本文字印刷器」は、一六〇〇年にセミナリオの印刷所より取り離して、「長崎の有力者の一人なる教徒[393]」（後藤宗印）のところに移動（後藤宅か）して印刷するようになった。富永牧太は「後藤版は販売を目的としているためか、より広く、

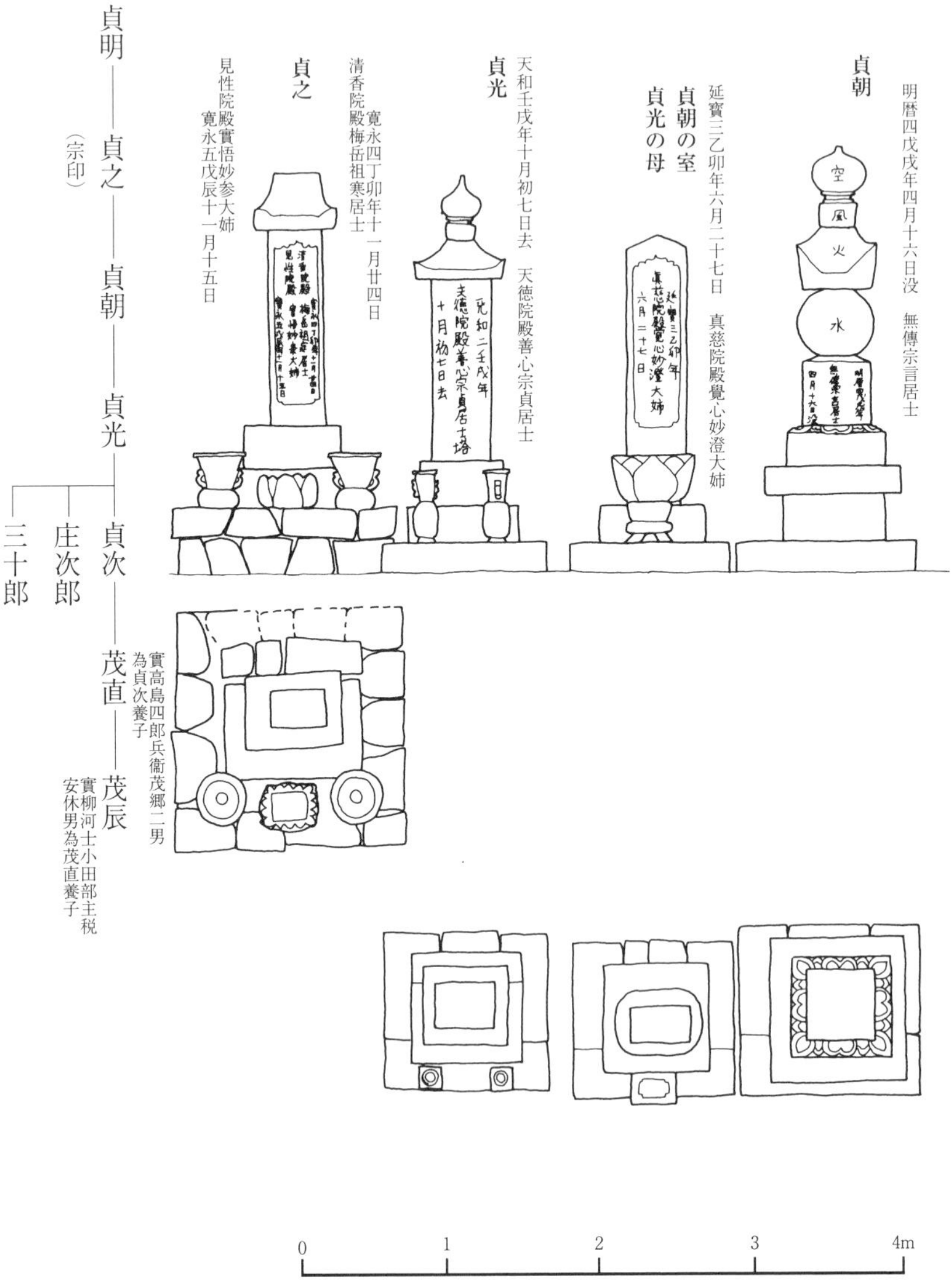

貞明——貞之（宗印）——貞朝——貞光——貞次
庄次郎
三十郎
貞次——茂直　實高島四郎兵衛茂郷二男為貞次養子
茂直——茂辰　實柳河士小田部主税安休男為茂直養子
貞朝
明暦四戊戌年四月十六日没　無傳宗言居士
空
風
火
水
貞朝の室
貞光の母
延寶三乙卯年六月二十七日　真慈院殿覺心妙澄大姉
貞光
天和壬戌年十月初七日去　天徳院殿善心宗貞居士
貞之
寛永四丁卯年十一月廿四日
清香院殿梅岳祖寒居士
見性院殿實悟妙参大姉
寛永五戊辰十一月十五日
0
1
2
3
4m

図９　長崎市指定史跡後藤家墓地（奥の東側部分のみ図示）

より低い読者層をも対象としているもののようである。というのは本文中の漢字をより少なくし、文中の漢字には適宜空所に、即ち漢字の左右定めず、空いている所にルビで振り仮名をつけて、手軽く読めるよう工夫されている」[392]と指摘する。

イエズス会は、この事を非常に有用であると考え、「少なからぬ資金を右の印刷所に投じ」たと記す。そして、後藤登明宗印の印刷所では、「イエズス会長老の指定する書の外は」、印刷してはいけないとの条件のもと、その印刷所では、宗印の費用でその機械を使用し、印刷して出来あがった書物からの利益は宗印のもとに収めることとし、イエズス会には欧州文字の機械しか存在せず、「責務も以前よりは軽く、出費も少く相成候」[393]としている。

従って、後藤宗印の印刷は、彼が印刷術に興味があったのは当然であるが、それと共に、イエズス会の負担を軽減・援助するために行なったものと考えられる。

次に後藤宗印の名が現れるのは『異国御朱印帳』[394]の慶長十一・十二年である。慶長十一年六月十一日付のものは芠萊《ブルネイ》（ボルネオ島北部のブルネイ）行きの朱印状で、慶長十二年十二月二十四日付のものは暹羅《シャム》シャム（タイ国の旧称）行きの朱印状である。

以上のように後藤宗印は文禄元年に頭人を代表して秀吉に会いに行き、慶長五年にはイエズス会を支援するために南蛮印刷所を開き、慶長十一・十二年には他の町年寄よりも早く海外渡航の朱印状を受けている事からみて、一五九二年から一六〇七年頃の後藤宗印は、長崎町年寄の中では一・二位の経済力と地位を保っているようである。ちなみに慶長十一年の本多正純からの文書には、町年寄五人のうち、高木了可に次いで二番目に宗印の名が記されている。

そして宗印は四人の町年寄の中では、この時期は、最もイエズス会と近い関係にあったのであろう。秀吉に会いに行く際も、イエズス会が関与した可能性は高く、イエズス会の支援のために印刷所を開き、財力をもとに朱印状を得て、さらに次男のミゲル・後藤をイエズス会のセミナリヨに入れて司教の神学院で勉強させている。

ところが、慶長十六年（一六一一）の「ひですの経」を印刷した後は、しばらく記録に現われず、元和七年の長崎の信者よりローマ教皇に宛てた奉答文に署名した後は、寛永四年（一六二七）の江戸呼び出しまで、やや陰に潜んだ雰囲気がある。これは長谷川佐兵衛や村山等安によるイエズス会攻撃の時期以降の事であり、慶長十九年の教会破壊と宣教師追放、さらに長崎のイエズス会の大規模な縮小を経て、後藤宗印も周囲の情勢静観という姿勢に変わったように思われる。

ただし、元和四年（一六一八）前後の後藤宗印には、長崎銀座の銀貨鋳造師であるという異説がある。岩生成一は『朱印船貿易史の研究』[395]の中で、長崎銀座の「座人の一人と覚しき後藤庄左衛門はイギリス商館の銀座改鋳にも携はっているが、彼は長崎の町年寄の一人後藤惣太郎宗印の別名」であるとし、この本出版の六年後には、「長崎の町年寄後藤庄左衛門伝補遺」[396]として、自説の詳細を記している。

ここで岩生成一が述べた史料はすべて『イギリス商館長日記』[397]であり、著者コックスはその中の造幣職人後藤庄左衛門（Gota Shozamon, Goto Shozabr Dono）とは一緒に会食をした知り合いの人物であるのに対し、町年寄の宗印（Soyen Dono）は、別の箇所のメモでは「ソータ・トメ、リオ・イェツ殿、ジェロニモ・フオンギチョ・ソーイェン殿」と、トメ宗印とジェロニモ（高島）良悦とを混同するほど、あまり知らない仲である事を示しているのである。日記の中で長崎の町年寄が出て来るのは、必ず贈り物の件についてであり、それはソー・イェン殿であり、銀貨鋳造人は必ずゴタ・ショザモンまたはゴトー・ショザブローと呼ばれており、『商館長日記』にみえる宗印とショザモンの両者が同一人物である根拠は何もないと言ってよい。明らかに別人である。

ところで、本題に戻るが、先述したように寛永四年六月十日を過ぎた或る日、奉行水野守信は江戸からふたたび長崎に戻り、六月十四日に町田宗加と後藤宗印を奉行所に初めて呼び出した。

この後、町田宗加と後藤宗印は江戸に出頭する事になるが、その経過についてはイエズス会関係者や平戸オランダ商館関係者などに簡単な記述がある。前者はペドゥロ・モレホン[398]やレオン・パジェス、後者は『商館長日記』とライエル・ハイスベルツのもので、その他にディエゴ・デ・サン・フランシスコの簡単な記述がある。最も詳しいのはペドゥロ・

モレホンの記述であるが、彼はマカオでこの記述を書いており、その材料は日本在住の宣教師からのものによっているため、断片的なものになっているのは止むを得ない。

第一に、まず何人が江戸に送られたか、であるが、モレホン[398]やレオン・パジェス[399]によると町田宗加とその息子のペトロ、後藤宗印とその息子のパウロの四人がまず出発し、遅れて長崎の他の重立った十一人が送られた、即ち総勢十五人であるとする。『商館長日記[400]』では総勢十四人、ライエル・ハイスベルツ[401]は総勢十二、三人とする。ディエゴ・デ・サン・フランシスコは全部で十五人とする。十五人であろう。

第二に、どのような形で江戸に出頭したかであるが、レオン・パジェスは「河内殿は、その二人の同僚と息子に、政廳に出頭すべしと云ふ命令を持参した[399]」とし、『商館長日記』では「河内殿は、数人の主なキリシタン商人を、訴状により逮捕させ、彼らに裁判が行われ、既に死刑が決定された。彼らの一族、殊にその数人は、そのことを聞いて、上告の形で皇帝に訴え、江戸でその決定を待つことを許されるよう願い出た。河内殿は彼らにこれを許可した[400]」とする。長崎で裁判が行なわれ、死刑が決定されたという事ではなく、信仰を棄てなければ死刑になるが、もし不服なら、江戸へ訴へ出るように、と言ったのであろう。

第三に、大坂での状況はモレホンにしか記述がない。「大坂に着いたとき、信者、未信者を問わず土産を持って、彼らにあいさつに来た。長年、長崎を支配していたし、長崎には全国から有力な商人たちが集まって来ていたので、知り合いも多く、皆から、彼らは愛されていた。異教徒たちは悔みを表わし、信者たちは祝いのことばを述べていた。彼らは皆にお礼を言い、他の罪悪のためではなく、ただキリストの信仰のため、将軍の命令によって捕われ人となったのであると、土産を断った[398]。」

第四に、江戸に入るまでと江戸に入った直後の状態については、レオン・パジェスは「之等の人々は、刀を脱し、髪を剃り、襤褸《ぼろ》を纏《まと》うて、政廳に登った[399]」とし、『商館長日記』では「彼らが江戸に来て見出した慰めは、町の入口の野天で（誰も彼らを家に入れようとしないので）麻の着物と蓙《ござ》で、太陽の熱や雨から身を守りながら過さなければならないことであった。彼らの或る者は、毎日、町家に食糧を買いに行く様依頼された。しかし行商人達は彼らの願いを不埒にも拒絶した。彼らは皇帝の命令によって、そこに留まらねばならなかった[400]」とする。結城了悟は「江戸に着いたとき、すぐに奉行たちの前に出たが、彼らは将軍が命じるように信仰を棄てるように戒めて、他のことは何もしなかった。信仰のため追放された人々であるので誰も彼らに宿を提供しなかった。彼らは川の辺りまで行って、そこに小枝で小屋を造り、自分たちへの判決を待った[398]」と記す。

第五に、江戸へ送られた長崎の信者の考え方については、モレホンの記述[398]がある。これを少し表現を変えて記すと、次のようになろう。私共はこれまですべて御上に従って来た。ただ、今回のように信仰を変えろという命令には従うことができない。この信仰は、主君に対してより良く仕えるために力になることでもあるし、自分たちは幼い時から、天下人信長・太閤様・内府様と将軍様からの許しがあって、この信仰に育てられて来た。確かに、太閤様・内府様の時にバテレンを追放するよう命令されたが、私共はバテレンを匿まってもいないし、バテレンが日本から出て行くように努力もして来た。しかし、キリシタンの信仰は、すばらしいものであり、これからも信仰したいし、実際に長崎ではこの個々人の信仰のことについては、これまで許可を与えていたではないか、と。

第六に、それに対する答えは、「今の将軍の命令に従うように」という事である。

この後、どのような経過をとったかを記すものは何もなく、ただ後藤宗印が寛永四年十一月二十四日（一六二七年十二月三十一日）に死亡した事を確認できるだけである。長崎を出発して半年と十日程たってからの事であった。『徳川実紀』寛永五年五月、此月条に「長崎の地天主教の徒罪科の事により、水野河内守守信に令せらるるは」「府にて死せし後藤宗印が家屋は庄左衛門にわたし。資財は庄左衛門。半三郎両人に下さるべし[402]」とあり、後藤家は家を断絶することなく、町年寄の職を継ぐことになった。

後藤宗印の子については、『後藤氏系譜[387]』では、貞朝（長男、惣左衛門、庄左衛門、母姓氏不詳）、了順（次男）、宗善（三男）、宗安（四男）、女子（妙圓、終身不嫁）、某（五左衛門、後住大坂）としている。しかし同系譜には、同時に、了順以下四人の男を貞朝の子とする異説（蘆草拙）や、宗印＝宗空の子は長男宗善、二男了順、三男宗全、四男宗安、五男五左衛門とする異説（後藤道菴）もあげている。蘆草拙は、宗善を俗名半三郎とし、後藤道菴は三男宗全の子供を半三郎とする。以下では、最初にあげた『後藤氏系譜』を採用し、宗善（三男）を半三郎と解しておきたい。

まず、長男パウロ貞朝、庄左衛門は『後藤氏系譜[387]』および『由緒書後藤惣太郎[389]』では、「寛永三丙寅年家督相続」とする。しかし寛永三年には、父宗印は奉行水野と面会すらできなかったのであり、その年に奉行の許可を得て、長男に町年寄の職を譲る事は、できなかったと考えてよかろう。寛永四年十一月に宗印が死んで、翌寛永五年に長男の貞朝（庄左衛門）に家と町年寄職が譲られ、財産を長男と三男とで分けるよう決定されたものと考えてよい。後藤庄左衛門は、寛永五年直ちに年番町年寄となり、寛永六・七年の竹中采女正重義奉行の時にも年番町年寄を続け、三年連続の年番を命令された。おそらくキリシタン弾圧に力を尽くしたのであろう。庄左衛門の活躍としては、島原の乱における長崎警衛をよく務めた事が知られ、寛永十五年に後藤庄左衛門と高木作右衛門に御紋の小袖銀百枚が与えられた（翌十六年には高島四郎兵衛と高木彦右衛門に銀百枚が与えられている）。

二男ミゲル・後藤（了順）は、イエズス会のセミナリヨを卒業してから司教の神学校で学んだ。一六一四年のバテレン・キリシタン追放の時、マニラへ行った五人の神学生の一人ではないかと考えられている。彼は一六一八年にマニラで司祭に叙階され、同年日本に戻ってきた[403]。その後の足どりは不明だが、『長崎拾芥[404][405]』には、次の記述がみられる。

「邪宗門制戒之事、慶長十八年より段々厳敷御改ありて、其後奉行水野河内守竹中采女正支配、寛永五六年の頃には、邪宗門の者悉転ばせ正法に入、踏絵をふませらる、然るに其比南蛮伴天連仲庵、同了伯日本伴天連了順此三人も邪宗を退しが、切支丹之法は只魔術にして人を迷し、終には国を奪謀なるよし白状す、故に助け置かる、茲に因って、彼三人訴けるは、転のものども、再邪宗に立帰らず、誓文をいたさせ、其上三人証拠之奥書を致さば、重て邪宗に帰るべからずと云により、邪法の目あかしとなり」（以下略）。

即ち弾圧が厳しくなったときに棄教し、仲庵（フェレイラ・沢野忠庵）、荒木了伯などの棄教者と共に、長崎奉行所の目あかしとして扶持を与えられた。正保三年（一六四六）には、その生存が知られるが[403]、その後は不明である。

三男宗善は半三郎と考えられるが、その生涯は全くわからない。

以上が後藤宗印の死と、その子供について知られる史料であるが、後述する町田家が家断絶の処置を受けたのに対し、後藤家は町年寄職を維持する事が出来た。

後藤宗印は江戸で死んだという。ただ牢の中に入って死んだのではなく、自分たちの作った簡単な小屋の中で死んだのだと考えてよい。

後藤宗印は武家出身と考えられるが、その後南蛮印刷所を経営しており、「おらしょの翻訳」「どちりな・きりしたん」「ひですの経」などの出版を通して、キリシタン信仰の内容に詳しかった。キリシタン信仰は最後まで持ち続けたであろう。先述のペドゥロ・モレホンは「トメ宗印は老人である上に、旅の苦しみや今の労苦のため聖なる死を遂げた。信仰のため追放され、多くの苦労の結果亡くなったので、皆、彼を殉教者と認めていた[398]」と記す。

最高善そのものとして唯一のデウスを信仰する宗教が、イエズス会士によって日本に伝えられ、その信仰が長崎で隆盛をみたが、その後日本のイエズス会自体は壊滅的な状態に陥った。宗印はその状況を静観していた。宗印は江戸に連れて行かれた時、何を考えていただろうか。

切腹は武士としては最後の特権であるが、キリスト教信仰によれば、神の命ずる人間の任務、（自分をも含む）人を害すべからずとする人間の任務、を放棄するものとして禁止されている。しかし、キリスト教の真理を支持するために自分の生命を捧げるのは、キリスト教的愛徳そのものであり[406]、自然死に近い形で自然に自分の命を断つ事は許されるだろう。子供たちは、地位は捨ててもよいが、生き長らえるように。おそらく、自分自身の意図的な死と共に、子供たちに対しては生き長らえるよう指示したに違いない。

この後、次男ミゲル・後藤の転宗と転びバテレン目あかしへの転身は、家光を喜ばせた。宗印は自から命を絶った（キリシタンの教えに背いた）と理解され、長男庄左衛門は新町年寄としてキリシタン弾圧に力を尽くすと約束し、次男了順は転びバテレン了順として目あかしになる事を約束し、後藤家の町年寄世襲が決定した。長男庄左衛門は島原の乱に際しては、長崎の警備を守る最大の功労者として評価された。

## ㈤ キリシタン町年寄町田家の抵抗

町年寄の町田宗加（宗賀）について記す史料は、ほとんどない。まず、金井俊行の『長崎名家略譜』では、町田氏として次のように記す[407]。

「町田宗賀　長崎頭人四家の一也
町田惣右衛門某　寛永二年町年寄年番たり　舊誌町田家断絶高木彦右衛門某後任たることを記す而して其年代を記せず寛永八年の記録に由れば高木彦右衛門既に年番たり之を以てすれば町田の断絶は寛永二年の後八年の前にあり」

ここで言う町田惣右衛門とは、高木作右衛門（了可）、高島四郎兵衛（良悦）、後藤庄左衛門（宗印）と同じく、世襲が認められれば何代にもわたって受け継がれる名前であり、寛永二年に記されている「町田惣右衛門」が、宗加かその子供かは明確に判別する事はできない。私は宗加自身であると考えている。

一方、町田氏についてはその出身が博多にあるという説[408]と、宗加が奥州二本松で火炙りになったという説がある。まず町田氏の由来が博多にあるというのは、『イギリス商館長日記[409]』のファッカタ・ソーカから来ていると考えられるが、正面からその事を主張した論文を知らないし、同日記では長崎町年寄のソーカ様（Soca Sama, Saco Dono）に対して、銀を融資する博多のソーカは、必ずファッカタ（Faccata Sok Dono）が付いているから、明確に二人は別人である事が確認できるので、以下この点についてはふれない。

次に宗加が二本松で火炙りになったという説である。

レオン・パジェスの『日本切支丹宗門史』の一六二六年の章に、水野河内守が長崎へ着任してすぐに、末次平蔵と高木作右衛門と評議し、「而して、この評議の最初の結果が厳命の公布であった。時に、夥しいキリシタンが山間に退いた」[410]という記述がある。「山間に退いた」という部分に註が付いており、それには「この町の最も熱心なキリシタンの中には、サカ（○佐賀?）のヨハネ・マチダ（○町田）、トマス後藤宗因及び彼等の息子二人がいた[410]」と記される。

そして六年後の同書一六三二年（寛永九年）の章では、「二月八日、奥州の諸方で、五十六人のキリシタンが、大人は火炙り、子供は槍で殺された[410]」という部分があり、その註には、若松で殺された四十二人の人名、二本松で殺された十四人の人名を連記し、その最後の二本松の十四人目に、「ヨハネ・マチンダ（○町田寿安、バルベリニ文書）火炙り[410]」と記している。

後述のように、姉崎正治はこの両者の註を結びつけるのだが、姉崎説を検討する前に、レオン・パジェスの記述を少し説明しておきたい。

第一に、一六二六年に水野守信が長崎へ初めて着任して、直ちに「厳命の公布」を行ない、それによって「時に、夥しいキリシタンが山間に退いた」と記すが、そのような記述はレオン・パジェスが初めてであり、彼は一六二七年の事を一六二六年の章に誤っていれたものと考えられる。

第二に、レオン・パジェスは一六二六年の長崎のヨハネ・マチンダと一六三二年の奥州二本松のヨハネ・マチンダが同一人物であるとは、本文中一言も言っていない。ただし、註の説明は原著者レオン・パジェスのものである。

第三に、ところが『日本切支丹宗門史』の訳者吉田小五郎が作成した総索引では、両方のヨハネ・マチンダは同じ人名の箇所にある。したがって、あたかも同一人の如くにみえる。ただし、この本の日本訳出版は一九四〇年であり、姉崎正治の著書より十年後に出版されている。従って、『日本切支丹宗門史』の総索引は、原書を読んで書かれた姉崎正治の著作に影響を受けた可能性が高い。

次に、町田寿安についての姉崎正治の記述をみていこう。

姉崎正治『切支丹迫害史中の人物事蹟』（一九三〇年）の中の「長崎信徒の奉答文とその署名者」の中では、「町田寿安については、町田家が町年寄であったことは長崎の記録に明であるが」、パゼスでは「Jean Matchida de Soca として現れ、寛永三年（1626）長崎で尚ほ同信徒の爲に働いてゐる。その後寛永九年（1632）奥州二本松で火あぶりになった中に Jean　Matchida　といふ名を見る。長崎での壓迫を逃れて東北に移住したものと見える。その名ソカと傳へてゐるのは町年寄の記録に宗賀とあるに相當する」[411]と記す。

一方、同年の一九三〇年出版で『人物事蹟』より五ヶ月早い出版となった『切支丹伝道の興廃』では、東北地方に於ける殉教の数々として「長崎の署名者町田寿安は此時二本松で殉死しているが、此は確に避難してここまで来た者である」[412]と言い切っている。

要するに姉崎正治は、パジェスの断片的な記述を操作し、一六二六年に水野河内守が着任して多くのキリシタンが山間に退き、その中に町田と後藤がおり、町田は長崎を逃れて奥州に達し、一六三二年に二本松で火炙りになったというのである。しかし、すでに述べたように、一六二七年になってようやく町田と後藤は奉行水野に面会し、その後ただちに江戸に送られたのである。江戸では監視されており、とても奥州二本松（福島県北部）に逃げる事は出来なかった。人名が同じだからと、地域が全く異なる人物を論証抜きで同一人物と主張する事は、きわめて危険であり、事実探究には有害である。姉崎自身「大体パゼスを材料にして、パゼスで年代順に飛びとびになっている記事を聯絡したものである」[411]と記しているが、断片的な人名をつなぎ合わせただけで、両人名の十分な史料収集作業を行なっていないのである。

以上で、長崎の町年寄である町田宗加が二本松で火炙りになったという説が誤りである事が明らかになった。

なお、姉崎説に基いて記述し、町田が二本松で殉教と記したものに片岡弥吉『日本キリシタン殉教史』[413]（一九七九年）、『長崎事典歴史編』[414]（一九八二年）などがあるが、省略する。

さて、町田宗加個人を扱った史料は皆無であり、町年寄町田宗加が署名したもの、及び奉書に記される町年寄の名として、町田宗加の名が記されるものが三点ある。

第一は、慶長十一年（一六〇六）と推定される、本多上野介正純から町年寄宛送られた奉書に、[415]七月二十七日、高木了可、後藤宗印、村山二郎八、町田宗加、高嶋良悦の名が記されるもので、当時の五人の町年寄のうち、第四番目に記されている。

第二は、一六一八年（元和四）三月二十一日付の、高木作右衛門ペドロと町田宗加ジュアンの二人の署名がある文書[416]である。イエズス会士は、或る人々の云っているように等安アントニオの事件には介入していないし、対将軍の大坂の陣にも加わっていない事を証言するための署名である。

第三は、一六二一年（元和七）三月二六日付の教皇パウロ五世の慰問状に対する長崎信徒の奉答文[417]の中に、町年寄として町田寿安、高島是良仁母、後藤登明の順で署名している文書である。

第一、第二の史料からみて町年寄町田宗加の経済的・社会的位置は高木了可や後藤宗印にやや及ばないが、第三の長崎信徒の奉答文では、最初に名前が記されており、熱心なキリシタン信者という点では、町田が町年寄中一番の人物であった事がわかる。おそらく、その奉答文も彼の手によって書かれた部分が多いのではないかと思われる。

そして、寛永四年（一六二七）六月十四日、町田宗加と後藤宗印は長崎奉行所に呼び出され、同日長男町田惣右衛門ペトロ、後藤庄左衛門パウロも呼び出され、信仰を棄てなければ死刑になるが、もし不服なら、江戸へ訴へ出るようにと言われて、後日、江戸へ向かって出発した。江戸では、すぐに奉行たちの前に出たが、奉行たちは、将軍が命じるように信仰を棄てるようにと戒めるだけで、そのままにしておかれた。彼らは宿に泊まる事も出来ず、川の辺りで小枝で小屋を造り、自分たちへの判決を何ヶ月も待った。

「以前にキリスト教の話を聞いた一人の奉行イエモン殿は、彼らを自分の家に招いた。そこで数人の僧侶が彼らと信仰について議論したかったが、町田らは謙遜し断った。自分たちは学者ではなく、ただの信徒であり、信仰について議論したいなら神父たちを呼んで話すことを勧めた。また、町田らはイエモン殿を通じて今の迫害の第一の責任者であり、将軍の信頼を受けている大老に信仰の問題についての親書を送った[398]」と、結城了悟は記している。

後藤宗印は十一月に死に、後藤家の処置は大きく動いていた。

町田家の最終的な判定のために、町田宗加と長男惣右衛門が奉行所に呼び出された。その時、すでに家光の命令が出ていただろう。

邪教禁制の令に反抗した者は、本人、男子とも斬首。婦女子は奴。家財は没収。

町田家の斬首、断絶はおそらく寛永五年に入って、ひそかに行なわれたものであろう。『徳川実紀』寛永五年五月条には、水野河内守守信に令すとして七条の事が記され、後藤家の処置が明記されているが、この時すでに、町田家の処置は終っていたとみてよいだろう。町田宗加が中心になって起草した長崎信徒の奉答文の文字[417]を入れて記せば、宗加の気持は次のようなものであったろう。

ここ十三年、片時も安堵の思ひに住する事なく、絶えず災難にあって漂流し候。御血を流し、喪身失命した者も多く有り候。今、我も財宝、身命に到るまで、我等が御主に、発端より捧げ、終には天の湊へ至り奉らん。

町年寄四人の中で、ついに町田宗加は棄教することなく、処刑される道を選んだ。長崎の町年寄は、長崎市民の頼りになる代表であり、まさに信仰と共に長崎の歴史を歩んできたのであった。町年寄のうち、町田こそが真のキリシタンであった。

町田宗加が持っていた町年寄の役職は町田の死後、高木了可の兄である宮内左衛門宗重の子、初代彦右衛門重住に与えられた。重住は寛永十二年に没し、(418)同年の年番町年寄は二代目彦右衛門重成であったが、重成は寛永十八年退役した。彦右衛門が初めて町年寄になった年代は、年番町年寄となった寛永八年か、その前年の寛永七年と考えてよいだろう。(419)

## ㈥ 寛永五年の長崎奉行水野守信

寛永五年になると、長崎奉行水野が江戸に滞在中、長崎付近の山間に追われた人々は「町へ出て友人を訪問し、施与を請い、朋友の来訪を受け、相接して建てられた小屋に雨を凌ぎ、あるいは付近の小屋に集合するなど、稍々蘇生の思を為し、その冬は夏より凌ぎよ(420)」い状態で生活していた。

六月末日、水野守信はふたたび長崎に戻り、去年山地に追放されながら信仰を棄てない三四八人（モンタヌス日本誌では三八四人）を有馬に送り、苛責を行なわせた。これは本年五月に水野に対して「彼徒山野に草蘆を搆へすむ者あるよしなれば、松倉豊後守重正が封地へ追払うべし(402)」との命令が下っていた。

その苛責の内容は、ライエル・ハイスベルツの記録、モンタヌス日本誌ともほぼ同じであるが、ライエル・ハイスベルツの記述がやや詳しいので、それを記せば(420)次のようになる。

①熱湯を体に注ぐ。②熱鉄を以って烙印する。③鋭き竹を以って打つ。④終日赤裸のまま太陽の熱、夜間の寒に曝す。⑤蛇を一杯入れた桶を用意し、その中に入れる。⑥金網を作り、下に薪材を入れ、親の前で、小児を炙るべしと威嚇する。⑦苛責に堪えぬと見ると、医師を呼んで治療を加え、元気を回復すると、また新に苛責を加え、それが毎日継続する。⑧婦人や娘に対する取扱いについては自分は口にするを恥じ、筆を止めて記事省略。⑨ある者はこれらの苛責に耐えること二十日にして信仰を棄て、ある者は四、五十日、ある者は六十日に及んだ。

⑩二ヶ月たった八月末日、総員中、なお信仰を棄てざるもの五、六人を残したが、その身体は肉皆腐れ、膿と汚穢と

烙印

火炙り

雲仙の地獄責め

駿河問い（手足を背中にそらせて縛りをかけて逆回転させる）

**図10　各種の拷問**（片岡弥吉「迫害と殉教」『探訪大航海時代の日本3』による）

によって屍体の如き臭気を放った。
⑪残った人は、「殉教者の名誉を得んとする確乎たる決心を有していた。殉教者の名は耶蘇教徒が甚だしく尊重するに反し、異教徒は頗るこれを嫌忌する。」
⑫「有馬侯は、この仕事を一身に引請け、河内殿は教徒に対して慈悲に過ぎ、彼らが志願渇望するように速に彼らを死に処せないという意味を漏らした。しかしながらこれは決して教徒の生命を助けんとする慈悲によるのではなく、彼らをして殉教者という名称を得せしめず、彼らの棄教の実例により、さらに多数を動かして棄教せしめんとするためであった。」
⑬十二月初めの手紙（オランダ人サントフォールトからの手紙）によると「前記三四八人のうち最後の三人が死んだ。彼らは全く憔悴し、一日若しくは一日半を隔て、坐ったまま失神して死んだとある。[420]」
これら三四八人のうち、何人が棄教して長崎に戻され、何人が雲仙で死んだかはわからない。ディエゴ・デ・サン・フランシスコ報告では、「殺さない程度に蛇責め、煙責め及び棒や鞭の殴打を加え、一人か二人を殺したのみで殆ど全員を棄教させた[421]」とあるから、大多数が棄教して長崎に戻ったと考えてよいだろう。いずれにしても、長崎市中で、雲仙から棄教して帰って来た人々のいたましい姿は、残された長崎の家持ちのキリシタンたちにとって、どれだけ無言の圧力となったかは、想像に難くない。

そして雲仙に送られた多くの人は棄教したのである。その人々の心理について、ディエゴ・デ・サン・フランシスコは次のように分析する（ただし彼は長崎に居るのではなく、山形に住んでおり、フライ・ガブリエール・デ・ラ・マグダレーナの書翰によって情報を得ているから、マグダレーナの見解かもしれない）。「自分は殉教に価しないと認めることは謙遜であり、そう考えないことは傲慢である。彼らを棄教させたのち彼らを四、五隻の舟に乗せて長崎へ送り、これを釈放した[421]」。

そして、長崎において棄教しない者はことごとくこれを舟に乗せて有馬の豊後殿の所へ送り、この四百人に対してしたのと同じように棄教させるという布告を出した。そのため「およそ千人ぐらいの者が他の国へ逃げた[421]」という。おそらく、家持ちのキリシタン全員に対して、有馬へ送る行動を直ちにとらなかったのは、水野に考えがあって、昨年から製作中の六十数町にわたる町ごとの戸主の名、戸内での人名、そしてキリシタン棄教の有無についての書類（宗門人別帳）が完成するのを待って、一気に決着を付けようとするものであっただろう。

しかし、すでに町年寄と乙名はすべて棄教していたし、乙名と同格の町内の有力者もそれぞれの町内で数名程度は確実に棄教していた。そしてこれら有力者、即ち家の主人は水野奉行の終りの頃には多数棄教していたが、妻子や使用人などは、まだ棄教していなかった。したがって、なお半数以上、おそらく三分の二以上が、まだキリシタンであったとみてよいだろう。

寛永五年八月十一日（一六二八年九月八日）長崎において（少なくとも）二十二名が処刑された。フランシスコ会のアントニオ・デ・ブエナベントゥーラとドミニコ会のドミンゴ・カステレットの二名の宣教師、フランシスコ会のフライ・ドミンゴ、ドミニコ会のトマス・デ・サン・ハシントおよびアントニオ・デ・サン・ドミンゴの三名の修道士、さらに宿主・水夫・船頭・按針ら合計十一名が火炙りになり、水夫らの子供たち十一名が斬首された。これら火炙りの十一名は以下の人々である。

アントニオ・デ・ブエナベントゥーラ[422]は一五八八年に生まれ十七才でフランシスコ会に入り、一六一八年日本に到着し、長崎とその周辺で伝道士ドミンゴの助けのもとに布教していた。一六二六年、ブエナベントゥーラは九州のフランシスコ会の責任者に選ばれて、自分たちの持ち船でマニラから日本へ新しい宣教師を運ぶための船を造ることを決めた。ところが、船を造って出発しても、船長の無能さのため、何度も出発した港へ帰ってくる失敗を重ねていた。密告者から通報を受けた奉行所は、発見者・捕縛者に対する報賞金を約束し、寛永四年十二月十五日、ブエナベントゥーラは長崎で捕縛された。

『徳川実紀』寛永五年五月条[402]には、水野河内守守信に令すとして「去年火刑に行はれし（死罪と決まった？――山崎註

――あるいは手違いで、将軍には処刑したと報告したか）伴天連。海中各處乗廻す。萬事あつかふもの。拌宿し置くもの火刑に處すべし。舟子等も死罪たるべし。各男子は死罪。婦女子は奴とし。家財は没入すべし」とする。この伴天連とは、ブエナベントゥーラの事を言っているのであろう。

伝道士のフライ・ドミンゴは二十才代の若者で、ブエナベントゥーラから洗礼を授かっていた。師が捕えられた際、ドミンゴは不在で、すぐに大村の牢に向かい捕縛された。

ドミニコ会のドミンゴ・カステレット[423]は、一五九二年に生まれ、一六〇八年にドミニコ会に入り、一六二一年に日本に到着した。有馬、大村、長崎で布教活動を行なった。寛永五年五月十四日に捕縛されて、大村の牢へ送られた。

ドミニコ会の助修道士トマス・デ・サン・ハシント[423]は一五九八年に生まれ、カステレットの協力者として働いた。寛永四年六月、カステレットより早く捕縛された。

ドミニコ会の助修道士アントニオ・デ・サント・ドミンゴ[423]は、一六〇八年に長崎で生まれ、青年になってドミニコ会宣教師のお伴をし、カステレットに仕えた。寛永四年トマスと共に捕えられた。

ルシア・ルイサ[423]はカステレット神父の宿主で、カステレットと同時に捕縛された。八十才。

船頭ミゲル山田キュウハチ
修道者たちの宿主で案内役のファン戸町
マニラ出発の船の持主で船頭のファン今村
長崎生まれの船乗りパブロ相原三太夫
日本人で船の船長マテオ・アルバレス・アンジン

以上五名[423]は、聖ドミニコ会の会員であったが、ミゲル山田とマテオ・アルバレスはフランシスコ会にも属しており、ブエナベントゥーラの指示で、マニラへの渡航を何度か試みていた。

以上、（少なくとも）十一名が火炙りの刑にされた。

ファン戸町の子、ドミンゴ（十六才）、ミゲル（十三才）、トマス（十才）、パブロ（七才）、ミゲル山田キュウハチの子、ロレンソ（三才）、宣教師たちに自分の家を使用させたルイス仁八とその子フランシスコ（五才）とドミンゴ（二才）、ロマンとその子レオ、そして宣教師の身のまわりの世話をしたハコボ林田、（少なくとも）以上の十一名が斬首された。[423]
処刑場で、ブエナベントゥーラは長崎奉行水野にこう言ったという。「河内殿、私の顔をよく見てよく覚えて下さい。」「これらの行為は悪業であり、将軍様にとってさらに非道な行為であります。」「御二人は永遠の罰を受けるでしょう」[424]と。

レオン・パジェスの『日本切支丹宗門史』によると、大村において、寛永五年八月十一日から十五日まで、毎日、キリシタンが処刑された。十一日八名斬首、十二日一名斬首、十三日一名火炙り五名斬首、十四日八名斬首、十五日四名火炙り。合計二十七名が処刑された。[425]

八月十九日、長崎でドミニコ会の会員、ミゲル干物屋と子供パブロ、そしてドミンゴ正兵衛が斬首された。

これまで部分的にふれてきたが、長崎奉行水野が三年目に長崎へ向かう一・二ヶ月程前に下された命令が、『徳川実紀』寛永五年五月条[426]に所収されている。

水野河内守に令す。

一、「去年火刑に行はれし伴天連。海中各處乗廻す船頭（以下略）」。これは、ブエナベントゥーラを中心とするマニラからの宣教師派遣計画失敗グループの処刑に関するもの。

一、「其地の商庄兵衛邪教禁制の令下るにおひては。家に光を放ち。手むかいせんとたくみしによてからめとるよし。これも斬に處すべし。その男子は同罪。女子家財は没入すべし」。家に火を放ち、邪教禁制の令に反抗した者は本人、男の子とも斬首。

一、「伴天連器物預りおかば。うたへいづべき旨令せしに。山田宗右衛門といふものひそかに其器物匿して。焼捨たるにより捕置しが。之も死刑たるべし（以下略）」。寛永四年七月に、宗教関係の物品は奉行所に届け出るように、違反すれば死罪と命令していた。

一、「邪教改たるものは。邪徒に屋舎を貸與へざるゆへ。彼徒山野に草蘆を搆へすむ者あるよしなれば。松倉豊後守重正が封地へ追拂ふべし」。この経緯・経過については詳しく述べた。重正（重政）を叱責したのも家光であり、重政がどのような弾圧をするか、幕府の目が光っているという事であろう。

一、「長崎商人あんたうによといふもの。伴天連をかくしおくよし訴ふる者あり捜索せしに。伴天連は其家にあらずといへども。其器物あればめしとらへし旨。留守居のものより注進せしよし。はやく彼地へまかり査撿し。其旨かさねて聞えあぐべし」。この後、水野奉行が長崎へ戻り、調査した結果については不明。

一、「府にて死せし後藤宗印が家屋は庄左衛門にわたし。資財は庄左衛門。半三郎両人に下さるべし」。これについては、最も詳しく述べてきた。

一、「邪教転ぜざるものは。諸役をおもく命じ。苦辛せしむるやうにはからふべしとなり。」

さすがに、邪教転ぜざるものは、殺すように、とまでは、まだ言っていない。しかし殺すという態度を見せ始める時期は、きわめて近い。

以上の七箇条は、寛永五年に水野守信が長崎へ出発する一・二ヶ月前に発せられたものだが、長崎で、水野はその指示通りに処理した。そして、キリシタンの弾圧の程度、処刑の程度が将軍のその時々の意志に委ねられている事を考えると、令すとされた七箇条の大部分に家光の命令が入っているとみた方がよいだろう。ところで、このような細かい点まで将軍が指示するというのは、このような細かい点まで水野が将軍に説明しているのであり、水野が将軍の意向に添った人物である事がわかるのである。彼が長崎奉行の後、大坂町奉行に戻った後で、寛永九年に初代総目付（大目付）の一人に任ぜられたのも、物事の処理の的確さを評価されたのであろう。

そして二年間の間に、水野は町ごとのキリシタンの家数および戸主の名などを記した人名簿を完璧なものに作りあげていた。彼は寛永六年九月、江戸へ戻る際、将軍の閲覧を願うため、その人名簿を持参した。(427)

# 第五章　最後の結末とその後の長崎

## (一) 奉行竹中采女正重義長崎到着後の一週間

寛永六年六月七日（一六二九年七月二十七日）、新奉行竹中采女正重義が長崎に到着した。父竹中重利が元和元年（一六一五年）死去した後、重義は豊後国府内二万石の藩主を継いだが、[428]それ以前彼は江戸住まいで将軍秀忠の臣下であったと考えられる。[429]それ故、府内藩主となって以降も、元和五年（一六一九）の福島正則の広島城開城に際し、目付けと共に広島の案内役をし、また寛永五年（一六二九）には家康十三回忌後の日光での公卿の参拝に随行し、さらに寛永九年（一六三二）正月廿五日の秀忠逝去後の森川重俊の殉死に際して重俊より一封の書を受けているし、同年二月廿六日の秀忠御遺金授与も銀三百枚と上位五十三人のうちの一人に入っている。[430]

一方、竹中は府内藩主としてのキリシタン弾圧でも知られており、寛永元年（一六二四）には、以前葛木（鶴崎市）の領主であったオルガンチノ・タンシューとその妻ルシヤを捕らえ、府内の海岸で火炙りにして殺している。[431]竹中の長崎到着後の迅速な行動をみると、それ以前に弾圧の方策を十分に用意し、江戸での全体にわたる検討の下に、長崎に来たことがわかる。おそらく、長崎のキリシタンをすべて棄教させるための切り札として、実力者の強力な推薦のもと、外様大名でありながら長崎奉行という重職が与えられたのであろう。

竹中は長崎到着以後、二日目に多くの柱を立て、その周囲に薪を置き、長崎市民を恐怖に陥れようとし、同じ日に、キリシタンの墓をあばき、焼かれた遺骸を掘り返させた。[432]

竹中奉行は四日目に至り、四百人の侍と奉行所に属する地元の町使とを市内各所に送った。『長崎拾芥』では「竹中采女正、知行高二万五千石指下され、弥稠《いやきび》しく改むべき由、仰を蒙り、長崎へ下着有て、早速侍ならびに、町使大勢出し一人も残らず捕へ[433]」と記す。

寛永六年の長崎は六十数町の町から構成されていたが、各町の長である乙名は、すでに水野奉行のとき、すでに棄教者に変えられていた。それぞれの町では、家ならびに五軒をもって一組、即ち五家長の集まりをもって一組とし、その中から一人の長を選んで組頭とさせ、組頭が残り四家の情報も、すべて乙名に報告する。すでに、寛永六年の数年前においても、一人の宣教師が一軒の家で発見された場合は、その家の家族だけでなく、片側二軒ずつ合計五軒の家族[434]が連帯して処刑の対象になっていた。このような違法者が連帯して責罰を受ける事が、この五人組[435]制度の根幹[436]であり、この制度がキリシタンの地、長崎で完成に近い形で導入された。

前の奉行水野守信は、六十数町にわたる町ごと五人組の単位、単位ごとの戸主の名、そしてキリシタンの戸主の名を明記した書類を新奉行竹中重義に渡していたので、奉行竹中は、労せずしてキリシタンの所在する家を知る事ができた[435]。

竹中は、長崎到着後直ちに、水陸を封鎖し、茂木・矢上・浦上への陸路を閉じ、船の運航を停止して、一人たりとも他地域へ逃亡する事を禁じた。これによって、町々におけるキリシタンの一斉捜索を可能にした。

さて、竹中は各町の至る所に、自分の家臣と奉行所の町使とを派遣した。彼らは、町ごとの乙名のもとに至り、書類に記されたこれこれの人名は、何れに住するやを問い、直ちにその家に至り、戸主に向かいなおキリシタンであるかどうかを問い、戸主が、否、既に棄教していると言えば、その旨を筆記する。そして棄教の確認のためマリアやキリストの絵像を足で踏ませた[437]。

もし戸主が、然り、キリスト教徒なりと言えば、家臣・町使はあらためて棄教するや否やを問い、否と答えれば、直ちに奉行所に出頭を命じ、奉行所に至れば、何らの訊問もせずに、倉庫の中に押し込める。その間、家臣・町使は戸主の妻子・家族・下人に同様の質問をし、前記と同様の処置をし、家財の処置をも行なった。

倉庫に集めた人数がある一定の数になると、種々手だてを尽くして、転ばせるように責め苦を行なわせる。この時、転ぶ者もいた。しかし、どうしても転ばない者の数がある一定の数になった時、奉行はこれら男三十七名、女二十七名、合計六十四名のキリシタン[438]を家臣に命じて有馬の領主、松倉豊後守重政のもとに送るように命じた。寛永六年六月十四日（一六二七年八月三日）第一陣の十数人が連れ出された。長崎から茂木に出て船に乗り、橘湾を横切って小浜に至り、ここから雲仙に登る。

## (二) 雲仙の責苦

六十四名のキリシタンは、まるちりよ（殉教）の事を考えていた。しかし雲仙の処刑者は「之れを死せしめずして数年の間死なんとするの苦痛を与へんとするにあり[439]」と、考えていた。

熱湯地獄の責苦について、ライエル・ハイスベルツは次のように記す。「温泉の隅々、此処彼処に突出する岩の上には、平地から引き上げた板材を以て憐れな小屋が建てられている。高さは人の正座し得るだけ、床の板張りはジャバ人やマレー人の家に見るように空気が自由に通る。その上に新しい矮小の灌木が半呎の厚さに置かれているが、これは温泉から出る湿気と悪臭とを増し、不快を強からしむるためで、教徒はその上に据えられ、小屋が囚人でいっぱいとなった後、役人は戸を閉じるが、またしばしば開いて瀕死者があるか無いかを検する。彼らの眠ることを許さぬは、眠るが如く見えて死ぬ者があるからだ。非常に衰弱し、まさに死せんとする時は引出すが、残部は体力の許す限り前掲の通り閉籠められ、愈々衰弱するか、あるいは棄教する時に臨み、小屋外に出さる。憐むべき人民に対し夜間の取扱方はかくの如くであった[440]」。

要するに、小屋の下を流れる河より立ち登る硫黄の気のために卒倒し、窒息する危険がある時は、小屋から引き出し、ある程度回復すると、また小屋の中に入れる。

昼の責苦について、ライエル・ハイスベルツは次のように記す。

「昼になると、囚人を熱湯の傍に置き、小さな柄杓で熱湯を徐に全身（頭部を除き）に注ぎ、絶えず棄教するや否やを質問する。この湯は刺激的腐敗的で、烈しく注いだら骨に浸みるのみならず、肉体を貫き通る。成分は硫黄・樹脂及び類似のものであるようだ。日本に多くの温泉はあるが、こんなに高く噴出し、また沸立ったものはない。腐蝕性が非常に強く、これを頭部に注がぬは囚人を殺さぬためで、この苦痛を三日間忍び得る者は甚だ稀であった。囚人が昼間の熱湯、夜間の蒸気によって衰弱すると、上手な医師（この目的のために雇入れた）にかけて治療を加え、回復したと認めると、再び前の様に呵責する。(440)」

レオン・パジェスは「男は皆着物を剝ぎとられ、彼等が互に励まし合ふことの出来ないやうに別々にされた。彼等は各々腕を一本づつ、両足を一本と、都合三本の縄で縛られた。大きな石が首に吊された。彼等は背中に湯をそそがれた。この湯は、よく侵蝕性のものであったから、その湯のかかった所に有毒の傷がつき、名状しがたい苦痛を與えた(441)」と記す。このようにして、どんなに信心堅固な者も、高い決心を持った者も、衰弱してしまった。この方法を五人組に続行して、八月いっぱいで、六十四名のほとんどが棄教したが、朝鮮の婦人イザベラは衰弱した状態で形式的に棄教させられ、フランシスコは山に登る途中卒中で死に、最後まで苛責と治療を繰り返したシメオン末瀧は、ついに迫害に耐えて死んだ。

朝鮮の婦人イザベラは屈服しなかった。彼女は「お前の夫は折れたぞ」と聞かされると、「私は、天に永遠の夫をもっております る。ですから救済の事では、この世の夫に従うわけはありません(441)」と答えた。雲仙では、裸にされ、手足を縛られた上に煮え湯をかけられた。拷問十三日の後、役人はイザベラを長崎へ送った。彼女は奉行の前に連れ出され、「強て婦の手を取り改宗の旨を記したる紙上にその名を書記せしめ」、婦人を「其家に送り帰らしめたり(439)」。

フランシスコはセイロン島出身で、幼時商人に売られカンボジアに連れて来られ、更に日本に来て、長崎の一豪家に隷属した。彼は以前病気であったが、山の中に来ると卒中にかかった。彼は石によりかかって、イエズスとマリアを唱えつつ息を引きとった。

シメオン末瀧は、六月二十日、他の十七人の人々と共に雲仙に連れて行かれた。彼は首に大きな石を吊され、背中に侵蝕生の湯を注がれた。この拷問が長かったので、彼は苦しさのあまり、何度も気を失った。何回も何日も拷問が繰り返された。「體中がまるで一つの傷であった」。「数日後、腫物の中に急に蛆がわき、ひどい匂がしてゐた」。「彼は、山の上に十六日間留まっていた。八月二十六日（日本暦七月八日）、彼は生きているといふよりは死んだやうになって、父親の家に連れて来られ」、七月十日に死んだ。「父や家族の者は皆、苦しみに窶《やつ》れた遺骸に近づき、子や親戚の人の遺骸としてではなく、聖人の遺骸として、跪いて拝した[441]」。しかし、この遺骸は間もなく運び去られ、奉行はその遺骸を焼かせ、灰を海に棄てさせた。

『長崎港草[442]』では、「張本タル者ハ轉バズ是等ハ即召捕テ島原ニ遣シ温泉ノ側ニ連来リ背ヲ割リ熱湯ヲソソギ又ハ温泉ノ大沸湯ニ投ゲ入レラレ骨肉腐爛レ面影モ分ラザルヲ見テカカル時ニハ定メテ天主ノ助ケモ有ント思居タルニ今斯ノ如、憂目ヲミレドモ少ノ助ケモ非ルコトハ浅間敷コト也今迄彼ニ誑《たぶ》ラカサレシコト口惜サヨト爰ニ至レル者ハ悉ク轉ビケルトナリ」と述べ、転んだ長崎のキリシタンの心理の変化を記している。

## ㈢ 長崎での苛責

六十四名の人を雲仙に送り込んだ後、竹中重義は長崎での迫害を続けた。この時、相当多数の者が、通行の見張りを破って、長崎から逃げたとも言われる[441]が、その実数はわからない。竹中は雲仙岳が遠隔に過ぎるのを憂い、更に青銅の大釜を作り、内に塩水を煮て熱沸させ、この中に硫黄・硝石および温泉岳の粉土を混ぜて、これを注いで長崎のキリシタンを責めさせた。竹中は、水野が作成した人名簿にあるキリシタンを百五十人程集め[443]、僅か一軒の家に監禁させた。およそ十五日間、みな様々な方法で抵抗したが、その後、若干の者が棄教し、また他の者は、番人がいても逃げ出し、山の中に逃げ込んだ。たとえ一人が森林中に逃げ込んでも、奉行は徹底的に追わせ、其者の跡を遠い地方まで追いかけ、さらに森林を焼かせる事までした。

竹中重義の日本婦人に対する暴刑は、モンタヌス日本誌では「地獄の湯を注ぐ外に、処女を裸体となして街上に匍匐せしめ、公衆の之を陵辱するに任せ、其他言ふに忍びざる醜状を示さしめたり。又女をして其父の焚死すべき薪材に点火せしむることもありき(444)」と記す。またライエル・ハイスベルツは、サントフォールトの手紙を引用して次のように述べている(440)。

「女に対しては別の方法を用いた。家に夫が居らず、あるいは寡婦でも年老いたものは、かの温泉に送ったが、若い婦人中ある者に対しては、裸体で獣物のように手と足で道路を這えと命じた。この命に従った者もあったが、余りの恥ずかしさに仕遂げた者無く、たとえ仕遂げた所で、信仰を翻さしむべく他の方法が準備されているのだから、何もならない。

温順にして尊敬すべき夫人、寡婦で耶蘇教徒で、そうしてファン・サントフォールト氏の良き友人が、十八歳ばかりの子息を持っていた。役人らは衆人の面前で母子に獣行を脅迫し、母子が絶対にこれを拒絶するや、彼らは声も冷やかに、然らば汝らは教徒と称するも実は教徒にあらず、棄教者なりと認むと言った。棄教者の名称は母子の耐え得る所でない。如何なる方法によるも甘んじて死に就くべしと申出た。ついに役人らは脅迫によって要求を達し難きを知り、婦人を捕らえて牡馬の前に連れ来り、手を取り足を捉え、牡馬が暴行し得る様にした。以上はすべて子息の眼前で無数の脅迫悪口の中で行なわれた。彼らは婦人の信心堅固にして、如何なる方法も、親愛なる友人の忠告勧誘も、如何なる脅迫説諭も奏功せざるを知り、母子を前記の温泉に送った。彼らは母をして子に、子にして母に、彼らの命ずる分量の熱湯を注がしめんとし、柄杓を母子に手に渡したが、両名共これを肯んじない。多くの槍及び白刃は母子を包囲し、罵詈悪言は雨下し、すべての脅迫が行なわれた。哀れな婦人は死を欲して死を得ず、一切の不幸より解除せられる見込みもなく、ついに棄教した。」

当時長崎に居たアウグスチノ会のビセンテ・カルヴァリョは次のように述べる。「今年一六二九年八月の末頃、竹中采女といふ暴君が長崎の奉行職を承り、非常な暴威を以てキリシタンを迫害し始め、何物も之を逃れる由ない有様である」。「男も女も子供も召捕られ、持物を取上げられ、或者は凌辱を受け、打擲《ちょうちゃく》せられ、又牢に入れられ、或者は生きながら焼かれ、又は竹の鋸で引きしごかれ、或は槍で突きさされ、或は首打ちになり、或は残忍な拷問の数々を凌ぎ通して、永遠の栄を得て死んでゆく。[445]」

これらからみると、（首を引き苦しめる）「竹鋸切り」はすでに行なわれていた事がわかる。なお、「筆紙に尽くし難い大苦痛」で、「人間の堪える所でない[446]」と言われる「逆吊り《さかさづ》は、レオン・パジェス『日本切支丹宗門史』では、一六三三年の章で「一番恐ろしい新奇な刑罰を考案した」とし、イエズス会の修士ニコラス福永慶庵に対して初めて逆吊りが行なわれたとする。[447]

一方、『六本長崎記』には、「島原温泉に遣し、背中を割て熱湯を入れ、夫にても轉ざる者は、又八萬地獄と名付し湯につき込み、色々の糺明ありしに、ころぶものも多く、不轉ものは責殺しけり、長崎にても西坂に、深く穴を堀て、逆様に二日も三日も、轉ぶといふ迄穴釣《あなづり》して責られし、是又轉ぬ族はつり殺させしとなり、轉びしものどもの咄しには、往来の人の足音、耳にこたへし、其じゅつなさ言語に、述がたきよし申せしなり、寛永六年七月十四、十五日（一六二九年九月一、二日）迄には、不残轉びて釈門に入、宗旨を改め、三寶を尊敬す[448]」と記す。『六本長崎記』では穴吊りは、寛永六年にすでに用いているような書きぶりだが、これは竹中奉行在職中の苛責法を一括して、寛永六年の中で述べたものであろう。一六二九年には、まだ穴吊りは行なわれていないと考えてよいだろう。

## ㈣結　末

ライエル・ハイスベルツは次のように述べる。「要するに奉行采女殿は四五日間または四六日間に、前掲の若者（シメオン末瀧をさす—山崎）を除き、碧血を流さずして耶蘇教徒全部を根絶した」[449]と。ところが、この報告文の訳者・幸田成友は註を付し「但し釆女正が四五、六日間に、一人を除き、長崎の耶蘇教徒全部を根絶したというは誇張である」[449]と否定している。確かに「一人を除き」という部分は誇張であろうが、しかし、長崎の地誌類である『長崎拾芥』『六本長崎記』『長崎港草』『長崎縁起略記』などは、こぞって「七月十四日、十五日迄には残らず轉びて釋門に入る」と記しているのである。

寛永六年七月十五日（一六二九年九月二日）は、寛永六年六月七日に奉行竹中が長崎に到着してから三十七日目に当たり、ライエル・ハイスベルツの数字が正確であるのか、日本側の数字が正確であるのか不明だが、いずれにしても両者とも四十日前後のうちに、長崎のキリシタンを全部棄教させたと主張しているのである。

おそらく、寛永六年の棄教者数は二万人程度であろうが、四十日間程度でそれは可能であろうか。一町のキリシタン三百人を、毎日十三人程度ずつ棄教させるとして、二十三日間の日数がかかるが、二日以上にわたる説得もあるだろうから、大よそ三十日程度は必要であろう。

六十数町の各町には、一町につき六人の侍と一、二名に町使が担当するとして、四十日間で三百人の棄教は、竹中奉行の苛烈な手段と、水野奉行の時の用意周到な準備とが合わさって、初めて可能になったものであろう。しかもそれが、六十数町において、毎日四十日間連続して、各町併行して行なわれた。

そして寛永六年八月七日に水陸の封鎖が解かれているから[449]、それはほぼ竹中が長崎に着いて二ヶ月が過ぎた頃であり、その頃までには、転帳への記載、宗門改（仏教のどの宗に属するかの決定）などの作業がほぼ完了したという事であろう。竹中の得意顔、思うべしである。「彼は日々長崎の周囲にある美麗な庭園に遊び、自分が仕とげた大事業の成功を楽しむように見えた[449]」。

竹中は、八月中旬には、家臣若干を長崎に留め、その他の家臣をことごとく府内へ送り帰した。竹中は早い段階から、堅固な信仰を守るキリシタンに対する対策を練り、最初にキリシタンの中心を雲仙に送り込み、火傷のついた棄教者を長崎に送り戻させ、早くに棄教しないと同じ目に遭うぞとの脅迫を前面に出したのであった。数日前に見かけたあの人が虚脱状態で火傷を負って長崎に戻ってきた時、同じ状態は避けたい、ともかく形だけでも棄教しようと考えた人が多かったであろう事は考えられるところである。また「かかる時には定めて天主の助けも有んと思居たるに、今斯の如く憂目をみれども少の助けも非ることは浅間敷こと也、今迄彼に誑らかされしことの口惜さよ[442]」と、思った棄教者も相当数いたであろう。

ライエル・ハイスベルツは次のように述べる。「これが十六年前四十万人以上を数えた日本のローマ派耶蘇教の結末である。本年棄教した人員は完全には知れぬが、かって自分が長崎にいた一六二六年には男女小児合計四万人の教徒を数えたが、今は一人も残っていない[449]」。

## ㈤　その後の長崎Ⅰ――島原の乱時の長崎

島原の乱は一六三七・三八年に、天草および島原のキリシタンが起こした内乱であるが、この時長崎はどのような状態であっただろうか。

島原の乱が起こった時、長崎奉行榊原飛驒守職直と馬場三郎左衛門利重は江戸にいた。長崎奉行が二人になっていたのは、前々奉行竹中采女正重義の不正に対する処罰を契機としていた。二人とも江戸にいたのは、毎年ポルトガル船が来航する六月上旬から十月中旬まで長崎に滞在し、それ以外は江戸に滞在するのが、これまでの慣例だったからである。あわてた二人は寛永十四年十一月十五日に、長崎へ向けて出発した。乱の時、大村の牢内にいたドアルテ・コレアの報告では、「長崎の奉行は、宮廷でキリスト教徒叛乱の報を聞き、同市の住民がキリスト教徒として蜂起したものと解して絶望しながら、長崎に向って急行した。道中極めて急いだので、一六三八年一月十七日（寛永十四年十二月三日）には長崎に帰り着いた。市中は平穏だったので、彼は喜びに耐えなかった。長崎の市は皇帝に直属し、皇帝が特に重要視していた土地だったので、各地からの兵が警備に駈けつけていた。中でも筑後からは、叛徒が長崎市中に潜入する事をおそれて、四万余の兵を繰出して長崎市の周囲の警備にあたった[450]」と記す。

島原の乱に際して、長崎を征圧する事は一揆軍の構想として最初から存在していた。

天草四郎の父、益田甚兵衛の心中として「今の時に当り、民心を鼓舞し、州郡を騒擾するは、天教に如くは無し。我この術を以て、長崎、天草、島原の梟雄を籠絡し、九州に倔起し、以て中国を征し、事成れば、栄を子孫に遺し、成らざるも亦老境の一快なり[451]」と記している。

一揆軍は天草と島原に別れ、天草では富岡城、島原では島原城をとり囲んでおり、天草から島原へ派遣されていた千東善右衛門が全軍の大将を決める必要性を主張し、島原勢は天草四郎を奉戴する事を決定し、ここに当初の予定通り天草四郎が島原の乱全軍の総大将となった。

かくして、『耶蘇天誅記』には「四郎太夫時貞ハ人数四五十人召具シテ天草郡大矢野ヨリ高来郡大江名（大矢野郷ヨリ海上大里南有馬村ノ内）へ押渡リ伴天連以留満トモヲ始メトシテ村々ノ庄屋乙名百姓ニ対面シ前後ノ密談ヲ相極メ先ツ近々ニ人数一万二千人ヲ以テ長崎へ押寄セ日見峠ト茂木峠トニ備ヲ立置長崎町へ使ヲ馳テ宗門ニ成ルヘキヤ否ヤヲ聞届ケ一宗帰依ニ於テハ人質ヲ取テ立帰リ同門ニナラスンハ速ニ責入リ民屋市町ニ放火シ人民悉ク打殺シ其ヨリ島原ノ城ニ押寄セ一所懸命ノ軍シテ是非ニ彼城ヲ乗取リ根城ト成シテ籠居スヘシト談合既ニ一決シテ四郎太夫時貞モ暫ク有馬村ニソ止リケル[452]」と記し、天草四郎が島原へ渡った当初では、長崎襲撃の事が予定されていた。

ところが寛永十四年十一月十一日（一六三七年十二月二十七日）になって、天草の富岡城へ唐津より加勢の人数が上津浦へ押寄せて来たとの報告が来たため、まず「長崎へ押寄セ」る事を先延ばしにして、上津浦へ四～五千名の人員を送る事を十一月十三日に決めている。このように、島原城と富岡城との攻防で精一杯だった一揆軍は、その後「長崎へ押寄セ」ることなく原城に籠もるのである。

この頃の長崎、即ち十一月頃の長崎では、奉行二人は島原の戦いに行って長崎に居らず、町年寄の後藤庄右衛門・高木作右衛門・高島四郎兵衛・高木彦右衛門と代官末次平蔵が諸所で相談をなし、大村藩からの加勢を願い、また長崎の諸役人・浪人・若者たちは長崎への四つの出入口を堅めるとして、茂木村口、日見峠口、深堀口、時津口に番所を置いて、長崎を守ったという。[453] それ故、一揆に呼応した形での長崎の動きは、全くなかったものと考えてよい。

すでに述べたように、奉行水野と奉行竹中の時代に長崎のキリシタンは壊滅的な打撃を受け、竹中の時代には一人のキリシタンもいない、と公言していた。従って、島原の乱の一部が長崎へ押寄せたとしても、長崎町中より呼応する人は、極めて少なかったであろう、と思われる。しかし、もしこれが奉行長谷川権六の時代であれば、どのような蜂起が生じたかは、判らないと言うしかない。

島原や天草で一揆に参加した人たちも一度は転んでおり、ふたたび戻りキリシタンになった者が多かったと考えられるが、島原・天草ではキリシタン浪人による裏での仕掛けが功を奏したといえるが、長崎では、おそらくそのような仕掛けは行なわれなかったのであろう。

なお、茂木口に面する茂木は旧有馬領からの関係で松倉の所領となっており、島原との関係は深かった。この土地の大庄屋惣兵衛は、自分の子供をひそかに天草四郎と対面させたというキリシタンであったが、島原の乱の発生後、代官の佐野惣左衛門が活躍した事によって一揆から茂木を離す事ができ、茂木が静かになったために、長崎も無事であったと、今、悦んで言ってくれる者もありますと、息子の佐野弥七左衛門は記している。[454]

翌寛永十五年、兵糧攻めの策が実を結んだと判断した老中松平信綱は二月二十六日（一六三八年四月十日）に原城への総攻撃にかかる事を命令した。ところが二月二十五日の一日中の雨によって、二十六日の総攻撃は延期され、二十八日の早朝の総攻撃と決定した。しかし、二十七日の昼に、鍋島勢が抜駆けを行なった。その初めは、長崎奉行榊原飛騨守職直の忰の左衛門佐職信が城内を見わたした後、浪人を従えて城内に入り込み「職信享年十七歳原の城一番乗り」と声高に突進した事であった。[455] 幕府軍は二十七日中に、三の丸・出丸・二の丸等を攻略し、夜も暮れてひとまず軍を収めた。翌二十八日に、攻撃は再開され、戦いは修羅地獄の様相を呈し、正午頃終わった。

戦後の処置として、鍋島勝茂と長崎奉行榊原職直は、後に江戸に呼び出されて、総攻撃の前日に軍令を破って先駆けた理由により、しばらく閉門を命じられた。

島原の乱では一揆軍の死者が「三万七千余」と宣伝され、多量の首を長崎に持来り、天草四郎・四郎の姉・姉婿大矢野小左衛門・有江監物の首四ツを出島の前の左の木（獄門）に掛けて南蛮人にこれを見せ、また乱で切られた首三千三百を西坂に埋めたという[453]。

なお長崎警衛に努めた後藤庄左衛門と高木作右衛門に寛永十五年御紋の小袖銀百枚が与えられ、翌十六年には高島四郎兵衛・高木彦右衛門に銀百枚が与えられた。また長崎の人で、原の城において大砲打ちを行なった者に銀が与えられた。浜田新蔵に銀百枚、六永十佐衛門に銀五十枚、島谷市左衛門と薬師寺久佐衛門に銀三十枚などである[453]。また、島原の乱勃発時に、長崎奉行が二人とも江戸にいた事が反省され、これ以降は奉行二人が交代で、長崎には常に一人が駐在する事が決まった。

松平信綱は島原の乱を征圧した後、長崎に立寄り、各所を実見し、異国船のすばやい発見のため野母崎に番所を建てるよう指示し、また同年中に長崎から近国に急を告げる烽火《のろし》をあげるための烽火山番所を建てた[456]。

## ㈥ その後の長崎Ⅱ──寛永十九年の長崎平戸町の宗門人別帳

住民の宗門改の結果を記した帳簿として『寛永十九年平戸町人別生所糺《せいしょただし》』[457]が残されており、長崎平戸町に居住した住民を対象とした宗門人別帳として、また長崎の始まりから寛永十九年までの七十二年間の平戸町の歴史を反映するものとして貴重である。

以下では、宗門改の点について記しておきたい。

まず帳簿の末尾には、記載の合計人数が書かれており、それは男一〇六人、女一二二人の合計二二八人である。一方、現存する記載の人数は二二六人（このうち一名は死亡して名が記されていない）であり、文書の途中に「年拾四」（削除）の部分があり、二人とも女で、男一〇六人、女一二〇人、合計二二六人が、これ以下で比較する基礎数である。

まず年齢構成は、九十代一人、八十代一人、七十代七人、六十代十二人、五十代二十六人、四十代二十二人、三十代四十三人、二十代四十人、十代四十二人、九歳以下三十一人である。三十代およびそれ以下の年代の合計が全体の六九％を占めている。

出身地別では、長崎生まれ一〇八人、大村十七人、平戸十一人、高麗九人、諫早七人、堺七人、筑後六人、京都六人、天草五人、博多四人などで、他に二十九箇所から四十六人が来ている。

まず、寛永十九年の時点では全員仏教徒となっており、各宗派の比率は、一向宗（浄土真宗）八十人（三五％）、禅宗五十五人（二四％）、法華宗五十人（二二％）、浄土宗四十人（一八％）、真言宗一人（〇・四％）である。

過去にキリシタンであって、転んだ者の数が一二六人（五六％）、元来（からの）仏教徒が一〇〇人（四四％）である。

元来仏教徒のうち、竹中采女正重義が市民全体を棄教させたという、寛永六年以後に生まれた者の数が三十七人（一六％）で、その内訳は二歳から五歳まで十七名、六歳から九歳まで十四名、十歳・十一歳が六名である。

元来（からの）仏教徒のうち、仏教徒のままで長崎に移住した人数が六十三名（二八％）である。その長崎の移住の時期は、元和四年四名、元和五年二名、元和九年二名、寛永二年七名などで、その後、寛永三年から五年まで計八名、寛永六年から九年まで計十一名、寛永十年から十四年まで計一四名、寛永十五年から十九年までが計十四名となっている（一名は不明）。

即ち、平戸町に移住してきた仏教徒は、元和四年（一六一八年）が最も古い例となる。これは慶長十九年（一六一四年）の宣教師海外追放とキリスト教会破壊以降に、長崎市中で仏教徒が散見される状態になった事と、一応符合しているが、他の町と比べれば、平戸町でのその動きは少し遅いのではないだろうか。

次に転びの数一二六人のうち、いつの奉行の時期が多いのであろうか。

長谷川権六の時が四名（三％）、水野守信の時が十二名（九％）、竹中重義の時が一〇八名（八六％）、曽我又左衛門の時が二名（二％）と、圧倒的に竹中の時の転びが多い事がわかる。ただ、平戸町は、他の町と比べて、竹中時代の転びの比率が多すぎるのではないだろうか。全体として、水野時代はもっと多いと思うのである。例えば、水野は奉行に就任して着任四ヶ月後に、棄教させた一五〇〇人に盛装して出頭させており、また翌年には五島町では三人を除いて悉く棄教したとあり、奉行の三年間に五千名を超える数は転ばせたのではないだろうか。少なくとも、全町からみれば、二割程度は水野時代の転びではないかと考えられ、あるいは三割近くになる可能性もある。平戸町の場合は、内町の中でも、最も古い町立てが行なわれた所で、古くからの信仰はなかなか棄て難く、最後の竹中の時まで信仰を守ったように思われる。そして、平戸町乙名の石本新兵衛は水野時代の寛永三年に転んだが、女房・下女の方は竹中時代に転んでいる。同様に家長だけが水野時代に転んだ例は、平戸町では石本九郎右衛門尉、大坂屋弥右衛門・善左衛門・庄右衛門などがいて、これらは町の有力者ともいえる人物で、商売上不都合なきよう家主が転んだのであろう。また大坂屋弥右衛門は長谷川権六の時代に転び、女房・娘・下人は竹中時代に転んでいる。

また横瀬孫右衛門尉は、水野時代の寛永三年に宗門の件について江戸へ連れて行かれ、六年後の寛永九年に転び、寛永十年曽我又左衛門奉行の時に長崎に帰ってきた。この時に女房は初めて転んでいる。これは竹中重義時代にキリシタン全員を転ばせたとする、その基本の台帳が戸主を単位としたものであったから、戸主不在の場合は、その家族・下人まで強制捜査が及ばなかった事を物語るものである。

次に転びの一二六名の人たちは、どの宗派・寺院に属するようになっただろうか。一位から三位まで数が多いのは、晧台寺（禅宗）三十六人、本蓮寺（法華宗）三十一人、大音寺（浄土宗）二十四名で、その後は一向宗の大光寺十八人、光永寺十一人となり、以下深崇寺二人、正覚寺・三宝寺・春徳寺各一人となっている。上位の三寺である晧台寺・本蓮寺・大音寺は長崎の三代寺院と呼ばれ、大音寺は寛永十八年朱印地を与えられ、晧台寺・大音寺は慶安元年（一六四八年）境内が朱印地となった。

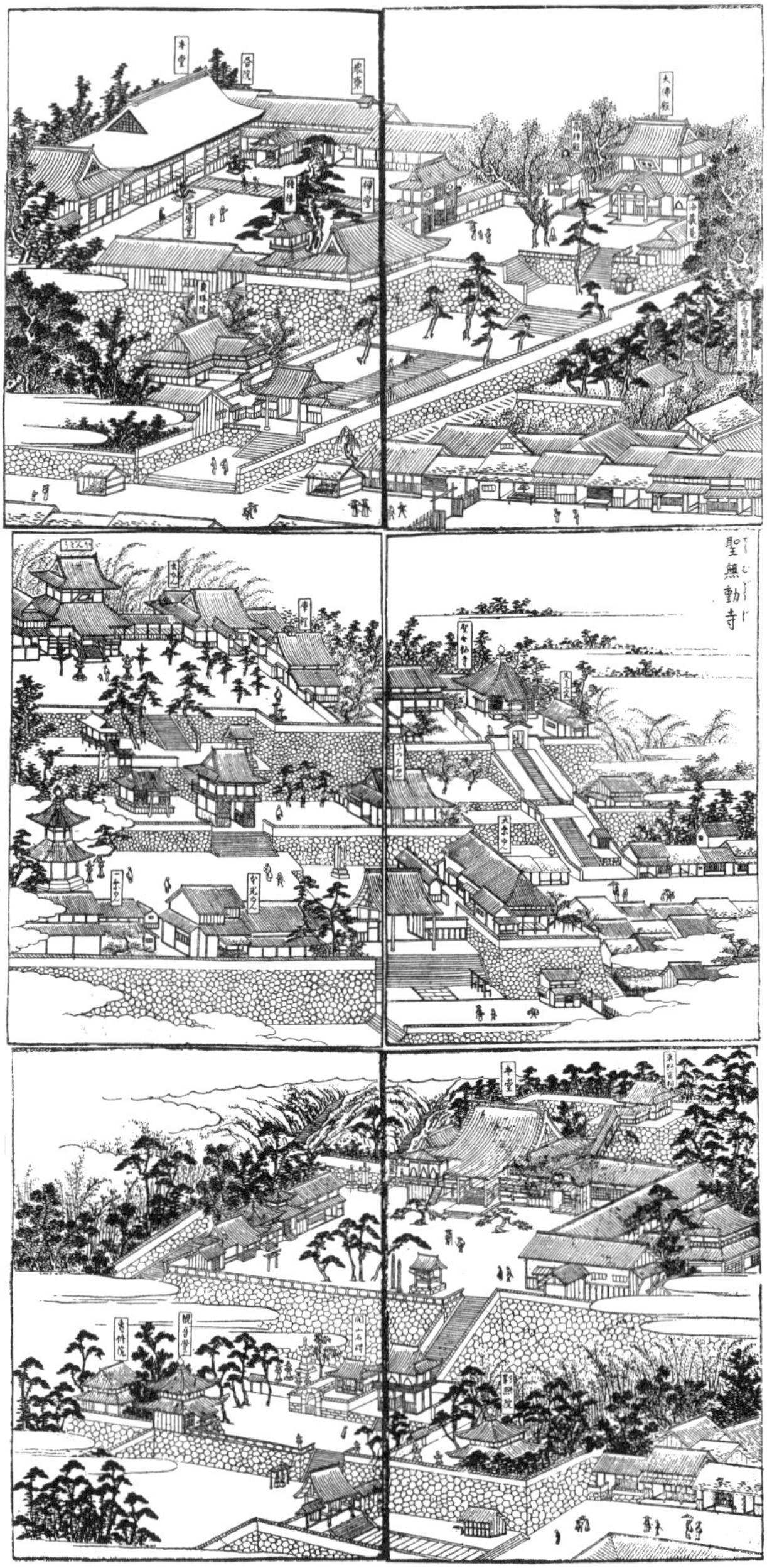


図 11　晧台寺（上）・本蓮寺（中）・大音寺（下）の図（『長崎名勝図絵』による）

そして、本蓮寺はサン・ジョアン・バプチスタ教会の跡地を寺地とし、大音寺は伝誉による開基で、伝誉には本博多町のミゼリコルディア（慈善施設）の跡地を与えられ、後移転して現在の大音寺の場所に伽藍を完成させたのである。『六本長崎記』には、「采女正思召には、寺参りと申ては致すましきもの多く有へけれは、先祖の墓参りを朝暮に両度宛可致旨申付くる、一ヶ月に六十度なり、此通の儀相背候者は、又々穴釣可致との仰付にて、毎日両度宛墓参り致せしなり、此因縁にて、長崎は盆には他国よりは仰山に燈籠とほし、賑しき事なり[448]」と記している。

## (七) その後の長崎Ⅲ―転びの数の変化

その後、年が経過するにつれて、転んだ者の数が次第に減少していくのは当然の事ではあるが、その数を示した記録が若干残されているので、それを記しておきたい。

まず、『寛宝日記[458]』の万治元年（一六五八）の項に、

「　三万千三百弐拾八人者元来
　此内
　　九千三百六拾九人はころび」

の記述がある。これは万治元年における長崎の人口と、元来の仏教徒数と転び（による仏教徒数）の数を記したものと考えられる。全人口四万六九七名のうち、転びの者が九三六九人残っていることになる。長崎市民の大多数が棄教した寛永六年から二十九年経過しており、この間に生まれた者の数が全人口の半数を超えていると考えられるから、残り一万人程度は四十数年間の間に仏教徒として長崎に移住して来た人間となろう。

次に記載のあるのが『長崎鏡』の延宝九年（一六八一）「長崎人数元来轉仕分ケ之事[459]」の項に、

「一、人数合五万弐千七百弐人　延宝九酉年正月改之
　　ころひ　千九百三拾人

　　内
　元来　　五万七百六拾四人
　　　　　　ころひ　千三人
男弐万七千七百九拾八人内
　　　　　元来　弐万六千七百九拾五人
　　　　　ころひ　九百三拾五人
女弐万四千九百四人内
　　　　　元来　弐万三千九百六拾九人」

と記す。

万治元年（一六五八）には、全人口に対する転びの比率が一・三％であったのに、延宝九年（一六八一）には三・六％に減少、即ち二十三年間の間に、転びの九三六九人から一九三〇人へと、七四三九人分が減少している。

次に記載があるのは『長崎旧記』[460]の「邪宗門轉死失存命」の項で、

「一、貞享四夘年改享保弐酉年迄死失人数千百九十五人
一、享保弐酉年迄存命人数四人」

とある。

これによれば、貞享四年（一六八七）に生存している転びの人数は一一九九人で、延宝九年から貞享四年までの六年間に間に七三一人が死亡し、貞享四年から享保二年までの三十年間に一一九五人が死亡した。四人が生存している享保二年（一七一七）は、竹中重義が大部分のキリシタンを棄教させたと伝える寛永六年（一六二九年）から八十八年目になるから、四人の実体は不明だが、おそらく竹中奉行よりもさらに新しい時期に転んだものであろう。

かって、フランシスコ会のディエゴ・デ・サン・フランシスコは、一六二九年の長崎についての報告に際して、次の

ように述べた。

「私がいま最も恐れているのは、危険も苦労も体験する事なしに信仰に戻る良い機会が来るまでこのままでいて、その機会を待とうと人々が考えている事である。こういう考えの人々が非常に多いから、或る者は棄教したままで死んでしまうし、或る者はその罪の深みに落ちこむであろう。そうなれば、信仰に戻ろうとしてもその方法がなくなるであろう。神よ、その御慈悲により、殉教者の血があれほど注がれたこの町の三万以上の人々のかくも大きな破滅を救い給え[461]」。

形だけ棄教して、心の中でその信仰を持ち続けようとして人も多かったであろう。しかし、そのような人たちも「棄教したままで死んでしま」った。江戸時代中期以降、幕末を通じて、長崎総町でのキリシタンの検挙事件は全く報告されていない。日本キリシタンの礎と呼ばれた長崎の地は、完全に仏教の地となった。江戸時代中期以降キリシタンがいたのは、長崎の郷村地浦上であり、周辺地大村、外海、生月、五島であった。

（1）松田毅一監訳『十六・七世紀イエズス会日本報告集』第Ⅲ期第3巻　一九九八年、二七六頁。
（2）松田毅一・川崎桃太訳『フロイス・日本史9』一九七九年、三六〇頁。
（3）西川如見『町人嚢・百姓嚢　長崎夜話草』岩波文庫　一九四二年、二二一頁。
（4）「長崎根元記」新村出監修『海表叢書』巻四　一九二八年、三頁。
（5）中西啓編『長崎剳記・元成日記・元仲日記』長崎学会叢書第九輯　一九六四年、七頁。
（6）松田毅一監訳『十六・七世紀イエズス会日本報告集』第Ⅲ期第5巻　一九九二年、一三八頁。
（7）純心女子短期大学長崎地方文化史研究所編『長崎拾芥　華蛮要言』一九八八年、二頁。
（8）松田毅一監訳『十六・七世紀イエズス会日本報告集』第Ⅲ期第4巻　一九九八年、一〇八頁。
（9）長崎歴史文化博物館請求番号一三―六一八、『長崎始由来記・長崎畧記』中のもの。
（10）純心女子短期大学長崎地方文化史研究所編『長崎拾芥　華蛮要言』一九八八年、五頁。
（11）長崎歴史文化博物館所蔵「藤家高木氏系図」市博歴史資料家系1
（12）長崎歴史文化博物館請求番号　渡辺文庫一三―四八、「由緒書　親類書　遠類書　会所調役高木清右衛門」
（13）長崎歴史文化博物館請求番号　古賀文庫一三―三〇四、「後藤高島兪三家系図」
（14）長崎歴史文化博物館請求番号一三―三七―一、「高嶋家由緒書　高嶋四郎太夫」
（15）石井良一『武雄史』一九五六年、五九八頁。
（16）外山幹夫『大村純忠』一九八一年、一四四頁。
（17）松田毅一・川崎桃太訳『フロイス・日本史9』一九七九年、三八四―三九五頁。
（18）「大村記」『史籍雑纂』第一、一九一一年、一四八年、一四八頁。
（19）『大村郷村記』第一巻　国書刊行会　一九八二年、一〇七頁。
（20）松田毅一・川崎桃太訳『フロイス・日本史10』一九七九年、九頁。
（21）松田毅一・川崎桃太訳『フロイス・日本史9』一九七九年、三六五頁。

(22)長崎歴史文化博物館請求番号一三―六一八、『長崎始由来記・長崎畧記』中のもの。
(23)長崎歴史文化博物館請求番号一三―六一八、『長崎始由来記・長崎畧記』中のもの。
(24)純心女子短期大学長崎地方文化史研究所編『長崎拾芥　華蛮要言』一九八八年、一五―一七頁。
(25)パチェコ・ディエゴ（佐久間正訳）『長崎を開いた人　コスメ・デ・トーレスの生涯』一九六九年、二三四―二三六頁。
(26)岡本良知『十六世紀日欧交通史の研究　増訂版』一九四二年、五六七―五六八頁。
(27)松田毅一監訳『十六・七世紀イエズス会日本報告集』第Ⅲ期第5巻　一九九二年、二三九頁。
(28)ヴァリニャーノ（松田毅一他訳）『日本巡察記』平凡社東洋文庫　一九七三年、三四・三五頁。
(29)高瀬弘一郎『キリシタン時代の研究』一九七七年、四二一・四二三頁。
(30)布袋厚『復元！江戸時代の長崎』二〇〇九年、および「長崎惣町復元図」二〇〇九年。
(31)『長崎縁起略記』（『続々群書類従第八　地理部』所収）一九七〇年、八三一頁。
(32)『長崎虫眼鏡・長崎聞見集・長崎縁起略』長崎文献叢書第一集第五巻　一九七五年、中の「長崎縁起略」一〇頁。
(33)松田毅一監訳『十六・七世紀イエズス会日本報告集』第Ⅲ期第6巻　一九九一年、三〇二―三〇四頁。
(34)岩生成一「鎖国」『岩波講座日本歴史10　近世2』一九六七年、六一・六二頁。
(35)安野真幸『バテレン追放令』一九八九年、一二四頁。
(36)松田毅一・川崎桃太訳『フロイス・日本史1』一九七七年、三五二―三五四頁。
(37)松田毅一監訳『十六・七世紀イエズス会日本報告集』第Ⅲ期第7巻　一九九四年、二一六頁。
(38)松田毅一・川崎桃太訳『フロイス・日本史1』一九七七年、三五九―三六一頁。
(39)『長崎叢書』（下）明治百年史叢書、一九七三年、五―七頁。
(40)「長崎根元記」新村出監修『海表叢書』巻四　一九二八年、六・七頁。
(41)岩生成一『鎖国』日本の歴史14、中央公論社、一九六六年、一〇九頁。
(42)岡本良知『十六世紀日欧交通史の研究　増訂版』一九四二年、四六八頁。
(43)岡本良知『十六世紀日欧交通史の研究　増訂版』一九四二年、四八六頁。
(44)松田毅一監訳『十六・七世紀イエズス会日本報告集』第Ⅰ期第1巻　一九八七年、三四頁。

(45) アビラ・ヒロン（佐久間正訳）『日本王国記』大航海時代叢書Ⅺ、一九六五年、一九二頁。
(46) 高瀬弘一郎編訳『イエズス会と日本一』大航海時代叢書第Ⅱ期6、一九八一年、八三・八四頁。
(47) 松田毅一・川崎桃太訳『フロイス・日本史1』一九七七年、二七五頁。
(48) 松田毅一監訳『十六・七世紀イエズス会日本報告集』第Ⅰ期第1巻　一九八七年、三三一頁。
(49) 松田毅一監訳『十六・七世紀イエズス会日本報告集』第Ⅰ期第1巻　一九八七年、一二六頁。
(50) 松田毅一監訳『十六・七世紀イエズス会日本報告集』第Ⅰ期第1巻　一九八七年、一六七頁、二四四―二四八頁、二五四―二五九頁。
(51) 松田毅一・川崎桃太訳『フロイス・日本史12』一九八〇年、一〇五頁。
(52)『長崎実録大成　正編』長崎文献叢書第一集第二巻、一九七三年、一一頁。
(53) 松田毅一監訳『十六・七世紀イエズス会日本報告集』第Ⅰ期第1巻　一九八七年、三〇八・三〇九頁。
(54) 松田毅一・川崎桃太訳『フロイス・日本史12』一九八〇年、一七六頁。
(55) 松田毅一・川崎桃太訳『フロイス・日本史12』一九八〇年、一八八―一九〇頁、一九四頁。
(56) 松田毅一監訳『十六・七世紀イエズス会日本報告集』第Ⅰ期第2巻　一九八七年、五六頁。
(57)『長崎虫眼鏡・長崎聞見集・長崎縁起略』長崎文献叢書第一集第五巻　一九七五年、一六頁。
(58) 純心女子短期大学長崎地方文化史研究所編『長崎拾芥　華蛮要言』一九八八年、五頁。
(59) 松田毅一監訳『十六・七世紀イエズス会日本報告集』第Ⅰ期第2巻　一九八七年、六〇頁。
(60) 長崎歴史文化博物館請求番号一三―一九八―一、「長崎記」
(61) 松田毅一・川崎桃太訳『フロイス・日本史12』一九八〇年、一八九・一九〇頁。
(62) 吉原健一郎「町年寄」『江戸町人の研究　第四巻』一九七五年。
(63) 幸田成友『江戸と大阪』一九三四年（冨山房百科文庫として一九九五年再刊）。
(64) 清水紘一「史料・長崎町年寄発端由緒書」『中央大学論集　第13号』一九九二年（「町年寄発端由緒書」旧長崎市立博物館三一〇―四四、現在長崎歴史文化博物館所蔵）
(65) 長崎歴史文化博物館請求番号　古賀文庫一三―三〇四、「後藤高島鴌三家系譜」

(66)「長崎根元記」新村出監修『海表叢書』巻四　一九二八年、三頁。
(67)『長崎虫眼鏡・長崎聞見集・長崎縁起略』長崎文献叢書第一集第五巻　一九七五年、八頁。
(68)「長崎建立幷諸記挙要」『日本都市生活史料集成六　港町篇Ⅰ』一九七五年、一八二頁。
(69)『長崎叢書』(下)明治百年史叢書、一九七三年、五頁。
(70)松田毅一監訳『十六・七世紀イエズス会日本報告集』第Ⅲ期第7巻　一九九四年、二一六頁。
(71)長崎歴史文化博物館請求番号　渡辺文庫一三―二一一、「古集記」
(72)松田毅一監訳『十六・七世紀イエズス会日本報告集』第Ⅰ期第1巻　一九八七年、二五九頁。
(73)松田毅一監訳『十六・七世紀イエズス会日本報告集』第Ⅰ期第1巻　一九八七年、三〇八頁。
(74)岩生成一「長崎代官村山等安の台湾遠征と遣明使」『台北帝国大学文政学部史学科研究年報』第一輯、一九三四年、三一七頁。
(75)J.L.ALVAREZ-TALADRIZ, FUENTES EUROPEAS SOBRE MURAYAMA TOAN (1562-1619)『天理大学学報　第一輯』一九六六年。
(76)J・L・アルバレス・タラドゥリース編註(佐久間正訳)「村山当安(一五六二―一六一九年)に関するヨーロッパの史料(一)」『日本歴史』第二三五号、一九六七年。
(77)『長崎実録大成正編』長崎文献叢書第一集第二巻、一九七三年、七頁。
(78)「長崎根元記」新村出監修『海表叢書』巻四　一九二八年、一二頁。
(79)『長崎縁起略記』(『続々群書類従第八　地理部』所収)一九七〇年、八三四頁。
(80)長崎歴史文化博物館請求番号一三―六一八、『長崎始由来記・長崎畧記』中のもの。
(81)『長崎港草』長崎文献叢書第一集第一巻、一九七三年、一三頁。
(82)アビラ・ヒロン『日本王国記』大航海時代叢書Ⅺ、一九六五年、四二四頁。
(83)清水紘一「史料・長崎町年寄発端由緒書」『中央大学論集　第13号』一九九二年、二頁。
(84)『通航一覧』第四、一九一三年、三四頁。
(85)香月薫平『長崎地名考　旧蹟之部』一八九三年、二頁。
(85)松田毅一・川崎桃太訳『フロイス・日本史9』一九七九年、三五二―三五七頁。

(86) 安野眞幸『都市論』一九九二年、一八六頁。
(87)『長崎県の地名』日本歴史地名大系43、平凡社、二〇〇一年、一三一頁。
(88) 野母崎町『野母崎町郷土誌　改訂版』一九八六年、二四六頁。
(89) 熊弘人『わが町の歴史散歩（2）』一九九六年、三八頁。
(90) 松田毅一・川崎桃太訳『フロイス・日本史10』一九七九年、二六三頁。
(91) 松田毅一監訳『十六・七世紀イエズス会日本報告集』第Ⅰ期第1巻　一九八七年、一六五・一六六頁。
(92) 松田毅一・川崎桃太訳『フロイス・日本史12』一九八〇年、一三頁。
(93) 松田毅一監訳『十六・七世紀イエズス会日本報告集』第Ⅲ期第4巻　一九九八年、一一八頁。
(94) 松田毅一監訳『十六・七世紀イエズス会日本報告集』第Ⅲ期第3巻　一九九八年、二六七頁。
(95) 松田毅一監訳『十六・七世紀イエズス会日本報告集』第Ⅰ期第2巻　一九八七年、五六頁。
(96)「イスパニヤ宣教師処刑史料」『長崎市史　通交貿易編　西洋諸国部』一九三五年、一—三七頁。
(97) 松田毅一『秀吉の南蛮外交—サン・フェリーペ号事件—』一九七二年。
(98) ルイス・フロイス（結城了悟訳）『日本二十六聖人殉教記』一九九五年。
(99) 松田毅一監訳『十六・七世紀イエズス会日本報告集』第Ⅰ期第3巻　一九八八年、三六・三七頁。
(100) 松田毅一監訳『十六・七世紀イエズス会日本報告集』第Ⅰ期第3巻　一九八八年、四五頁。
(101) モルガ（神吉敬三他訳）『フィリピン諸島誌』大航海時代叢書Ⅶ、一九六六年、一一〇・一一一頁。
(102) レオン・パジェス『日本廿六聖人殉教記』一九三一年、一二四・一四九頁。
(103) マイケル・クーパー『通辞ロドリゲス』一九九一年、一一〇頁。
(104) 松田毅一『秀吉の南蛮外交—サン・フェリーペ号事件—』一九七二年、二六七・二七〇・二七八頁。
(105) ルイス・フロイス『日本二十六聖人殉教記』一九九五年、二六・三三頁。
(106) 小瀬甫庵（吉田豊訳）『太閤記』教育社新書、一九八一年。
(107) 松田毅一監訳『十六・七世紀イエズス会日本報告集』第Ⅰ期第3巻　一九八八年、一二〇・一二九頁。
(108) 村上直次郎訳註『異国往復書翰集・増訂異国日記抄』一九二八年、九一・九二頁。

(109) 松田毅一監訳『十六・七世紀イエズス会日本報告集』第Ⅰ期第3巻 一九八八年、一五三頁。
(110) 『長崎県の地名』日本歴史地名大系43、平凡社、二〇〇一年、一〇九頁。
(111) 純心女子短期大学長崎地方文化史研究所編『長崎拾芥 華蛮要言』一九八八年、五頁。
(112) 「長崎建立并諸記挙要」『日本都市生活史料集成六 港町篇Ⅰ』一九七五年、一八二・一八三頁。
(113) 『長崎実録大成 正編』長崎文献叢書第一集第二巻、一九七三年、三一七頁、四頁。
(114) アビラ・ヒロン『日本王国記』大航海時代叢書Ⅺ、一九六五年、四一七—四一九頁。
(115) コリャド(井手勝美訳)『日本キリシタン教会史補遺』一九八〇年、二一九—二四五頁。
(116) 『長崎県の地名』日本歴史地名大系43、平凡社、二〇〇一年、一三八・一三九・一六九頁。
(117) 岡本良知『十六世紀日欧交通史の研究 増訂版』一九四二年、七一四頁。
(118) アビラ・ヒロン『日本王国記』大航海時代叢書Ⅺ、一九六五年、五六頁。
(119) 『長崎虫眼鏡・長崎聞見集・長崎縁起略』長崎文献叢書第一集第五巻 一九七五年、二八頁。
(120) 松田毅一監訳『十六・七世紀イエズス会日本報告集』第Ⅰ期第3巻 一九八八年、一七三頁。
(121) 木下杢太郎『えすぱにや・ぽるつがる記』一九二九年、三六二頁。
(122) 天理図書館『きりしたん版の研究』(富永先生古稀記念)一九七三年、二五頁。
(123) 松田毅一監訳『十六・七世紀イエズス会日本報告集』第Ⅰ期第4巻 一九八八年、二〇頁。
(124) 松田毅一監訳『十六・七世紀イエズス会日本報告集』第Ⅰ期第5巻 一九八八年、九頁。
(125) 松田毅一監訳『十六・七世紀イエズス会日本報告集』第Ⅰ期第4巻 一九八八年、一三・一四頁。
(126) 松田毅一監訳『十六・七世紀イエズス会日本報告集』第Ⅰ期第4巻 一九八八年、二九〇・二九一頁。
(127) 『通航一覧第四』一九一三年、四八頁。
(128) 松田毅一監訳『十六・七世紀イエズス会日本報告集』第Ⅰ期第4巻 一九八八年、一八〇頁。
(129) 「糸割符由緒書」『近世社会経済叢書第八巻』一九二七年、一一三・一一四頁。
(130) 高瀬弘一郎『キリシタン時代の研究』一九七七年、六〇〇頁。
(131) 「長崎初発書」『泉屋叢考』第拾輯、一九五八年、二頁。

(132)『長崎実録大成　正編』長崎文献叢書第一集第二巻、一九七三年、一一頁。
(133)清水紘一「長崎代官小笠原一庵について」『長崎談叢　第五十七輯』一九七五年、六八・六九頁。
(134)松田毅一監訳『十六・七世紀イエズス会日本報告集』第Ｉ期第5巻　一九八八年、一二九頁。
(135)「杏陰稿」『大日本史料第十二編之二十八』一九二七年、二一二頁。
(136)清水紘一「史料・長崎町年寄発端由緒書」『中央大学論集　第13号』一九九二年、三頁。
(137)長崎歴史文化博物館請求番号　古賀文庫一三―三一六、「由緒書後藤惣太郎」
(138)長崎歴史文化博物館請求番号一三―三七―一、「高嶋家由緒書　高嶋四郎太夫」
(139)「糸割符濫觴之次第御尋ニ付申上候書付」に慶長九年の糸割符年寄として、長崎は高木作右衛門・高木勘兵衛・高木彦左衛門・高嶋四郎兵衛があげられている。長崎歴史文化博物館請求番号一七―四七―一。
(140)ヨゼフ・フランツ・シュッテ編『大村キリシタン史料―アフォンソ・デ・ルセナの回想録』キリシタン文化研究シリーズ一二、一九七五年、一四八―一五〇頁。
(141)「長崎根元記」新村出監修『海表叢書』巻四　一九二八年、三九・四〇頁。
(142)藤野保・清水紘一編『大村見聞集』一九九四年、二六頁。
(143)『長崎古今集覧　上巻』長崎文献叢書第二集第二巻、一九七六年、七四頁。
(144)金井俊行編『増補長崎畧史』長崎叢書下、一九七三年、原本一九二六年、三四九頁。
(145)『長崎古今集覧　上巻』長崎文献叢書第二集第二巻、一九七六年、六八・六九頁。
(146)『徳川実紀　第一巻』一九八一年、三四三頁。
(147)矢野仁一『近世支那外交史』弘文堂書房、一九三〇年、一二頁。
(148)続群書類従完成会『當代記　駿府記』一九九五年、二六頁。
(149)高瀬弘一郎「一七世紀初頭におけるわが国のスペイン貿易」『史学』四五―一、一九七二年、『キリシタン時代の貿易と外交』（二〇〇二年）に所収。
(150)『通航一覧第四』一九一三年、五七八頁。
(151)五野井隆史「一六一〇年長崎沖におけるマードレ・デ・デウス号焼打に関する報告書」『キリシタン研究』第一六輯、

一九七六年、三〇四・三〇五・三二五頁。
(152) 『長崎市史　通交貿易編　西洋諸国部』一九三五年、二七六―二七九頁。
(153) 幸田成友『日欧通交史』(幸田成友著作集第三巻所収)一九七一年、一三九頁。
(154) 月洲「長谷川藤廣傳」『事実文編第四』一九一一年、四四一・四四二頁。
(155) 永積洋子『近世初期の外交』一九九〇年、一五頁。
(156) 村上直次郎訳註『異国往復書翰集・増訂異国日記抄』一九二八年、二三八―二四一頁。
(157) 村上直次郎訳註『異国往復書翰集・増訂異国日記抄』一九二八年、二四八―二五六頁。
(158) 高瀬弘一郎『キリシタン時代の貿易と外交』二〇〇二年、一〇〇―一〇五頁。
(159) 『通航一覧第四』一九一三年、五七二頁。
(160) 高瀬弘一郎編訳『イエズス会と日本一』大航海時代叢書第Ⅱ期6、一九八一年、三四三頁。
(161) 高瀬弘一郎『キリシタン時代の貿易と外交』二〇〇二年、九〇―九二頁。
(162) 『徳川実紀　第一巻』一九八一年、五五九頁。
(163) 『通航一覧第四』一九一三年、五八〇頁。
(164) 『徳川実紀　第一巻』一九八一年、五六三頁。
(165) 続群書類従完成会『當代記　駿府記』一九九五年、二三六・二三七頁。
(166) 『通航一覧第四』一九一三年、五八三―五八七頁。
(167) 高瀬弘一郎『キリシタン時代の貿易と外交』二〇〇二年、二一〇頁。
(168) 幸田成友『日欧通交史』(幸田成友著作集第三巻所収)一九七一年、一八一頁。
『大日本史料第十二編之十二』一九〇九年、四六三―四八七頁。
(169) 高瀬弘一郎『キリシタン時代の貿易と外交』二〇〇二年、二〇一頁。
(170) 高瀬弘一郎・岸野久『イエズス会と日本二』大航海時代叢書第Ⅱ期7、一九八八年、二五五頁。
(171) 高瀬弘一郎「長崎代官村山当安をめぐる一つの出来事」『日本歴史』四三三、一九八四年、七二―七五頁。
(172) 月洲「長谷川藤廣傳」『事実文編第四』一九一一年、四四一頁。

(173)「杏陰稿」『大日本史料第十二編之二十八』一九二七年、二一二頁。
(174)クラウディオ・ニエト『ドミニコ会の愛と受難』一九七二年、三五頁。
(175)佐久間正訳『福者アロンソ・デ・メーナO・P・書簡・報告』一九八二年、四八頁。
(176)佐久間正訳『福者トーマス・デル・エスピリトゥ・サント・デ・スマラガO・P・書簡・報告』一九八四年、四〇頁。
(177)佐久間正訳『福者フランシスコ・モラーレスO・P・書簡・報告』一九七二年、二二四―二二九頁。
(178)高瀬弘一郎編訳『イエズス会と日本一』大航海時代叢書第Ⅱ期6、一九八一年、三六七頁。
(179)幸田成友『日欧通交史』（幸田成友著作集第三巻所収）一九七一年、一〇六頁。
(180)『長崎市史　通交貿易編　西洋諸国部』一九三五年、二一八頁。
(181)トマス・オイテンブルク（石井健吾訳）『十六～十七世紀の日本におけるフランシスコ会士たち』中央出版社、一九八〇年、一五五頁。
(182)パチェコ・ディエゴ「長崎の教会」『長崎談叢』第五十八輯、一九七五年、一四頁。
(183)オルファネール（井手勝美訳）『日本キリシタン教会史』一九七七年、三五頁。
(184)レオン・パジェス（吉田小五郎訳）『日本切支丹宗門史』上巻、一九三八年、二九八頁。
(185)H・チースリク『キリシタン時代の邦人司祭』一九八一年、四二一―四二六頁。
(186)佐久間正訳『福者フランシスコ・モラーレスO・P・書簡・報告』一九七二年、二四八頁。
(187)高瀬弘一郎・岸野久『イエズス会と日本二』大航海時代叢書第Ⅱ期7、一九八八年、一三四頁。
(188)パチェコ・ディエゴ「長崎の教会」『長崎談叢』第五十八輯、一九七五年、八・九頁。
(189)佐久間正訳『福者アロンソ・デ・メーナO・P・書簡・報告』一九八二年、二五一頁。
(190)外山卯三郎『南蛮船貿易史』一九四三年、東光出版。
(191)モルガ『フィリピン諸島誌』大航海時代叢書Ⅶ、一九六六年。
(192)外山卯三郎『日葡貿易小史』一九四二年、若い人社。
(193)高瀬弘一郎・岸野久『イエズス会と日本二』大航海時代叢書第Ⅱ期7、一九八八年、三三二頁。
(194)五野井隆史『徳川初期キリシタン史研究』一九八三年、一二〇頁。

(195)『徳川実紀』(第一篇)吉川弘文館、一九八一年発行。

(196)『大日本史料』第十二編之十、一九〇七年、四―六頁。

(197)一六一二年一〇月一〇日付、長崎発、日本司教ルイス・セルケイラのイエズス会総会長宛書翰『イエズス会と日本二』一九八八年。

(198)一六一三年一月一二日付、長崎発信、ジョアン・ロドゥリーゲス・ジランのイエズス会総長宛、一六一二年度・日本年報『十六・七世紀イエズス会日本報告集』第Ⅱ期第1巻、一九九〇年。

(199)ロレンソ・ペレス(野間一正訳)『ベアト・ルイス・ソテーロ伝』一九六八年。

(200)セバスティアン・ヴィエイラのイエズス会総長宛、一六一三年度・日本年報『十六・七世紀イエズス会日本報告集』第Ⅱ期第2巻、一九九六年。

(201)ガブリエル・デ・マットスのイエズス会総長宛、一六一四年度・日本年報『十六・七世紀イエズス会日本報告集』第Ⅱ期第2巻、一九九六年。

(202)『徳川禁令考』前集第五、一九五九年、八〇・八一頁。

(203)一六一四年三月二一日付、長崎発、ガブリエル・デ・マトスのイエズス会総会長宛書翰『イエズス会と日本二』一九八八年、一三〇頁。。

(204)トマス・オイテンブルク『十六～十七世紀の日本におけるフランシスコ会士たち』一九八〇年、二一二頁。

(205)ペドゥロ・モレホン(佐久間正訳)『日本殉教録』一九七四年、七四頁。

(206)オスカー・ナホッド(富永牧太訳)『十七世紀日蘭交渉史』一九五六年、一〇八頁。

(207)五野井隆史『日本キリスト教史』吉川弘文館、一九九〇年、二〇五頁。

(208)アビラ・ヒロン『日本王国記』大航海時代叢書Ⅺ、一九六五年。

(209)二木謙一『大坂の陣』中公新書、一九八三年。

(210)続群書類従完成会『當代記　駿府記』一九九五年。

(211)『徳川実紀　第一巻』(増補新訂国史大系)一九六一年、六九〇頁。

(212)五野井隆史「禁制下の宣教者の動向と長崎」『徳川初期キリシタン史研究』一九八三年。

(213) オルファネール『日本キリシタン教会史』一九七七年。
(214) トマス・オイテンブルク『十六〜十七世紀の日本におけるフランシスコ会士たち』一九八〇年。
(215) アビラ・ヒロン『日本王国記』大航海時代叢書Ⅺ、一九六五年、四五四・四五五頁。
(216) ペドゥロ・モレホン（野間一正・佐久間正訳）『続日本殉教録』一九七三年、二五七頁。
(217) 純心女子短期大学長崎地方文化史研究所編『長崎拾芥　華蛮要言』一九八八年。
(218) J・L・アルバレス・タラドゥリース編註「村山当安（一五六二―一六一九年）に関するヨーロッパの史料（二）」『日本歴史』第二四五号、一九六八年。
(219) J・L・アルバレス・タラドゥリース編註「村山当安（一五六二―一六一九年）に関するヨーロッパの史料（一）」『日本歴史』第二三五号、一九六七年。
(220) 一六一七年三月二六日付、長崎発、ジェロニモ・ロドリーゲスのイエズス会総長宛書翰『イエズス会と日本二』一九八八年、二二六頁。
(221) 『日本関係海外史料　イギリス商館長日記』訳文編之上　一九七九年。
(222) 長崎歴史文化博物館請求番号一三―三七―一、「高嶋家由緒書　高嶋四郎太夫」
(223) 佐久間正訳『福者ハシント・オルファネールＯ・Ｐ・書簡・報告』一九八三年、一三七頁。
(224) 『日本関係海外史料　イギリス商館長日記』訳文編之下、一九八〇年、二二五頁。
(225) 佐久間正訳『福者ハシント・オルファネールＯ・Ｐ・書簡・報告』一九八三年、一一五・一一六頁。
(226) 『日本関係海外史料　イギリス商館長日記』訳文編之下、一九八〇年。
(227) 一六一九年二月一五日付、下発、フランシスコ・ヴィエイラのイエズス会総会長宛書翰『イエズス会と日本二』一九八八年、二三〇・二三一頁。
(228) 清水紘一「近世初頭長崎代官の一役割について―特に長谷川藤広を中心として―」『長崎談叢』第五十八輯、一九七五年。
(229) 石井良助校訂『徳川禁令考前集第四』二四六三、一九五九年、三五〇・三五一頁。
(230) 高瀬弘一郎・岸野久『イエズス会と日本二』大航海時代叢書第Ⅱ期7、一九八八年、二二六頁。
(231) 佐久間正訳『福者フランシスコ・モラーレスＯ・Ｐ・書簡・報告』一九七二年、一二四頁。

(232)高瀬弘一郎・岸野久『イエズス会と日本二』大航海時代叢書第Ⅱ期7、一九八八年、一三〇頁。
(233)J・L・アルバレス・タラドゥリース編註「村山当安（一五六二―一六一九年）に関するヨーロッパの史料（二）」『日本歴史』第二四五号、一九六八年、八八頁。
(234)オルファネール『日本キリシタン教会史』一九七七年、二四五、二五〇頁。
(235)「貞享高木作右衛門書上」『通航一覧第五』巻百九十三、一九一三年、一六二頁。
(236)長崎歴史文化博物館請求番号　渡辺文庫一三―四八、「由緒書　親類書　遠類書　会所調役高木清右衛門」
(237)長崎歴史文化博物館請求番号一三―三七―一、「高嶋家由緒書　高嶋四郎太夫」
(238)原田博二「長崎の高木家（作右衛門系・彦右衛門系）の家系について（一）」『長崎談叢』九八、二〇一〇年、一五頁。
(239)越中哲也「町年寄代官高木家系譜考（上）」『長崎談叢』六一、一九七八年、六一頁。
(240)長崎歴史文化博物館請求番号　渡辺文庫一三―一五三、「由緒書　高木作右衛門」
(241)「貞享高木作右衛門書上」『通航一覧第五』巻百九十三、一九一三年、一六二頁。
(242)J・L・アルバレス・タラドゥリース編註「村山当安（一五六二―一六一九年）に関するヨーロッパの史料（一）」『日本歴史』第二三五号、一九六七年、八六頁。
(243)越中哲也「町年寄代官高木家系譜考（上）」『長崎談叢』六一、一九七八年、六三・六四頁。
(244)中田易直・中村質校訂『崎陽群談』一九七四年、一一頁。
(245)「長崎建立幷諸記挙要」『日本都市生活史料集成六　港町篇Ⅰ』一九七五年、一八二頁。
(246)長崎歴史文化博物館請求番号一三―六一八、『長崎始由来記』
(247)盧驥「長崎先民傳」『海色第壱輯』一九三七年、二二頁。
(248)渡辺庫輔「去来とその一族」『向井去来』一九五三年、五二八・五二九頁。
(249)オルファネール『日本キリシタン教会史』一九七七年、二七三、二七八頁。
(250)『徳川実紀第二編』（増補新訂国史大系）一九八一年、一七五頁。
(251)オルファネール『日本キリシタン教会史』一九七七年、二八七、二九六頁。
(252)J・L・アルバレス・タラドゥリース編註「村山当安（一五六二―一六一九年）に関するヨーロッパの史料（一）」『日

本歴史』第二三五号、一九六七年、八七頁。
(253) オルファネール『日本キリシタン教会史』一九七七年、二七三、二七八頁。
(254) 永積洋子『近世初期の外交』一九九〇年、一一頁。
(255) 『日本関係海外史料　イギリス商館長日記』訳文編之上、一九七九年、一九七、二〇一頁。
(256) 「六本長崎記」『通航一覧第五』巻百九十三、一九一三年、一六三頁。
(257) 『長崎実録大成　正編』長崎文献叢書第一集第二巻、一九七三年、一二〇―一三九頁。
(258) 長崎市役所『長崎市史地誌編　仏寺部上下』一九二三年。
(259) 長崎市役所『長崎市史地誌編　仏寺部上』一九二三年、三一九、三五二頁。
(260) オルファネール『日本キリシタン教会史』一九七七年、三〇二頁。
(261) 姉崎正治『切支丹迫害史中の人物事蹟』姉崎正治著作集第四巻、一九七六年（一九三〇年初版）、四九七―五四〇頁。
(262) 高瀬弘一郎・岸野久『イエズス会と日本二』大航海時代叢書第Ⅱ期7、一九八八年、二二六頁。
(263) 高瀬弘一郎・岸野久『イエズス会と日本二』大航海時代叢書第Ⅱ期7、一九八八年、二三三頁。
(264) H・チースリク『キリシタン時代の邦人司祭』一九八一年、二六頁。
(265) コリャド（井手勝美訳）『日本キリシタン教会史補遺』一九八〇年、六六―七一頁、および二一九―二三一頁。
(266) ホセ・デルガード・ガルシーアO・P・編註（佐久間正訳）『福者フランシスコ・モラーレスO・P・書簡・報告』一九七二年、一五九頁。

(267) オルファネール『日本キリシタン教会史』一九七七年、二九〇頁。
(268) 佐久間正訳『福者アロンソ・デ・メーナO・P・書簡・報告』一九八二年、二四二頁。
(269) コリャド（井手勝美訳）『日本キリシタン教会史補遺』一九八〇年、七〇、二二二頁。
(270) コリャド（井手勝美訳）『日本キリシタン教会史補遺』一九八〇年、八〇頁―八三頁。
(271) 『日本関係海外史料　イギリス商館長日記』訳文編之下　一九七九年、八六五頁。
(272) 永積洋子・武田万里子『平戸オランダ商館・イギリス商館日記』一九八一年、三〇四頁。
(273) ディエゴ・パチェコ（佐久間正訳）『鈴田の囚人―カルロス・スピノラの書翰』一九六七年、一五七頁。

（274）『日本関係海外史料　イギリス商館長日記』訳文編之下　一九七九年、八七九頁。
（275）コリャド（井手勝美訳）『日本キリシタン教会史補遺』一九八〇年、一三二―一四三頁。
（276）コリャド（井手勝美訳）『日本キリシタン教会史補遺』一九八〇年、一五三頁。
（277）レオン・パジェス（吉田小五郎訳）『日本切支丹宗門史』中巻、一九三八年、二二九頁。
（278）コリャド（井手勝美訳）『日本キリシタン教会史補遺』一九八〇年、一六二―一六六頁。
（279）聖ドミニコ修道会『信仰の血証し人』一九八八年、一〇五―一〇八頁。
（280）コリャド（井手勝美訳）『日本キリシタン教会史補遺』一九八〇年、三二頁。
（281）オルファネール『日本キリシタン教会史』一九七七年、二五二頁。
（282）コリャド（井手勝美訳）『日本キリシタン教会史補遺』一九八〇年、一六五―一六七頁。
（283）『大日本史料』第十二編之四十六、一九七三年、二一七―二二五頁。
（284）コリャド（井手勝美訳）『日本キリシタン教会史補遺』一九八〇年、一七八―一九三頁。
（285）『大日本史料』第十二編之四十六、一九七三年、二二八頁。
（286）コリャド（井手勝美訳）『日本キリシタン教会史補遺』一九八〇年、一七九・一八〇、一九三・一九四頁。
（287）『大日本史料』第十二編之四十六、一九七三年、三四四、三七六―三七九頁。
（288）『大日本史料』第十二編之四十六、一九七三年、四三六―四四〇頁。
（289）レオン・パジェス『日本切支丹宗門史』中巻、一九三八年、二三四・二三五、二六六頁。
（290）コリャド（井手勝美訳）『日本キリシタン教会史補遺』一九八〇年、一八一、一九四・一九五頁。
（291）『大日本史料』第十二編之四十六、一九七三年、三八四―三八六頁。
（292）聖ドミニコ修道会『信仰の血証し人』一九八八年、二八二・二八三頁。
（293）コリャド（井手勝美訳）『日本キリシタン教会史補遺』一九八〇年、二九―三一頁。
（294）佐久間正訳『ディエゴ・デ・サン・フランシスコ報告・書簡集』一九七一年、一一五―一二七頁。
（295）宮崎賢太郎『カルロ・スピノラ伝』一九八五年。
（296）ディエゴ・パチェコ『鈴田の囚人―カルロス・スピノラの書翰』一九六七年、七九、九二頁。

(297) レオン・パジェス『日本切支丹宗門史』中巻、一九三八年、二三七頁。
(298) 聖ドミニコ修道会『信仰の血証し人』一九八八年、八〇―八四頁。
(299) 佐久間正訳『福者ホセ・デ・サン・ハシント・サルバネスO・P・書簡・報告』一九七六年。
(300) 佐久間正訳『福者ハシント・オルファネールO・P・書簡・報告』一九八三年。
(301) コリャド（井手勝美訳）『日本キリシタン教会史補遺』一九八〇年、一六三頁。
(302) H・チースリク『キリシタン時代の邦人司祭』一九八一年、一七―三〇頁。
(303)『大日本史料』第十二編之四十六、一九七三年、四四七―四五二頁。
(304) レオン・パジェス『日本切支丹宗門史』中巻、一九三八年、二三九頁。
(305) トマス・オイテンブルク『十六～十七世紀の日本におけるフランシスコ会士たち』一九八〇年、二九九―三〇三頁。
(306) コリャド（井手勝美訳）『日本キリシタン教会史補遺』一九八〇年、一六二・一六三、一六八頁。
(307) 佐久間正訳『福者アロンソ・デ・メーナO・P・書簡・報告』一九八二年。
(308) 佐久間正訳『福者フランシスコ・モラーレスO・P・書簡・報告』一九七二年。
(309) 佐久間正訳『ディエゴ・デ・サン・フランシスコ報告・書簡集』一九七一年、一一六・一一七頁。
(310) レオン・パジェス『日本切支丹宗門史』中巻、一九三八年、一五一・一五二、一六三・一六四頁。
(311) レオン・パジェス『日本切支丹宗門史』中巻、一九三八年、一七三、一九一頁。
(312) コリャド（井手勝美訳）『日本キリシタン教会史補遺』一九八〇年、一四一、一六〇頁。
(313) コリャド（井手勝美訳）『日本キリシタン教会史補遺』一九八〇年、一六八・一六九、一九五頁。
(314)『大日本史料』第十二編之四十六、一九七三年、四四二・四四三頁。
(315) 佐久間正訳『ディエゴ・デ・サン・フランシスコ報告・書簡集』一九七一年、一二七、一三〇頁。
(316) コリャド（井手勝美訳）『日本キリシタン教会史補遺』一九八〇年、一六九・一七〇頁。
(317)『大日本史料』第十二編之四十六、一九七三年、三七九―三八四頁。
(318) 聖ドミニコ修道会『信仰の血証し人』一九八八年、二七八・二七九頁。
(319) コリャド（井手勝美訳）『日本キリシタン教会史補遺』一九八〇年、一七〇・一七一頁。

(320) レオン・パジェス『日本切支丹宗門史』中巻、一九三八年、二四二、二五八頁。
(321) コリャド(井手勝美訳)『日本キリシタン教会史補遺』一九八〇年、一七五・一七六頁。
(322) 佐久間正訳『福者トーマス・デル・エスピリトゥ・サント・デ・スマラガO・P・書簡・報告』一九八四年。
(323) トマス・オイテンブルク『十六~十七世紀の日本におけるフランシスコ会士たち』一九八〇年、二九四―二九九頁。
(324) コリャド(井手勝美訳)『日本キリシタン教会史補遺』一九八〇年、一七六・一七七頁。
(325) コリャド(井手勝美訳)『日本キリシタン教会史補遺』一九八〇年、一九七―二〇九頁。
(326) 長崎歴史文化博物館請求番号一三―三七―一、「高嶋家由緒書 高嶋四郎太夫」
(327) 姉崎正治『切支丹迫害史中の人物事蹟』姉崎正治著作集第四巻、一九七六年(一九三〇年初版)、五一三―五一七頁。
(328) 『日本関係海外史料 イギリス商館長日記』訳文編之下 一九八〇年、二頁。
(329) 金井俊行編『増補長崎畧史』長崎叢書下、一九七三年、明治百年史叢書、六〇〇頁。
(330) 長崎歴史文化博物館請求番号 古賀文庫一三―三〇四、「後藤高島兪三家系譜」
(331) 藤井譲治「秀忠大御所時代の〝上意〟と年寄制」『日本政治社会史研究』下、岸俊男教授退官記念会編、一九八五年、四三四頁。
(332) 松田毅一監訳『十六・七世紀イエズス会日本報告集』第Ⅱ期第3巻、一九九七年、二一六頁。
(333) フーベルト・チスリク「江戸の大殉教」『キリシタン研究』第四輯、一九五七年、五五・五六頁。
(334) 松田毅一監訳『十六・七世紀イエズス会日本報告集』第Ⅱ期第3巻、一九九七年、二五〇―二五五頁。
(335) 松田毅一監訳『十六・七世紀イエズス会日本報告集』第Ⅱ期第3巻、一九九七年、二六九、二七二・二七三頁。
(336) フランソア・カロン(幸田成友訳)『日本大王国志』東洋文庫九〇、一九六七年、一九七頁。
(337) 和田萬吉『モンタヌス日本誌』一九二五年、二六七・二六八頁。
(338) 中田易直・中村質校訂『崎陽群談』一九七四年、一一頁。
(339) 『徳川実紀 第二巻』(増補新訂国史大系)、一九八一年、一七二、四三五、四五四頁。
(340) 『新訂寛政重修諸家譜』第八、一九六五年、一〇一頁。
(341) 『新訂寛政重修諸家譜』第二、一九六四年、一九七頁。
(342) 『新訂寛政重修諸家譜』第六、一九六四年、五一・五二頁。

(343)『新訂寛政重修諸家譜』第一、一九六四年、一二四頁。
(344)『新訂寛政重修諸家譜』第十五、一九六五年、一三三頁。
(345)『続徳川実紀　第一巻』（増補新訂国史大系）、一九八二年、五八一頁。
(346)フランソア・カロン（幸田成友訳）『日本大王国志』東洋文庫九〇、一九六七年、一九七・一九八頁。
(347)ジァン・クラセ（太政官訳）『日本西教史』下、一九二六年、一〇二九―一〇四八頁。
(348)レオン・パジェス（吉田小五郎訳）『日本切支丹宗門史』下巻、一九四〇年、三一―四一頁。
(349)佐久間正訳『ディエゴ・デ・サン・フランシスコ報告・書簡集』一九七一年、一九五頁。
(350)レオン・パジェス『日本切支丹宗門史』下巻、一九四〇年、二〇・二一頁。
(351)ジァン・クラセ（太政官訳）『日本西教史』下、一九二六年、一〇三四頁。
(352)レオン・パジェス『日本切支丹宗門史』下巻、一九四〇年、二二頁。
(353)レオン・パジェス『日本切支丹宗門史』上巻、一九三八年、四一三頁。
(354)レオン・パジェス『日本切支丹宗門史』中巻、一九三八年、二八・二九頁。
(355)レオン・パジェス『日本切支丹宗門史』下巻、一九四〇年、二一頁。
(356)レオン・パジェス『日本切支丹宗門史』下巻、一九四〇年、二一、五四頁。
(357)レオン・パジェス『日本切支丹宗門史』下巻、一九四〇年、三〇、五四・五五頁。
(358)レオン・パジェス『日本切支丹宗門史』下巻、一九四〇年、三六・三七頁。
(359)ジァン・クラセ（太政官訳）『日本西教史』下、一九二六年、一〇四二・一〇四三頁。
(360)ジァン・クラセ（太政官訳）『日本西教史』下、一九二六年、一〇四七・一〇四八頁。
(361)フランソア・カロン（幸田成友訳）『日本大王国志』東洋文庫九〇、一九六七年、一九八・一九九頁。
(362)佐久間正訳『ディエゴ・デ・サン・フランシスコ報告・書簡集』一九七一年、一九四頁。
(363)佐久間正訳『ディエゴ・デ・サン・フランシスコ報告・書簡集』一九七一年、一九五・一九六頁。
(364)佐久間正訳『ディエゴ・デ・サン・フランシスコ報告・書簡集』一九七一年、二〇四・二〇五頁。
(365)ジァン・クラセ（太政官訳）『日本西教史』下、一九二六年、一〇五三・一〇五四頁。

(366) 林銑吉『島原半島史』上巻、一九五四年、九二一頁。
(367) ジァン・クラセ（太政官訳）『日本西教史』下、一九二六年、一〇五四―一〇五七頁。
(368) ジァン・クラセ（太政官訳）『日本西教史』下、一九二六年、一〇五八―一〇六二頁。
(369) レオン・パジェス『日本切支丹宗門史』下巻、一九四〇年、七〇・七一頁。
(370) レオン・パジェス『日本切支丹宗門史』下巻、一九四〇年、七二―七八頁。
(371) 結城了悟「長崎における最後のキリシタン乙名」『長崎談叢』六九、一九八四年、一―五頁。
(372) 永積洋子訳『平戸オランダ商館の日記第一輯』一九六九年、四五頁。
(373) レオン・パジェス『日本切支丹宗門史』下巻、一九四〇年、六三頁。
(374) 佐久間正訳『ディエゴ・デ・サン・フランシスコ報告・書簡集』一九七一年、二一〇頁。
(375) レオン・パジェス『日本切支丹宗門史』下巻、一九四〇年、六三頁。
(376) フランソア・カロン（幸田成友訳）『日本大王国志』東洋文庫九〇、一九六七年、二〇二―二〇五頁。
(377) レオン・パジェス『日本切支丹宗門史』下巻、一九四〇年、八三頁。
(378) 岡本哲男訳『信仰の血証し人』一九八八年、二六七・二六八、二七〇、二七六頁。
(379) トマス・オイテンブルク（石井健吾訳）『十六～十七世紀の日本におけるフランシスコ会士たち』一九八〇年、三二一―三二五頁。
(380) 佐久間正訳『ディエゴ・デ・サン・フランシスコ報告・書簡集』一九七一年、二〇九頁。
(381) トマス・オイテンブルク（石井健吾訳）『十六～十七世紀の日本におけるフランシスコ会士たち』一九八〇年、三二五頁。
(382) H・チースリク『キリシタン時代の邦人司祭』一九八一年、一一七―一三〇頁。
(383) 和田萬吉訳『モンタヌス日本誌』一九二五年、二七二頁。「謫（たく）す」を現代風に「配流す」と変えた。
(384) フランソア・カロン（幸田成友訳）『日本大王国志』東洋文庫九〇、一九六七年、二〇三頁。
(385) 永積洋子訳『平戸オランダ商館の日記第一輯』一九六九年、八四頁。
(386) 外山卯三郎『日葡貿易小史』一九四二年、一六九頁。
(387) 長崎歴史文化博物館請求番号　古賀文庫一三―三〇四、「後藤高島兪三家系譜」

(388) 石井良一『武雄史』一九五六年、五九八、六〇二頁。
(389) 長崎歴史文化博物館請求番号　古賀文庫一三―一三一六。
(390) 清水紘一「史料・長崎町年寄発端由緒書」『中央大学論集　第13号』一九九二年。
(391) 長崎歴史文化博物館請求番号　渡辺文庫一三―八一。
(392) 天理図書館『きりしたん版の研究』(富永先生古稀記念)、一九七三年。
(393) 木下杢太郎『えすぱにや・ぽるつがる記』一九二九年、三六二―三六四頁。
(394) 村上直次郎訳註『異国往復書翰集・増訂異国日記抄』一九二八年、二八五・二九三頁。
(395) 岩生成一『朱印船貿易史の研究』一九五八年、三五一頁。
(396) 岩生成一「長崎の町年寄後藤庄左衛門伝補遺―初期長崎銀座の機能についての一考察」『日本大学史学会研究彙報第五・六輯』一九六四年、一―九頁。
(397) 『日本関係海外史料　イギリス商館長日記』訳文編之下、一九八〇年、二、二四七、二五一、二五六・二五七、二六五、三〇九、六四四頁。
(398) 結城了悟「長崎における最後のキリシタン乙名」『長崎談叢』六九、一九八四年、一―五頁。
(399) レオン・パジェス『日本切支丹宗門史』下巻、一九四〇年、六二・六三頁。
(400) 永積洋子訳『平戸オランダ商館の日記第一輯』一九六九年、四五頁。
(401) フランソア・カロン(幸田成友訳)『日本大王国志』東洋文庫九〇、一九六七年、二〇二―二〇五頁。
(402) 『徳川実紀　第二巻』(増補新訂国史大系)、一九八一年、四三五・四三六頁。
(403) H・チースリク『キリシタン時代の邦人司祭』一九八一年、四三二頁。
(404) 純心女子短期大学長崎地方文化史研究所編『長崎拾芥　華蛮要言』一九八八年。
(405) 森永種夫校訂『長崎古今集覧上巻』一九七六年、六六二・六六三頁。
(406) 海老沢有道『増訂切支丹史の研究』一九七一年、五三頁。
(407) 金井俊行編『増補長崎畧史』長崎叢書下、一九七三年、明治百年史叢書。
(408) 武野氏が主張している訳ではないが、武野要子「貿易都市長崎の建設と町政組織」『福岡大学商学論叢』第二一巻一号、一九七六年、六六頁に記述がある。

(409)『日本関係海外史料　イギリス商館長日記』訳文編之下　一九八〇年、および訳文編附録（下）総索引、一九八二年。

(410)レオン・パジェス『日本切支丹宗門史』下巻、一九四〇年、三一、四五、二一〇、二三一・二三二頁。

(411)姉崎正治『切支丹迫害史中の人物事蹟』一九三〇年、一・二、五一六頁。

(412)姉崎正治『切支丹伝道の興廃』一九三〇年、六三八頁。

(413)片岡弥吉『日本キリシタン殉教史』一九七九年、一六七、一六九頁。

(414)長崎文献社『長崎事典　歴史編』一九八二年、二七七頁。

(415)長崎歴史文化博物館請求番号　古賀文庫一三―三〇四、「後藤高島兪三家系譜」

(416)J・L・アルバレス・タラドゥリース編註（佐久間正訳）「村山当安（一五六二―一六一九年）に関するヨーロッパの史料（一）」『日本歴史』第二三五号、一九六七年。

(417)姉崎正治『切支丹迫害史中の人物事蹟』一九三〇年、五一三―五一七頁。

(418)「長崎建立并諸記挙要」『日本都市生活史料集成六　港町篇I』一九七五年、一八五・一八六頁。

(419)高木家の系図については、長崎歴史文化博物館所蔵「藤家高木氏系図」（オリジナル番号、市博歴史資料　家系1）が、最も包括的な系図である。

(420)フランソア・カロン（幸田成友訳）『日本大王国志』東洋文庫九〇、一九六七年、二〇三・二〇四頁。

(421)佐久間正訳『ディエゴ・デ・サン・フランシスコ報告・書簡集』一九七一年、二二六・二二七頁。

(422)トマス・オイテンブルク（石井健吾訳）『十六～十七世紀の日本におけるフランシスコ会士たち』一九八〇年、三二五―三三一頁。

(423)岡本哲男訳『信仰の血証し人』一九八八年、一三九―一四九、二六八、二七二―二七四頁。

(424)佐久間正訳『ディエゴ・デ・サン・フランシスコ報告・書簡集』一九七一年、二三一頁。

(425)レオン・パジェス『日本切支丹宗門史』下巻、一九四〇年、一〇二・一〇三頁。

(426)『徳川実紀　第二巻』（増補新訂国史大系）、一九八一年、四三五・四三六頁。

(427)レオン・パジェス『日本切支丹宗門史』下巻、一九四〇年、一三三頁。

(428)『新訂寛政重修諸家譜』第六、一九六四年、三〇六頁。

(429)フランソア・カロン（幸田成友訳）『日本大王国志』東洋文庫九〇、一九六七年、二〇五頁。この中でライエル・ハイスベルツは「彼は豊後の大名で、領地を受けるまでは前奉行同様皇帝の直臣であった」と記す。

(430)『徳川実紀　第二巻』（増補新訂国史大系）、一九八一年、一六八、四三四、五三三、五三八頁。

(431)半田康夫「豊後の切支丹」『切支丹風土記九州編』一九六〇年、四六・四七頁。

(432)レオン・パジェス『日本切支丹宗門史』下巻、一九四〇年、一三四頁。

(433)純心女子短期大学長崎地方文化史研究所編『長崎拾芥　華蛮要言』一九八八年、四五頁。

(434)寛永六年の時点で、片側二軒ずつの家族が対象になっていたかどうかはわからないが、例えば寛永四年七月十七日（一六二七年八月十七日）に長崎で斬首されたフランシスコ会の会員七名のうち、ミカエル・キザエモンやルイス・マンゾー・ソエモン及びその妻子は、宣教師を匿った宿主の隣人として処刑された（レオン・パジェス『日本切支丹宗門史』下巻、一九四〇年、九一・九二頁）。

(435)フランソア・カロン（幸田成友訳）『日本大王国志』東洋文庫九〇、一九六七年、二〇六―二〇八頁。

(436)穂積陳重編『五人組制度論』一九二一年、八三頁。

(437)踏絵の始まりには二説ある。『長崎港草』では「踏絵ノ始マリシハ寛永五戊辰ノ年水野君ノ御時ニ轉ビノ者ヲ試ン爲メ切支丹ノ尊信スル掛物ノ絵像ヲ以テ之ヲ踏マセラル翌年竹中氏掛物幷ニ鋳物ノ銅像ノアルヲ版ニ彫リ入レ広ク諸人ニコレヲ踏セラル」とし、『六本長崎記』では「右同年（寛永六年）には踏絵と云事も始る、今の踏絵の形成物を、紙に書き踏せしとなり」（『通航一覧第五』一六四頁）とする。おそらく、水野時代に試みに踏絵が行なわれ、寛永六年の竹中の時に、轉びの最終確認として本格的に使用され、「紙に書き踏せ」たのだろう。そして竹中が奉行であった期間において、鋳物の銅像が発案されたのだろう。

(438)レオン・パジェス『日本切支丹宗門史』下巻、一九四〇年、一三四―一四〇頁。

(439)ジァン・クラセ（太政官訳）『日本西教史』下、一九二六年、一一〇二―一一〇四頁。

(440)フランソア・カロン（幸田成友訳）『日本大王国志』東洋文庫九〇、一九六七年、二〇七―二〇九頁。

(441)レオン・パジェス『日本切支丹宗門史』下巻、一九四〇年、一三五―一四〇頁。

(442)『長崎港草』長崎文献叢書第一集第一巻、一九七三年、二七頁。
(443)ジァン・クラセ（太政官訳）『日本西教史』下、一九二六年、一一一四頁。
(444)和田萬吉訳『モンタヌス日本誌』一九二五年、二七五頁。
(445)姉崎正治『切支丹伝道の興廃』一九三〇年、六一五・六一六頁。
(446)フランソア・カロン（幸田成友訳）『日本大王国志』東洋文庫九〇、一九六七年、一五七・一五八頁。
(447)レオン・パジェス『日本切支丹宗門史』下巻、一九四〇年、二四六・二四七頁。
(448)『六本長崎記』（『通航一覧第五』所収、一九一三年）一六三・一六四頁。
(449)フランソア・カロン（幸田成友訳）『日本大王国志』東洋文庫九〇、一九六七年、二〇九・二一〇、二一七頁。
(450)『長崎県史　史料編第三』一九六六年、二二五頁。
(451)助野健太郎『島原の乱』一九六七年、一八〇・一八一頁。
(452)『耶蘇天誅記』（林銑吉編『島原半島史　中巻』所収、一九五四年）八七八・八七九頁。
(453)『長崎古今集覧　上巻』長崎文献叢書第二集第二巻、一九七六年、六七八・六七九頁。
(454)『佐野彌七左衛門覚書』（林銑吉編『島原半島史　中巻』所収、一九五四年）七四頁。
(455)助野健太郎『島原の乱』一九六七年、四四〇頁。
(456)『長崎実録大成　正編』長崎文献叢書第一集第二巻、一九七三年、三五頁。
(457)『日本都市生活史料集成六　港町篇Ⅰ』一九七五年、二五三―二七七頁。
(458)『寛宝日記と犯科帳』長崎文献叢書第二集第五巻、一九七七年、九四頁。
(459)『長崎鏡』（『長崎遺響』所収、一九四三年）二四頁。
(460)長崎歴史文化博物館請求番号　古賀文庫一三―三〇二『長崎旧記』
(461)佐久間正訳『ディエゴ・デ・サン・フランシスコ報告・書簡集』一九七一年、二四七頁。

# 第Ⅱ部

## 附考　キリスト教会の瓦

——長崎と鹿児島の花形十字文軒丸瓦を中心として——

# はじめに

近世初期の長崎の教会で屋根瓦を使用した時期があったのは確実である。慶長十九年（一六一四）に長崎の大部分の教会が破壊されるが、その時の情況をドミニコ会のオルファネール『日本キリシタン教会史』[1]には、「この光景は確かに最後の審判のごとく、破壊と騒音に明け暮れるばかりであった。板を取り外し瓦を投げ壁を壊す音ばかりが聞こえ、それがキリシタンの心中を突き刺した」と記す。オルファネールは、その時（一六一四年十一月三日から十七日まで）長崎港の船の中にいたが、ドミニコ会のアロンソ・デ・メーナは村山等安の屋敷内の三男秋安の家に身を匿しており、後に大村の鈴田の牢で『日本キリシタン教会史』を共に完成させているから、上述の記述は信用できると考えてよい。即ち、一六一四年に破壊された九つの長崎の教会のうち、全部が瓦葺きであったかどうかは不明だが、大部分の教会が瓦葺きであった可能性は高いのである。

そして教会であるから、建物の棟には金属製の大形十字架が立てられたであろうが、一五九六年度イエズス会日本報告では、宇喜多左京殿（坂崎直盛）が造った宮殿の「正面と棟」には「金めっきの十字架が建てられるよう命じた」[2]とあり、このような大形十字架で教会の建物であることを明示したであろう。

この教会の建物の屋根には、丸瓦・平瓦・軒丸瓦・軒平瓦を重ね合わせて葺きあげたが、教会を特徴づける瓦は軒丸瓦にみられる十字架の文様をもつ瓦である。

軒丸瓦に十字架の文様を用いるのは、長崎の諸例の他、長崎の諸例と同時期の福岡県秋月城跡出土例（カルワリオ十字文）があるが、ある年代以降、長崎の教会では「花十字」と現代の研究者が呼ぶ文様が多用されるようになる。

この「花十字」という呼称は、主としてキリシタン墓碑の研究の過程で呼称されたもので、主に肥前の諸例を「花十字」・「花形十字」（浜田耕作「日本キリシタン遺物」[3] 一九四〇年）、「花十字（イ）型」・「花十字（ロ）型」「花十字（ハ）型」（片岡弥吉「長崎県下キリシタン墓碑総覧」[4] 一九四二年）、「クローバー十字紋」・「花十字紋」（片岡弥吉「キリシタン墓碑」[5] 一九七九年）と呼ばれ、分類されてきた。浜田（一九四〇年）や片岡（一九四二年、一九七九年）の花十字・花形十字の分類は不明な点が多く、そのままでは使えないが、「花弁大」のもの（花十字（イ）型）で「十字架全体が花形」のものを「花十字」と呼び、十字架先端の「花弁短小なるもの」（花十字（ロ）型）を、「花形十字」・「クローバー十字紋」と呼んだもののようである。

全体を「花十字」と呼び、（イ）・（ハ）と（ロ）に分類するか、あるいは「花形十字」と呼びⅠ・Ⅱに分類するかであるが、本論考では後者をとり、花形十字Ⅰ・花形十字Ⅱと分類し、花形十字Ⅰは「花十字」を意味し、花形十字Ⅱを「花形十字」を意味するものとした。そうした理由の第一は、文様の一番の根本は十字架の十字の形なのであって、花形の文様は二番目に示す特徴なのであるから、花形をした十字、即ち「花形十字」が基本であり、そのうち花形がより大きくなり拡大されて、あたかも「十字架全体が花形」になったものを「花十字」と呼ぶ方が、理にかなっているからである。

理由の第二は、長崎の軒丸瓦の文様は、「花十字」より「花形十字」の方が種類も量も多いからである。これが長崎県下のキリシタン墓碑と長崎の軒丸瓦文様の異なる所である。

即ち、キリシタン墓碑＝「花形十字Ⅰ」＝「花十字」が多い。

長崎の軒丸瓦文様＝「花形十字Ⅱ」＝「花形十字」が多いということであり、少なくとも軒丸瓦文様の細分については「花形十字」と称した方がよいと思うのである。この点は、第一章でより具体的に説明していきたい。

次に第二章では、長崎の各教会の創立・存続年代を確認し、各教会の瓦葺年代を考える。

第三章では、長崎の各教会の地図上の位置を確認し、教会跡およびその近くに、どの種の花形十字文軒丸瓦が出土しているかを明らかにする。

第四章においては、長崎の花形十字文軒丸瓦の年代が一六〇〇年から一六一四年の間にある事を明らかにし、イエズス会では主として花十字文軒丸瓦（花形十字文軒丸瓦Ⅰ）を使うのに対し、ドミニコ会・フランシスコ会の教会および教区の教会では花形十字文軒丸瓦（花形十字文軒丸瓦Ⅱ）を使っている。

後者の教会群は、長崎代官村山等安から資金援助を受けており、これらスペイン系托鉢修道会の活動が長崎の一六〇九年～一六一四年において最も盛んであり、花形十字文軒丸瓦の種類と量の多さは、この時期の長崎の性格を最も良く語っているのである。

即ち一六一四年以降、日本の司教座をめぐる長崎でのキリスト教会の分裂が起こるが、花形十字文軒丸瓦（花形十字文）は、反イエズス会系のサント・ドミンゴ教会、サン・フランシスコ教会、山のサンタ・マリア教会、サン・ペドロ教会で使用されていた事を明らかにする。

第五章では、鹿児島城二之丸跡から、長崎の花形十字文軒丸瓦と同笵の軒丸瓦が出土しており、これは長崎から運ばれた瓦であると考える。二之丸の場所に十字架の文様を描く瓦を葺きあげた建物を作っているのは、城主の近親者かあるいは重役級の家臣のうちのいずれかに、強い信仰心を持つキリシタンが存在した事を示し、それに該当する人物は、後の藩主である島津久光の母（桂安夫人）の母親、堅野の御祖母様、即ち永俊尼であり、イエズス会一六二四年日本報告にみえるカタリーナであるとの見解を示し、カタリーナの信仰、小西行長との関係、長崎との関係について概観する。

最後に、第七章では花形十字文軒丸瓦と組み合う軒丸瓦の文様で、唐草文様の間に小さな文字で「大」、「大主」の文字を配するものがあり、「大主」、即ちイエズス・キリストを意味する文字が刻まれている可能性を指摘する。

# 第一章　キリシタン墓碑の花形十字文と軒丸瓦の花形十字文の分類

キリシタン墓碑[6]にみられる花形十字文については、一九四二年[4]に片岡弥吉が花十字（イ）（ロ）（ハ）に三分類し、（イ）普通型（花弁大、十字部台木の大きさ適度）、（ロ）花弁小なるもの、（ハ）十字部台木に膨らみを有するものに細分した。その具体的な実例は、いずれも現在の南島原市所在のもので、（イ）は北有馬町谷川名中屋敷の「流《る》しや」キリシタン墓碑（慶長拾伍年の銘のあるもの）、（ロ）は西有家町須川名松原の須川墓碑群第1号墓碑の小口裏面に刻まれるもの（小口表面に一六一〇、などの銘あるもの）、（ハ）は口之津町白浜の墓碑に刻まれるものである。

この三分類を言い換えるなら、花弁が大で、いくつかのバラエティがあるが「花十字」と呼ぶにふさわしいもの（普通型）即ち（イ）、次に十字の先端に付く「花弁短小なるもの」を（ロ）とする点までは明瞭である。

しかし（ハ）の「十字部台木に膨らみを有する」[4]との規定は、やや不明瞭であり、台木とはどの部分までか、また膨らみを有するのは、台木の下位部分、中位部分、上位部分のいずれでもよいのか、下位・中位のいずれかが膨らめばよいのか、下位は膨らむが中位は最も窪み、上位で再び膨らむ例をどうするのか、個体によって多種類の変差があることに気付く。　ここでは、片岡があげた（ハ）の口之津白浜の墓碑の例は、（ロ）花弁短小なるもののグループにも入るので、強いて（ロ）を（ロ）（ハ）と細分せず、大筋として一九四二年の片岡弥吉の（イ）（ロ）の分類を受け継ぎたいと思う。即ち花形十字文Ⅰ（花十字文）と、花形十字文Ⅱ（花形十字文）である。長崎県下のキリシタン墓碑例では、花形十字文Ⅰが十六例、花形十字文Ⅱが三例であり、前者が片岡の（イ）、後者が片岡の（ロ）（ハ）に該当する。

ところで「花弁大」なるもの、「花弁短小なるもの」との両者の差は、やや感覚的であり、何らかの数値のようなも

雲仙市飛子
土手之元墓碑群第1号
（花形十字文Ⅰ）
「慶長九年」などの文字

長崎市古賀町
福瑞寺キリシタン墓碑
（花形十字文Ⅰ）

京都市下京区下魚棚通堀川西入ル
京大墓碑群第9号
（先端三方向突出形十字文Ⅱ）
「慶長十八年　前の留し屋」などの文字

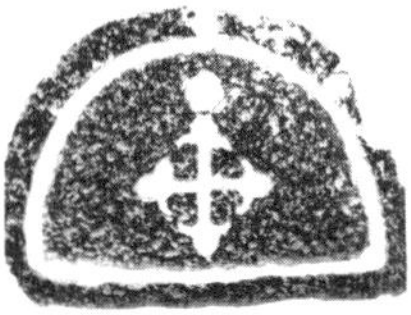

雲仙市小浜町
椎山キリシタン墓碑
（花形十字文Ⅰ）

西海市西彼町
平原INRI碑
（花形十字文Ⅰ）

京都市南区西九条川原城町
京大墓碑群第10号
（先端三方向突出形十字文Ⅲ）
下の拓本と同一個体

大村市原口郷
BASTIANキリシタン墓碑
（花形十字文Ⅰ）

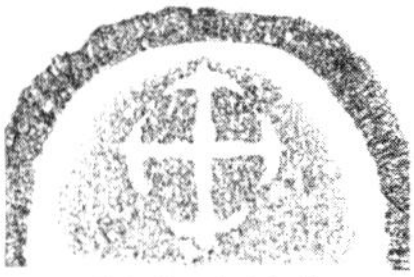

熊本県玉名市伊倉
伊倉キリシタン墓碑
（花形十字文Ⅱ）

京大墓碑群第10号
（先端三方向突出形十字文Ⅲ）
「同女い旅す」などの文字

京都市上京区延命寺境内
京大墓碑群第6号
（先端三方向突出形十字文Ⅰ）
「慶長十五年　小川あふきやミしや」などの文字

京都市上京区智恵光院通
松林寺不明氏キリシタン墓碑
（先端三方向突出形十字文Ⅲ）
「慶長八年」などの文字

東彼杵郡東彼杵町
一瀬志ゆ阿んキリシタン墓碑
（花形十字文Ⅰ）
「元和七年」などの文字

京都市北区等持院
京大墓碑群第7号
（先端三方向突出形十字文Ⅱ）
「千六百八年　さんちよ」などの文字

京都市下京区醒ヶ井五条安養院
京都国博墓碑群第1号
（先端三方向突出形十字文Ⅲ）

左右両ページ共、南島原市教育委員会『日本キリシタン墓碑総覧』2012による

南島原市加津佐町
砂原墓碑群第1号
（花形十字文 II）

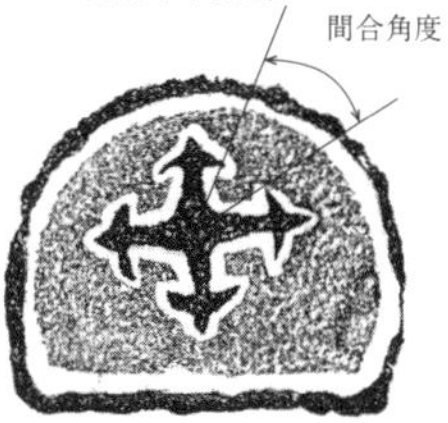


南島原市口之津町
白浜キリシタン墓碑
（花形十字文 II）

南島原市北有馬町
谷川中屋敷墓碑
（花形十字文 I）
「慶長拾伍年　生年」などの文字

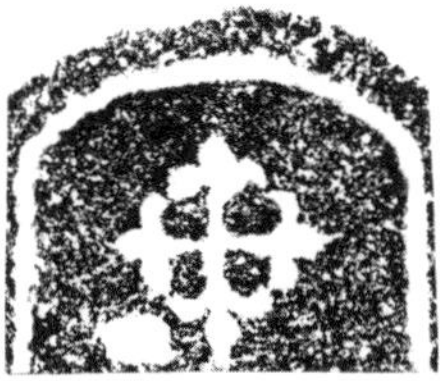

南島原市北有馬町
西正寺墓碑群第1号
（花形十字文 I）

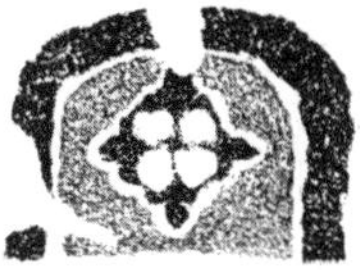

南島原市北有馬町
西正寺墓碑群第3号
（花形十字文 I）

南島原市西有家町
須川墓碑群第1号胴背面（花形十字文 I）
下の拓本と同一個体

南島原市西有家町
須川墓碑群第1号小口（花形十字文 II）
「1610　QEICHO15」などの文字

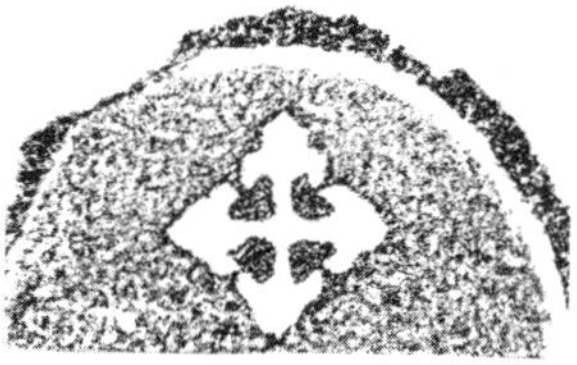

南島原市有家町
陣之内墓碑群第2号
（花形十字文 I）

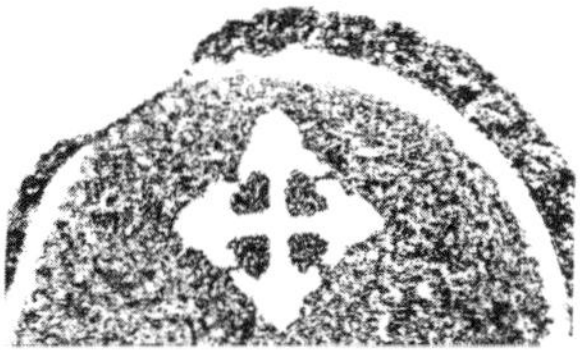

南島原市有家町
陣之内墓碑群第1号
（花形十字文 I）

南島原市有家町
小川キリシタン墓碑
（花形十字文 I）

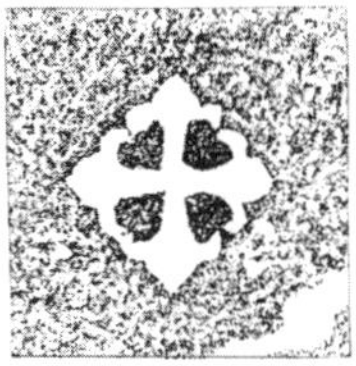

南島原市有家町
有家キリシタン史跡公園第1号
（花形十字文 I）

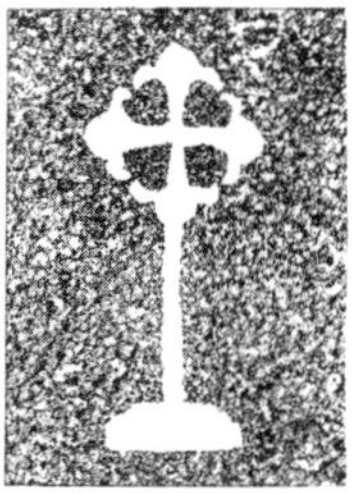

南島原市有家町
有家キリシタン史跡公園第4号
（カルワリオ花形十字文 I）

南島原市有家町
中須川墓碑群第3号
（花形十字文 I）

間合角度比＝$\frac{90°-\text{間合角度}}{90°}$

図12　キリシタン墓碑にみる花形十字文 I・II 他（縮尺1/12）

ので表現しておかないと、以後の検討に混乱や不明瞭さを生じる恐れがある。そこで、両者の特徴を考えると、花形十字文Ⅰ（花十字）は花弁が大きく、左右にだんだん広がっているから、左右にのびた両脇の花弁同士は、隣りの花弁に接近し、接合するものさえ現われている。一方、花形十字文Ⅱは、十字の先端に配する三方向の花弁は広がることなく、ある位置までで終っている。

したがって両者の差は、両脇の花弁相互が「接合するか、接するほどに近いもの」と、「あまり接しているとは感じない」段階でとどまっているものの差であり、それを数値で表すとすれば、十字で四分割された角度は九十度であり、中心部から両脇の花弁端に引いた二本の線のなす角度（間合角度）との比率で表現できる。前者のうち、花弁同士が接合したものは間合角度が〇度となり、これは一〇〇％広がったものになり、後者の例では間合角度三二度のものは六四％広がったものになる。

このようにして花形十字文Ⅰの十六例をみると、一〇〇％六例、九七％二例、九四％一例、九三％一例、九〇％二例、八八％一例、八七％二例、八四％一例となり、一方花形十字文Ⅱの三例は七一％一例、六四％一例、五六％一例となり、両群が最も接近したものは八四％と七一％の差、即ち一三％の差があるから、両群はこれによって明確に分かれると考えてよい。

さらに、長崎県以外に所在する類似文様をもつキリシタン墓碑(6)の文様について、若干ふれておく。これらを「先端三方向突出形十字文」として仮称すると、Ⅰは三方向中央が珠点で両脇が水平のもの、Ⅱは三方向中央が珠点で両脇が下方に曲るもの、Ⅲは三方向が棒状線で、両脇が水平か上方に向かうものの、三群に分けることができる。京都例で実例をあげるとⅠは「小川あふきやミしや」墓碑、Ⅱは「さんちょ」墓碑と、「前（の）留し屋」墓碑の二例、Ⅲは京都国博墓碑群1号墓碑と「里安・い祢」墓碑の二例である。

花形十字文と先端三方向突出形十字文との差は、十字文の先端に付く両脇の突出が、（花弁のように）下方に撓《しな》り、かつ三方向の突出が連続したもの（以上、花形十字文Ⅰ・Ⅱ）と、先端の三方向の中央が珠点で表現されるもの（先端三方向突出形十字文Ⅰ・Ⅱ）と、三方向が棒で連続し両脇が水平か上方に向かうもの（先端三方向突出形十字文Ⅲ）の両者を合わせたものとの差である。

このような視点からいえば、熊本のキリシタン墓碑二例のうち、伊倉キリシタン墓碑例は花形十字文Ⅱ、金立院キリシタン墓碑例は先端三方向突出形十字文Ⅲに分類できる。

本論文はキリシタン墓碑の性格を本格的に分析する意図は持っていないから、これ以上の分類は避けるが、これらの長崎県下のキリシタン墓碑にみられる花形十字文・花十字文の特徴は次のようになる。

㈠、花形十字文・花十字文は長崎県下で流行したもので、他県では熊本に一例あるのみである。
㈡、花形十文字Ⅰ（花十字文）が全体の八四％を占める。即ち「花弁大」なるものが、最も多い。
㈢、紀年銘あるものは、慶長九年一例、慶長十五年二例、元和七年一例であり、十七世紀初頭の年代のもののみである。
㈣、慶長十五年例の須川墓碑群第1号墓碑（半円柱形状伏碑）では、小口裏面に花形十字文Ⅱの陰刻、胴部背面に花形十字文Ⅰ（花十字）の線刻を描く。即ち同一の墓碑において、花形十字文ⅠとⅡの両者が併存していることが明瞭になる。

以上、長崎県下のキリシタン墓碑の花形十字文の分析によって、重要な視点、重要な結論を得ることが出来た。

次に花形十字文軒丸瓦の分析を行なうが、瓦は瓦のみで独自に分析することが望ましい。まず、軒丸瓦の文様における花形十字文を分析して、瓦としての結論を出し、その後、キリシタン墓碑との対比を行なう手順となる。

現在まで、長崎で発見された[7][8]花形十字文軒丸瓦は八種類ある。軒丸瓦は丸瓦を一列に並べるその先端の軒先に葺くもので、大多数は文様が表現してある。文様は木製笵型に粘土を詰めて文様を表出した円板状の粘土部分を作り、丸瓦と接合して作りあげる。花形十字文軒丸瓦及びその系統のものが八種類あるというのは、個別の木製笵型が八種類あるということである。

この八種は、花形十字文軒丸瓦Ⅰ（花十字文）、花形十字文軒丸瓦Ⅱ（花形十字文）、先端三方向突出形十字文軒丸瓦の三グループに分けることができる。

花形十字文軒丸瓦ⅠはA・Bの二種、花形十字文軒丸瓦ⅡはC・D・E、およびJ・Kの五種（F～Iについては将来新種が発見された場合に備えて、予備番号として保留）、先端三方向突出形十字文軒丸瓦（Ⅲと表現）は一種のMのみである。以上を、ⅠA・ⅠB・ⅡC・ⅡD・ⅡE・ⅡJ・ⅡK・ⅢMの8種に表現する（図13）。

ⅠA――圏線によって外区と内区を明瞭に分ける。外区に小さな珠文十二個を配し、内区に花形十字文Ⅰ（花十字文）を配する。十字部分、花文部分とも肉彫りで、八種の軒丸瓦のうち最も太く表現されている。花文中央先端は圏線に達する。瓦当裏面がやや内窪み状になり、瓦当裏面と瓦当側面との境はやや鋭い稜線が出来る。花形十字文の間合角度は五度から八度で、九四～九一％広がっている。表面が黒色で、断面は灰色である。

ⅠB――外区と内区を分ける圏線がなく、内区の花十字文と外区の珠文十二個を絶妙な位置に配す。花文は左右に大きく伸びて、隣りの花文端と接する。即ち花形十字文の間合角度は〇度で一〇〇％広がっている。十字先端三方向の花文中央は丸く太く表現される。

ⅡC――内外区を分ける圏線がなく、珠文を十二個配する。四区画された内区中央部では、一個の珠文が配されている。破片一点のみの出土なので、四区画ともそれぞれ一個の珠文が存在するか厳密には不明だが、四区画とも珠点を配すと考えてよいだろう。花形十字文は太く高く表現される。花形十字文の間合角度は三五度で、六一％広がっている。

ⅡD――内外区を分ける圏線がなく、珠文を十二個配する。珠文は大きい。花形十字文の表現は細く低く表現されはじめているが、後述のⅡJ・Kよりは文様部は太く高い。花形十字文の間合角度は二七度で、七〇％広がっている。瓦当裏面下端はヨコナデしてやや窪むものが多い。瓦当裏面と瓦当側面の境目に鋭さはない。

ⅡE――文様の配置、彫りの程度はⅡDと、ほとんど同じである。直径がⅡDよりやや大きく、先端の花文両脇の左右への広がりがやや大きく、ⅡDとは異なった笵型を用いた製品である。花形十字文の間合角度は二〇度で、七八％広

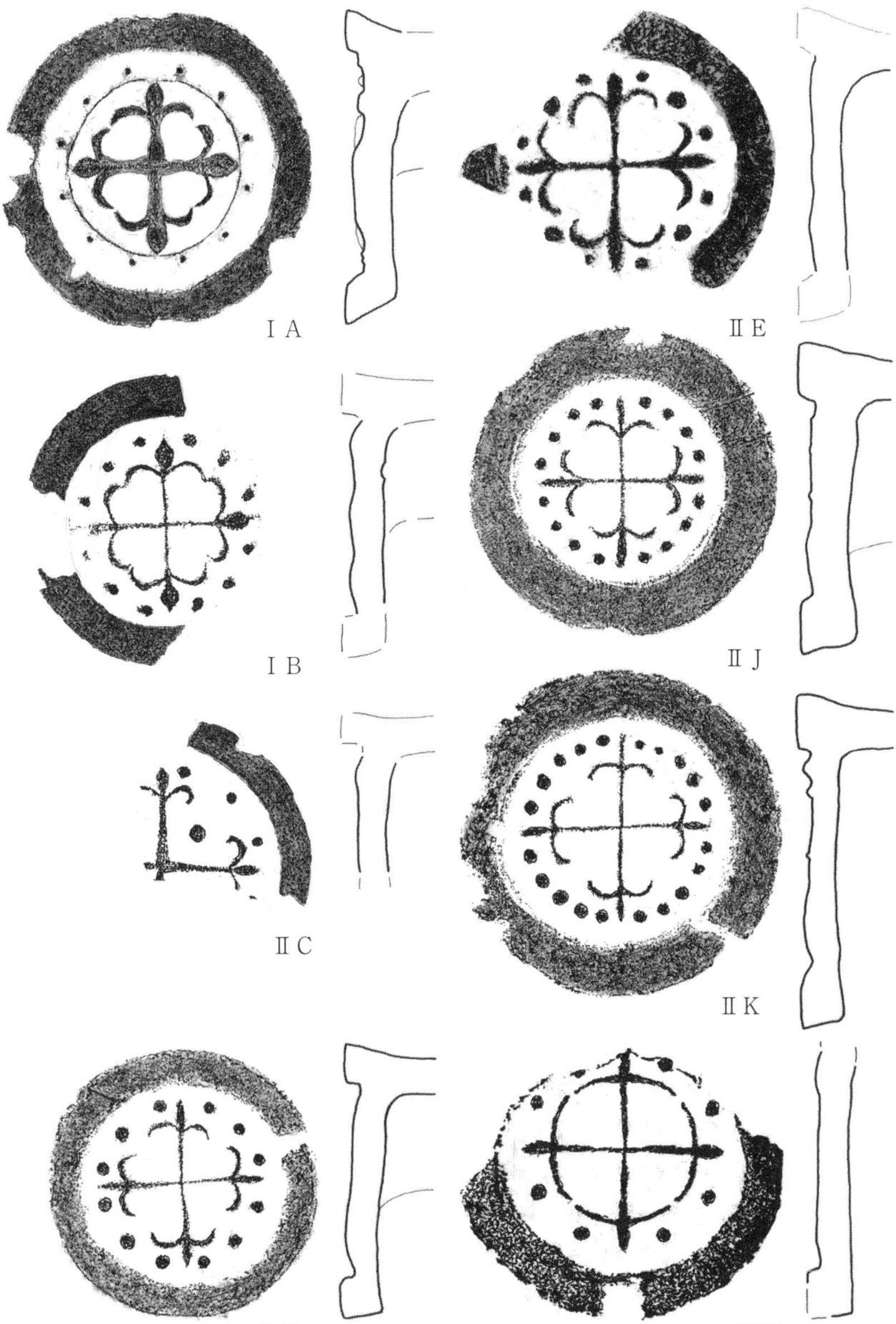


図13　花形十字文軒丸瓦（縮尺1/4）

ⅠA・ⅠB万才町遺跡、ⅡC・ⅢM興善町遺跡、ⅡD・ⅡJ・ⅡK勝山町遺跡、ⅡE金屋町遺跡

がっている。

ⅡＪ――内外区を分ける圏線がなく、珠文を十六個配する。花形十字文の表現は細く低い。花形十字文の間合角度は二四度で、七三％広がっている。瓦当裏面下端はヨコナデして、やや窪むものが多い。瓦当裏面と瓦当側面の境目に鋭さはない。

ⅡＫ――内外区を分ける圏線がなく、珠文が最多の二十個である。珠文は大きい。花形十字文の表現は細く低い。花形十字文の間合角度は二七度で、七〇％広がっている。瓦当裏面と瓦当側面の境目に鋭さはない。

ⅢＭ――珠文は最小の八個。先端三方向突出形十字文と呼称するが、十字と円と珠文とを配したもののようにも見える。しかし、よく見ると、円には四ヶ所途切れがあり、やはり三方向に突出した形をもつことがわかる。この文様は、花十字形先端の三方向の花文の両脇が円形にまわるように作図したとも、あるいは、京都のキリシタン墓碑にみられる、先端三方向突出形十字文で、Ⅱの「三方向中央が珠点で両脇が下方に曲るもの」の中央珠点が、中央棒状線に変化したとみることも可能である。前者の可能性が高いと思うが、いずれにしても、単に文様が退化したものとか、「製作者が花十字紋様を正確に把握していない」というよりは、一つの型式として積極的に評価した方がよいだろう（すでに述べたように、文様の第一の意義は花文になく、十字架の文様にあるのだから）。なお、この個体では、瓦当面に笵型に粘土を押し入れる前の粘土切り痕跡が残る。

以上八種の軒丸瓦のうち、十字形に交叉する部分の台木の基部は、ⅠＡ・ⅠＢ・ⅡＣでは太く、ⅡＤ・ⅡＥ・ⅡＪ・ⅡＫ・ⅢＭでは細い。

以上の長崎でみられる花形十字文、花十字文軒丸瓦の特徴は次のようになる。

㈠花形十字文・花十字文軒丸瓦は、元来長崎の内町と外町の教会で使用されるために製作された可能性が高い。長崎外で出土した大村の三城城下出土例、原城出土例、深堀遺跡の鬼板例も、いずれも長崎の内町と外町で使用していたものを、教会が破壊された後、聖教に対する記念物（後章で検討する）として、キリシタンが所有していたものと考えられる。鹿児島城出土の長崎との同笵例は、一六一四年以降、製作した瓦屋が存続しており、鹿児島城用に同笵瓦を製作し、鹿児島城に搬送されたものである（後述する）。

㈡花形十字文Ⅰは二種の笵型しかないが、花形十字文Ⅱは五種類の笵型がある。さらに、サント・ドミンゴ教会跡[9]からはⅡDが五九点、ⅡJが七点、ⅡKが十点出土しているから、それと花十字文のⅠAが一点、ⅠBが三点出土しているのと比較しても、花形十字文Ⅱの比率は、これより比率が増大するのは明らかである。即ち「花弁短小なるもの」の方が圧倒的に多い。

㈢紀年銘のある花形十字文軒丸瓦は出土していない。後述するが、花形十字文軒丸瓦で最も遡る可能性のある軒丸瓦ⅠAについて、二〇〇八年に『近世瓦の研究』で述べたように、「長崎市万才町遺跡で検出した土坑SK－28出土の一括遺物は、建物SB－5（一六〇一～一六一〇年代）の廃棄土坑と把握されている。土坑内から三巴左巻文、橘文、輪宝文、花十字文の四種の軒丸瓦と上向三葉文軒平瓦一種が出土している。また同遺跡SK－24からも橘文、輪宝文軒丸瓦が出土し、伴出した下向三葉文軒平瓦も同時期のものと考えてよいだろう。軒丸瓦、丸瓦の丸瓦部凹面にすべてコビキBの痕跡が認められる[10]」と記した通りである。長崎でのコビキBの出現年代については、私は「慶長二年（一五九七）頃はコビキAが残るが、慶長六年（一六〇一）までにコビキBになった地域[10]」であり、ⅠA軒丸瓦の年代については、一六〇一年にかなり近い年代と考えられる。

㈣長崎の歴史の変遷とその内容からして、花形十字文軒丸瓦を長崎内町、外町所在の建物用に一六一四年以降製作した可能性は全くない。すなわち、八種の花形十字文軒丸瓦は、一六〇一年から一六一四までに製作されたものであり、Ⅰの2種、Ⅱの5種、Ⅲの1種はその間に併存したものである（軒丸瓦の年代の細分は後章で行なう）。

㈤キリシタン墓碑の文様と比較して、花形十字文ⅠとⅡの比率が逆転している。この点については、さまざまなことが考えられるが、ここでは述べず、後章で述べたい。

# 第二章　長崎の教会の年代と各教会の瓦葺年代

近世初期における長崎の教会について、個々の存続年代を考察したのはアルカディオ・シュワーデによる一九六五年の「一六〇〇年から一六一四年にかけての長崎の修道会と教会」[11]とパチェコ・ディエゴによる一九七五年の「長崎の教会―一五六七年～一六二〇年―」[12]である。

この二つの論文に導かれながら、個々の教会の創建および存続年代について判明するところを記し、それぞれの教会が瓦葺になるとすれば、それはいつの時点かということを検討していきたい。

## (一)　トードス・オス・サントス（諸聖人）教会

長崎で最も古い教会であり、長崎の町立てが行なわれる以前、ガスパル・ヴィレラ師が作ったもので、「一五六九年、私（ガスパル）はかの貴人（長崎甚左衛門）がくれた寺院を解体し、これにより貧弱ながらはなはだ爽快な教会を造り、諸聖人に献じた」[13]（一五七一年二月四日付、ガスパル・ヴィレラ師の書翰）と記す。

しかし、一五七四年に「（深堀は）自らの欲望を最終的に満そうとし、彼らはついに夜半過ぎに、我らの砦のところまで打ち寄せる満ち潮を利用して、六十艘の船に乗って海上からやって来た。また多数の人員をもって陸路からも（来襲し）、長崎の殿の城塞の麓に至るまであらゆるものを焼き、同時に城の麓にあった（殿に属する）諸家屋、ならびに我ら（イエズス会員）がその地に有していた諸聖人《トドス・オス・サントス》の教会を焼いた」[14]。（フロイス『日本史9』）

この後、いつ、どのようにして諸聖人の教会が再建されたかはわからないが、一五九二年に被昇天の聖母サン・パウロ教会が解体され肥前名護屋へ運ばれた時、イエズス会の司祭たちはミゼリコルディアとトードス・オス・サントス教会の二ヶ所に身を寄せているから、これ以前にある程度の再建がなされていたことがわかる。

パチェコ・ディエゴによれば、一六〇三年に「同じところにもっと大きな教会が建てられた[15]」とする。さらに、一六〇二年と一六〇七年にはイエズス会の修練院もこの教会内に開かれ、一六一二年には有馬から追放されたセミナリヨと宣教師がここに入ったという[15]。即ち、キリシタン弾圧が厳しくなると、トードス・オス・サントス教会に身を寄せるという繰り返しのパターンがみられる。しかし、常時どの程度の建物があったのかはわからない。一六一四年の教会破壊の時には破壊を免れたが、一六二〇年奉行長谷川権六の時、ミゼリコルディアの教会と共に破壊された[16]。

## (二)　被昇天の聖母（サン・パウロ）教会、岬の教会

パチェコ・ディエゴによれば、「一五七一年春、長崎の新しい町がつくられた時、パードレ・メルチョル・デ・フィゲレイドはその町の突端の波止場の傍に場所を選んで、そこに小さな聖堂を建てた[15]」という。

一五七九年度のイエズス会日本年報では、長崎に司祭館を有し、司祭二名と修道士一名が駐在[17]していると記す。一五八〇年度のイエズス会日本年報では、長崎に司祭館を有し、司祭二名と修道士二名および下（地方）の上長が滞在していると記す。さらに「（港の）関税によって、今、同港に美しい教会を建てるための木材を整えつつあるが、これは定航船を巡って、日本中から商人が港に集まって来るため、同所にはなはだ広大かつ立派な教会を持ち、商人らの口を介してこの教会に関する噂が日本中に広まることが大いに必要と司祭らには思われたからである[17]」と記す。

以上からみると、「はなはだ広大かつ立派な教会」は、一五八〇年の長崎の教会領化に伴い、作りはじめられた事がわかる。

一五八一年度のイエズス会日本年報では、完成しつつあった教会の中で流血事件が起き、その後「教会全体を清掃し修繕して床を新しくし、日本の習慣に従って畳を取り換えた」(18)。

一五八三年のヴァリニャーノの『日本諸事要録』(19)では、長崎の地に「我等は住居として設計は適切ではないが、五つの寝室を伴った一室を有し、また一聖堂が目下建設されている」と記す。

一五八五年度下地方に関する日本年報では「長崎の教会は、住民が増えているので、先年二、三度増築されたが、今やあまりに多数になったので」、「昨年、日本に今在るいかなる教会よりも大きく立派なものを同所に建てることを決定し(20)」た。

しかし、一五八七年に秀吉によるバテレン追放令が出て、藤堂高虎を長崎に派遣した。その指令には、長崎の（未完成で優れた）教会を筑前に運ぶようにとの命令が含まれていたようだが、イエズス会は異教徒の役人に賄賂をわたして、事なきを得た。しかし、一五九二年になると、奉行寺沢志摩守広高によって、（大きな）教会は破壊され、その材木は皆名護屋(21)に運ばれた。

翌一五九三年、マカオからの定航船が欠航することを恐れた秀吉と奉行寺沢は、再び教会と修道院の建設を許可した。秀吉が死に、家康はキリシタンに対し比較的好意的であると判断したイエズス会は、一六〇〇年になって「我らの主なるデウスは、本年、教会建設が始まるように望み給ふたのであり、これを始めるために二〇〇〇クルザードが集められた」。「教会は、三つの中央広間から成り」、周囲に「幾つかの張り出し縁がついている(22)」。

一六〇一年度日本年報では「聖母のお告げの祝日（三月二十五日）には、教会〔それは非常に広大なもので、キリシタンたちの三千金の募金によって建設された〕の最初の礎石が、盛大な儀式によって祝別され、その儀式には大勢が参列した(23)」。

一六〇二年、十月二十一日に献堂式が行われた。「一六〇一、二年の日本の諸事」では、一六〇二年、「この市で（建設が）始まっていた教会は見事に完成し、非常に大きく、実に壮麗」であった。この建築物は三層で、その三層に主聖堂が造られ、（それを中心として）両側に（部屋があり）、一方は香部屋であった。「ここの人たちすべてが協力していとも熱心にこの仕事を手伝った」。「そして彼らはこの教会（建築）の全工事を通じてつねに自腹を切って工匠や職工を雇った[24]」。

しかし、一六一四年には、宣教師の海外追放が行なわれ、十一月三日には「イエズス会の美しい聖母昇天天主堂の屋根をはがし始めたが、現在の平戸の殿の祖父〔松浦法印鎮信〕が、パードレたちに抱いていた怨恨を天主堂で晴らしたのである。そして大いに努力したので、同じ月の八日には、かってはあんなに美しかった天主堂を全部倒してしまい、一切が地上でばらばらにこわされると、大部分は火で燃やしてしまった[25]」。

以上、サン・パウロ教会の盛衰の中で、瓦葺となる可能性があるのは、一五八〇年から一五八五年までの教会大拡張期か、一六〇一年、一六〇二年の「非常に広大な教会」の建設時期の二つが最も重要なものとなる。そこで、一五八〇年から一五八五年までの長崎の教会が瓦葺でありうるか、が問題となる。

畿内周辺地域では、安土城の修道院に対して、一五八〇年に金箔ではないが、「信長が彼の城に用いたのと同じ瓦の使用を、特別な恩典として我らの修道院に許可[26]」しており、教会の建物で瓦葺きになった古い例が存在するのである。

しかし九州地域での城郭瓦は、どんなに遡っても天正十七年（一五八八）以降のものであり、一五八〇年から一五八五年の長崎の教会が瓦葺であったことは、とうてい考えられない。

したがって、サン・パウロ教会の瓦は、一六〇一年、一六〇二年の可能性がきわめて高いということになる。一六一四年十一月三日の「天主堂の屋根をはがし始めた」という記述も、破壊された教会が瓦葺であったことを想定させるに充分である。

## ㈢　ミゼリコルディアの家及び附属教会

一五八三年に長崎にミゼリコルディア（慈悲の組）が組織され、翌年には小さい教会もできた。下の地方に関するイエズス会の一五八五年度年報では「ここ長崎において日本人たちがポルトガルに倣ってはなはだ信心あふれる慈善院を設けたことは二年前（一五八三年）に総長猊下に報告したが、ここには修道士が一〇〇名と団長が一人あり」[27]と記す。

一五八四年には「長崎のキリシタンたちは、自費でもって、非常に清潔で立派なミゼリコルディア（慈悲の組）の教会を建てた」[28]。特に、堺生れのジュスチイノとその妻ジュスタは、ミゼリコルディアの組を作ることに、「寄進においても働きぶりにおいても」[29]格別尽力した夫婦であった。

サン・パウロ教会が一五九二年に解体され名護屋に運ばれると、イエズス会の司祭たちは、ミゼリコルディアとトードス・オス・サントス教会の二ヶ所に身を寄せた。

一六〇六年には、イエズス会に任せられた小教区となり、「本年（一六〇八年）ミゼリコルディアの教会は新しく作られた。前よりもずっと大きく、全部信者より集まった寄付で作られた。全部で二〇〇〇クルサードだった」[30]。

一六一四年、破壊を逸れた。「それは、長谷川佐兵衛の命によって他の教会の畳と障子を入れる為に使われたからである」[30]。したがって、この年から教会は閉じられた。

一六二〇年、奉行長谷川権六の時、トードス・オス・サントス教会と共に破壊された。

ミゼリコルディアの家及び教会が瓦葺になるとすれば、一六〇八年のことであろう。

## ㈣　聖ラザロ病院、サンジョアン・バプチスタ教会

一五九一年八月十九日、マカオからの定航船が長崎に着いた。カピタンはロケ・デ・メロ・ペレイラで[31]、癩病院として建てられた聖ラザロ病院はこのペレイラの寄付[30]で始まった。

一五九二年にサン・パウロ教会が解体された後に、役人達は「聖ラザロの教会」についても取り壊しの相談[31]をしているから、この時教会は存在していたことがわかる。結局、取り壊しは中止された。

一五九四年十一月にフランシスコ会のペドロ・バウティスタは京都から長崎に向かい、郊外にある聖ラザロ病院で病人の世話にあたる一方、隣接する教会で定期的に説教した。しかし、ペドロ・バウティスタは一五九五年末に京都に戻った。パチェコ・ディエゴは「教会がいつ増築されたのかわからないが、一六〇六年の終り頃小教区になり、最初の主任司祭は日本人のパウロ・ドスサントであった(30)」と記す。

H・チースリクは「一六一二年に長崎のサン・ジョアン・バブティスタ教会が完成されたとき、(パウロ・ドス・サントスは) その主任になった(32)」と記す。

一六一四年十一月九日に、大村の手の者が大急ぎでサンジョアン・バプチスタ天主堂を取り壊しにかかった。

## (五)　山のサンタ・マリア教会

ポルトガル人の習慣で、水夫達は寄港する町々にサンタ・マリアの教会を建てるのが普通で、遠くから見ることができるよう真白い建物が建てられたのだという。

一五九四年にはすでに、「町から少し離れて(30)」森の中で、長崎の人に親しまれていた小さな聖堂であった、という。一六〇一年度イエズス会日本年報では、「我らは長崎の市の郊外の聖母マリアに奉献された小礼拝堂の近くの野に、聖なる主の腕の中に死んだキリシタンたちを葬むるために墓地を作り、特に便宜をはかって墓地の中央に小礼拝堂を建てた(33)」と記す。

パチェコ・ディエゴは「一六〇三年には信者の寄付で良い教会が作られた。敷地が狭かったので隣の畑を買ってその土地は教会の敷地の高さにまで埋められた。一六〇四年にこの教会にも鐘と聖母のレタブロ(油絵)が置かれた(30)」と記す。

H・チースリクは「一六〇五年に長崎在住のポルトガル人の寄附によってこの小聖堂はきれいな教会堂に改築ないし増築され、また主任司祭のために一定の「扶持」が設置された。この教会は日本で最初の本格的な小教区に昇格され、ミゲル・アントニオ神父はその主任となった」[34]と記す。ミゲル・アントニオの父は長崎在住のポルトガル人、母は日本人であった。

ドミニコ会のフランシスコ・モラーレスは、村山等安は「サンタ・マリーア教会やサン・ファン・バウティスタ教会のためにも多額の金を使いました」[35]と記す。

一六一四年十一月には、「大村の殿はサンタ・マリア天主堂の取り壊しを引きうけたが、わたし（アビラ・ヒロン）はその区域に住んでいたので、天主堂からものの二百歩と少し隔たった、同じ町内にいたのである。この邪まな執行は、同じ十一月五日に始まり、そして中二日おいた八日には」[36]破壊されてしまった。

この教会が瓦葺きの建物を持つとすれば、一六〇五年のきれいな教会に改築された時か、一六一〇年前後と推定される村山等安の資金援助の時であろう。

## ㈥　サン・フランシスコ教会

アビラ・ヒロンは「フランシスコ会のパードレたちはこれより前一六〇七年都から来て、この市〔長崎〕の見えるところに居を定めたが、翌年市に入り天主堂を建てた」[36]と記す。

一六〇九年、ドミニコ会のモラーレスは薩摩から長崎へやって来たが、薩摩で初めての殉教者レオンの遺体を舟にのせて長崎へ運んだ。「この遺体を聖フランシスコ会パードレたちは蝋燭を手に掲げ「我らデウスを讃えん」と歌いながら深い信心と喜びをもって迎え、遺体は同会の教会に暫時預けられた」[37]。

一方、パチェコ・ディエゴは「この教会はパードレ・ペドロ・デ・ラ・アスンシオンによって一六一一年に始められ、建築は一六一四年まで続いた」[38]と記す。一六一一年以降の教会と、一六一一年以前の教会とで、どのような関係にあるのだろうか。

日本におけるフランシスコ会の教会は、一五九四年十月に京都でまず建設された。次いで、家康の許可で江戸にフランシスコ会の聖堂が出来、これは一六一二年に取り壊された[39]。一六一二年のフランシスコ会士の江戸と駿河からの退去で、一六一二年長崎の教会は日本におけるフランシスコ会の宣教長の常駐の場所となっている。したがって、一六一一年以降の長崎の教会は、フランシスコ会にとって最も重要な教会となったのである。一六一四年、この教会も破壊されるが、「十一月十五日、まだ一度もミサを立てたことのない豪華を極めた聖フランシスコ教会から破壊し始めた。この聖フランシスコ教会の破壊に際し、肥前の異教徒が多数、事故死した[40]」とオルファネールは記している。

このサン・フランシスコ教会が瓦葺であるとすれば、一六一二年から一六一四年頃の建築に用いられたものであろう。

## (七)　サント・ドミンゴ教会

ドミニコ会のモラーレスによれば、薩摩の殿は「京泊という港に土地をくれました。そこに立派なもう一つの教会を建てて、我らの父・聖ドミニコの名前を付けました」。この教会は一六〇五年八月に完成した。モラーレスは、一六〇八年家康に会いに行き、「将軍は全国、とくに長崎にいる許可をくれ[41]」たが、一六〇九年四月に京泊に帰り、五月になると薩摩からの追放が言い渡された。そこで、まず「代官の息子アンドゥレース・トクアンの長崎の家に聖像と聖具を送りました。また日本の総ての家のように木材で造ってあった教会と住院を解体して三隻の舟に積みこみ、一本の棒も異教徒の手に渡らないようにしました[41]」。そして、五月末に長崎に到着した。

長崎では「薩摩から持ってきた木材をすぐに組み合わせて、その土地に教会を建てることが出来ました」。「それで持ってきた材料で住院もたてました」。この教会と住院が出来た後、「御聖体を安置していただきたい」との要望があり、「私が必要な経費を出しましょう[41]」との村山等安からの申し出があり、「優雅な聖具室や銀の聖体顕示台」が作られた。したがって、この時教会は拡張された可能性がある。献堂式は一六一〇年にあった。

一六一四年に教会が破壊されることが決定され、十月十四日に「ドミニコ会の修道士たちは、回廊の中庭と果樹園にあった十字架を引きぬいて、これを細かく割って、火にくべて焼却した」。十五日「サント・ドミンゴ天主堂では、キリシタンの激しい涙と悲しみのうちに、御聖体が消滅され(42)」た。

十一月十二日から十四日にかけて、サント・ドミンゴ天主堂が取り壊された。

サント・ドミンゴ教会は、薩摩の京泊では瓦葺ではないと思われるが、長崎では最初から瓦葺であり、造営途中で拡張され、さらにその建物用に別種の軒丸瓦を用いた可能性がある。瓦葺年代は一六〇九年、一六一〇年のことであろう。

## (八)　サン・アントニオ教会

フランシスコ・アントニオ村山は、一六〇七年に新しくできたサン・アントニオ小教区の主任となった。その聖堂は、彼の父村山等安の寄附によって建てられ、「一六一二年に豪華に新築された(43)」という。

モラーレスは、村山等安は「聖職者であった息子フランシスコのためにサン・アントニオ教会を建設しましたが、非常に立派なものでありましたから多額の金を消費したでしょう(44)」と記し、イエズス会のカルヴァーリョは「サン・アントニオは、われわれ〔イエズス会〕の教会を除けば、当地に作られた最大の教会である(45)」と記す。

一六一四年十一月十一日に、サン・アントニオ・デ・パドゥヴァ天主堂をこわしにかかり、十四日までには破壊された。

## (九)　サン・ペドロ教会

サン・ペドロ教会は一六一一年に村山等安によって建てられ、その主任は日本人ロレンソ・ダ・クルスであった。

一六一二年三月五日付長崎発イエズス会のセルケイラから国王宛書翰に、「昨年、富裕な日本人で現在この市の統治者である位の高い人（村山等安）が、ここに一軒の教会を建てた。それは非常に美しくまた大きなもので、現在日本にある最良の教会の一つであり、あらゆる点で使徒聖ペドロの令名にふさわしく見える。この人はまた、今も将来もこの教会を世話する司祭または小教区主任司祭を養うのに充分足りるだけの、毎年のレンダを永久的に同教会に贈った」[46]と記す。

一六一四年には、十一月十二日から十四日まで使徒聖ペドロ天主堂が取り壊された。

## (十)　サン・アウグスティン教会

アルカディオ・シュワーデは「一六一一年にアウグスチンの修道会によって」[47]建てられたと記し、ディエゴ・パチェコは「一六一二年にパードレ・ベルナルド・アヤラによって建てられた」[48]と記す。片岡弥吉は、ベルナルド・アヤラは「慶長十七年（一六一二）には、長崎に聖アウグスチノの聖堂と修院を建立、翌年臼杵に聖アウグスチノ聖堂を建て」[49]たと記す。

一六一四年十一月九日に、破壊され始め、十四日以前に取り壊された。

## (十一)　サン・ティアゴ病院と教会

一六〇三年に長崎のコレジヨの院長であったディエゴ・メスキータによって、病院が建てられた。[50]病院の傍に小さな教会が建てられた。教会は一六〇六年には拡張され、[50]教会の隣にパードレたちの住院がつくられた。一六一二年には新しい病棟が作られ、また現在大分県竹田市の中川神社にあるHOSPITAL SANTIAGO 1612銘の鐘が製作された。[51]

一六一四年十一月十五日に「使徒サンティアゴ天主堂の取りこわしに着手したが、その天主堂の創始者パードレ・ディエゴ・デ・メスキータは、長い年月の間、この主の葡萄畑で、徳と高潔の大いなる手本を示して励んだあげく、船隊が

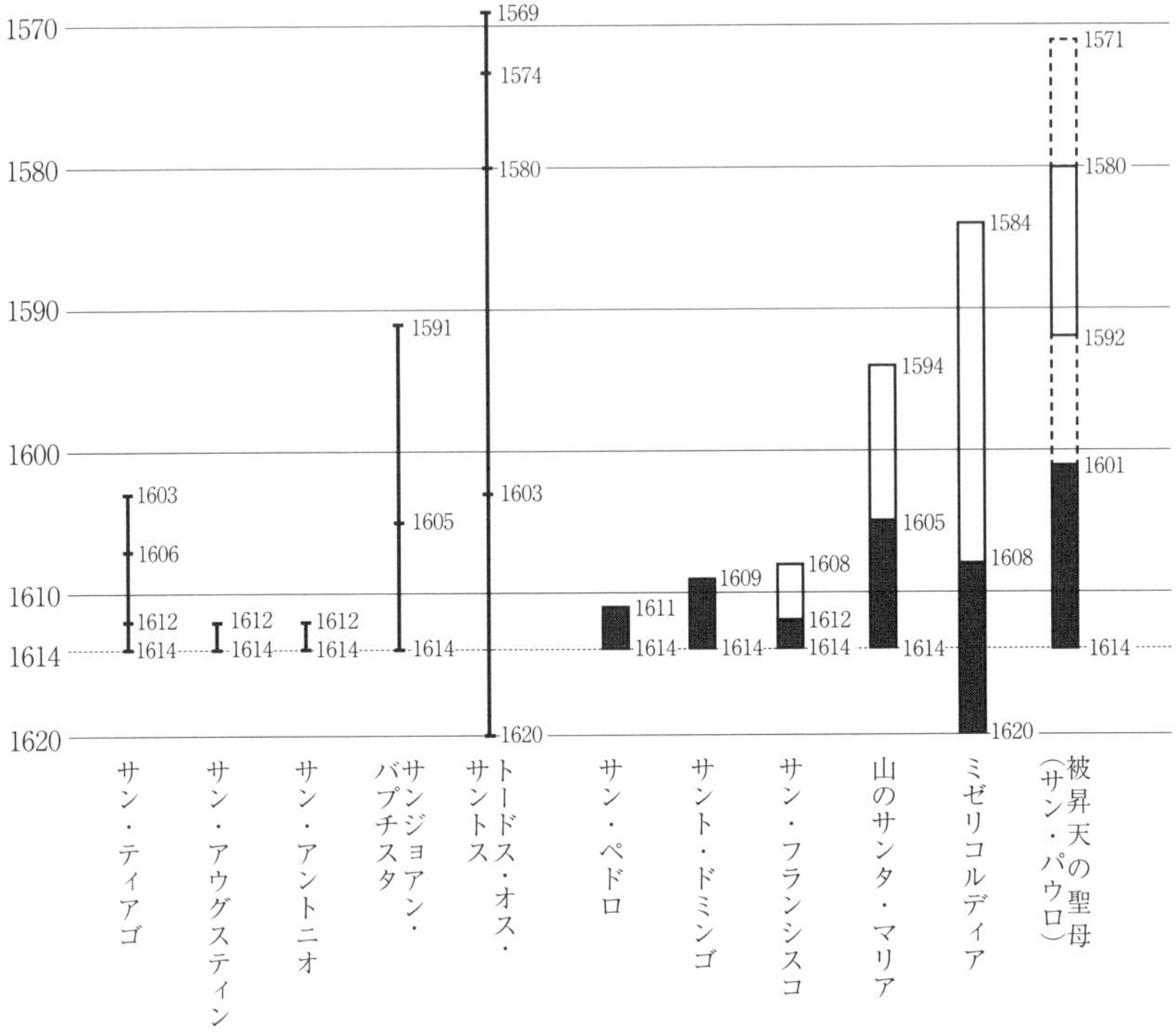


出帆する前のここ数日の間に死去したが、その天主堂は小さかったので、その日いっぱいで取りこわされたのであった。[52]」

なお、各教会の消長を棒グラフによって表示した。図の右の六つの教会は、瓦葺の年代について検討したもの。瓦葺の可能性がきわめて高い年代部分を黒く塗りつぶした。図の左の五つの教会は、発掘調査例がきわめて少ないなどの理由で、花形十字文軒丸瓦が近くで出土しないため、今回は瓦葺年代まで言及するのを控えた。基本的には右の六例と同じような年代を考えていることを付記しておく。

# 第三章　長崎の教会の位置と花形十字文軒丸瓦の出土地

長崎の教会の位置については、一六一四年に教会が破壊されて約百年経過した頃、すでに大部分が不明となっていた。キリスト教会の後、仏教寺院が建った二ヶ所、即ちトフドノサンタ（トードス・オス・サントス教会）から春徳寺へ、サンジュアン（サン・ジョアン・バウチスタ教会）から本蓮寺への変遷は明確に後世に伝えられたが、さらに立山屋敷の地、本古川町の地、本博多町の地などは、辛うじてキリスト教会が存在したことは伝えられていたが、教会名は誰も思い出せなかったのであろう。

この後、新たな知見をもたらしたのは、明和四年（一七六七）最終稿の田辺八右衛門茂啓の『長崎実録大成[55]』であり、西役所境内、勝山町などの地を加えた。

これを現代の視点から全体的な考察を行なったのは、一九二八年の古賀十二郎による「長崎志正編附考[56]」であり、次のように記した。

(1)耶蘇会本部ゼススのコンパニヤと称するものの本部（長崎県庁境内、東方）
(2)サン・パウロ教会（同西方）
(3)サンタ・マリヤ教会（立山、もと女子師範学校所在地）
(4)サン・ジョアン・バウチスタ教会（本蓮寺境内）
(5)サン・アゴスチイニヨ教会（本古川町川端）

| 長崎縁起略記 正徳二年(53) | 長崎縁起略 享保年中(54) | 長崎実録大成 明和四年(55) | 古賀十二郎 一九二八年(56) | アルカディオ・シュワーデ 一九六五年(57) | ディエゴ・パチェコ 一九七五年(58) |
|---|---|---|---|---|---|
| トフドノサンタ 今の春徳寺 | トフドノサンタ 今の春徳寺 | 春徳寺寺地に一ヶ所 | トドス・オス・サントス（春徳寺） | トードス・オス・サントス（春徳寺） | トードス・オス・サントス（春徳寺） |
| ヘヤトノ 今の立山屋敷 | ベヤドノ 今の立山屋敷 | 立山御役所境内に一ヶ所 | サンタ・マリヤ 立山・もと女子師範 | サンタ・マリア 立山の地 | 山のサンタ・マリア 立山奉行所 |
| 大寺の三寿庵 本蓮寺の所 | 大寺サンジュアン 本蓮寺の所 | 本蓮寺地内に一ヶ所 | サン・ジョアン・バウチスタ（本蓮寺） | サン・ジョアン・バウチスタ（本蓮寺） | 聖ヨハネ・バウチスタ（本蓮寺） |
| 錢屋 本古川町下の辺 | ゼニヤ 本古川町下の辺 | | サン・アゴスチイニヨ 本古川町川端 | サン・アウグスティン 古川町 | サン・アウグスティン 本古川町 |
| | 本クルス 今の桜町牢屋敷 | | サン・フランシスコ 桜町 | サン・フランシスコ 水道局庁舎 | サン・フランシスコ 桜町水道局 |
| | 今クルス 酒屋町橋詰 | | サンチャゴ病院 酒屋町ならん | サン・チャゴ病院 酒屋町に再建 | サン・ティアゴ 酒屋町 |
| 大寺の末寺 今の光永寺 | 今の光永寺の所に一ヶ所 | 桶屋町に一ヶ所 | | | |
| | 本博多町に一ヶ寺（大音寺に） | 本博多町に一ヶ所 | | ミゼリコルジア 本博多町 | ミゼリコルジア 本博多町 |
| 戸町村一ヶ寺 | 戸町一ヶ所 | | | | |
| 浦上村一箇寺 | 浦上村一ヶ所 | | | | サン・ラザロ（浦上） |
| 鳥の羽屋敷 | 鳥の羽屋敷（東上町中程） | | | | |
| 権屋（十善寺村） | 権屋（十善寺村） | 十善寺村に一ヶ寺 | | | |
| | | | 耶蘇会本部（県庁東方） | 被昇天サンタ・マリア | |
| | | 西御役所境内に二ヶ所 | サン・パウロ（県庁西方） | サン・パウロ（県庁所在地） | サン・パウロ（県庁） |
| | | 爐粕町に一ヶ所 | | | |
| | | 勝山町に一ヶ所 | サント・ドミンゴ 勝山小 | サント・ドミンゴ 勝山小 | サント・ドミンゴ 勝山小 |
| | | 今町に一ヶ所 | サン・ペトロ 今町ならん | サン・ペトロ 今町にあった | サン・ペトロ 今町の根拠不明 |
| | | | サン・アントニヨ 本大工町 | サン・アントニオ 本古川町 | サン・アントニオ 本大工町 |

（※教会名の表記は文献どおりとした）

(6)サン・アントニヨ教会（本大工町、裏手は魚町）
(7)サン・ペトロ教会（今町ならん）
(8)サント・ドミンゴ教会（勝山町、小学校所在地）
(9)サンチャゴ病院（酒屋町ならん）
(10)サン・フランシスコ教会（桜町）
(11)トドス・オス・サントス（春徳寺境内）

このうち現時点で問題となるのは(1)(7)の点、およびミゼリコルディアが欠けていることである。(1)の古賀が耶蘇会本部としたのは、『長崎実録大成』での「西役所境内ニ一ヶ所」切支丹寺があるとしたのに対し、サン・パウロ教会以外に「切支丹寺」が見付からないので、やや苦しいが耶蘇会本部を一ヶ寺としたのである。また、ディエゴ・パチェコが指摘するように[58](7)のサン・ペトロ教会は「今町ならん」とする「それを裏づける記録が私にはわからない」のである。というより、これも『長崎実録大成』での切支丹寺、今町に一ヶ所という記述と、所在のわからないサン・ペトロ教会を単に結びつけたにすぎないと思われる。

そして、その後、一九六五年にアルカディオ・シュワーデ[57]によって、はじめてミゼリコルジアの家および附属教会が明らかにされた。

その後、一九七五年にディエゴ・パチェコが「長崎の教会[58]」をまとめて、長崎十一ヶ寺の所在がほぼ明らかにされた。「ほぼ」と記したのは、サン・ペドロ教会の位置が明らかになっていないからである。

そこで、まずサン・ペドロ教会の位置について述べよう。一六一四年五月に長崎で行なわれた聖行列はアビラ・ヒロンの『日本王国記』に詳しいが、とりわけ五月二十日の記述は、きわめて生き生きとした描写で、その内容の信頼性は高い。高い理由は、アビラ・ヒロン自身がこの聖行列に参加して、詳細な行程を記述しているからである。

「聖母マリアが喪布に包まれた台にのってその後を行き、四本の燭台がその前に輝いていた。これとともにわれわ

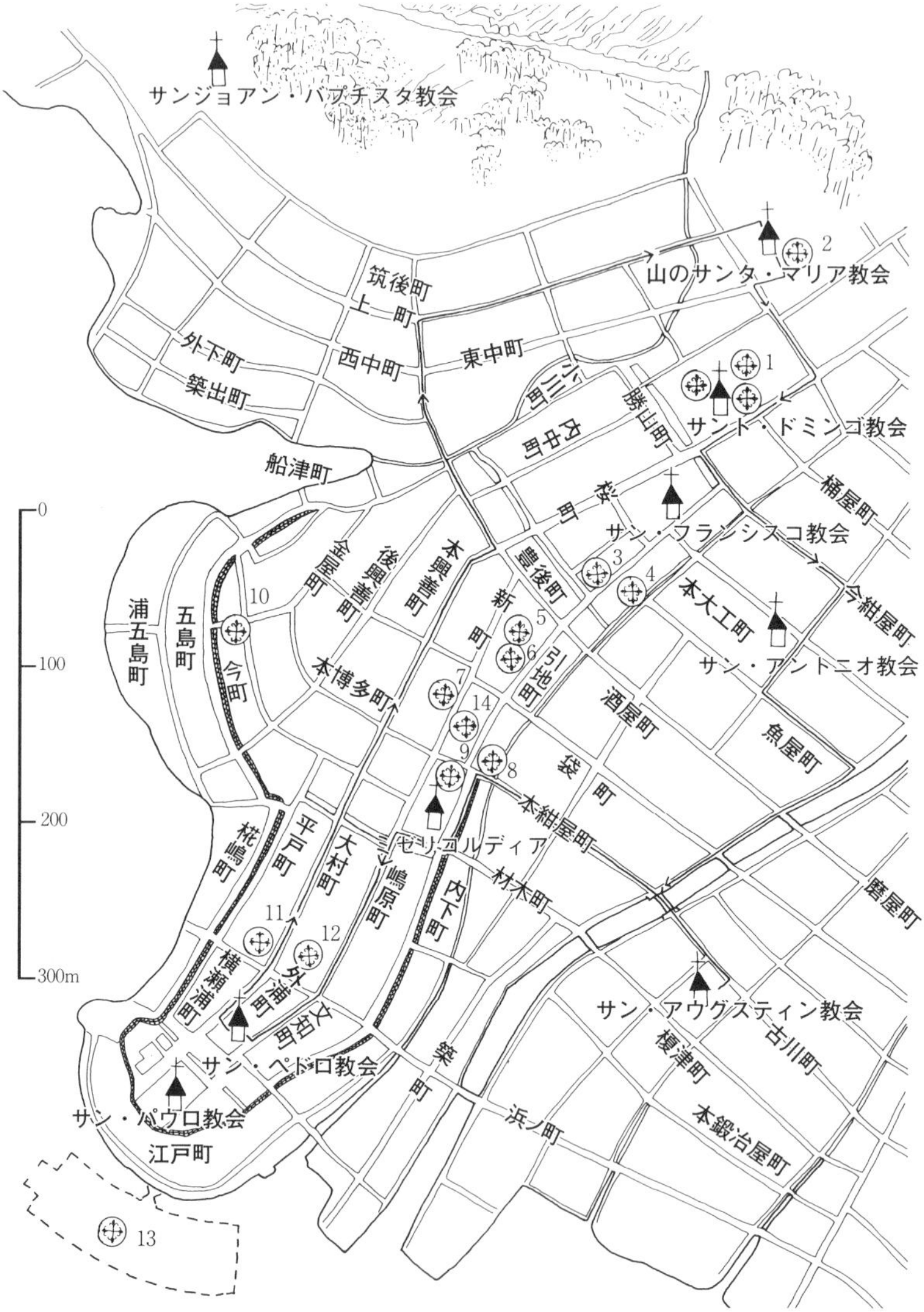


図14　17世紀初頭の長崎の教会の位置と花形十文字軒丸瓦出土地

→→は、アビラ・ヒロン『日本王国記』からみた1614年5月20日のサン・アウグスティン教会から出発した聖行列のルート

1～14花形十字文軒丸瓦出土地、（　）内の数字は、報告書出版の西暦年

1勝山町遺跡（2003年）　2長崎奉行所跡、炉粕町遺跡（2004年）　3 桜町遺跡（1999年）4桜町遺跡（2008年）　5興善町遺跡（1999年）　6興善町遺跡（2012年）7興善町遺跡（1998年）8栄町遺跡（1993年）　9万才町遺跡（朝日新聞長崎支局、1992年）　10金屋町遺跡（2002年）　11万才町遺跡（1995年）12万才町遺跡（家庭裁判所、1992年）13出島和蘭商館跡（2008年）14　興善町遺跡（2007年）

れはおびただしいろうそくを手にして加わり、その後から大勢の同宿と残りのパードレたちが続いた。[59]」

そして、サン・ペドロ教会に近づき、通り過ぎる部分を抜き書きしてみよう。

「本紺屋町 Hum quya machi に入り、慈恵院の後をまわって通りに出て、その入口を通りぬけて島原 Ximabara 町を過ぎ、その後まっすぐに分知町 Bunchi machi に向かった。そしてサン・ペドロ天主堂の前の広場に出、小門から入って正門から出、外浦町 Fucafuri machi に入った。サン・ペドロ天主堂では、祭礼服をつけた三人のパードレが待ちうけていて、行列の着く前に鐘を鳴らし拍手して迎えた。行列は外浦町から大村町 Omura machi に入った。[59]」

以上の記述からみると、サン・ペドロ教会は外浦町にあり、外浦町から約二六〇メートル（直線距離）も離れる今町に所在するとは考えられない。そして、サン・ペドロ教会が外浦町にあることが明らかになると、被昇天の聖母（サン・パウロ教会）と、サン・ペドロ教会がきわめて近い位置に所在することになり、『長崎実録大成』が「切支丹寺」が「西御役所境内に二ヶ所」と記述したことも、新たな解釈が可能になる。サン・ペドロ教会は後の西御役所境内にはないが、西御役所に近接する場所にあったことが、境内に二ヶ所と記した理由であっただろう。少なくとも「切支丹寺」（キリシタン教会）二ヶ所であるから「耶蘇会本部」の建物を一ヶ寺と数えるより、妥当性のある解釈と考えられる。

さらに、イエズス会の司教セルケイラが記すように、サン・ペドロ教会は「現在日本にある最良の教会の一つであり[46]」、サン・パウロ教会と肩を並べる教会を、その近接した位置に村山等安が作ったのであった。それは、この場所が、長崎のはじまりの時点から、シンボル的な意味を持っていたからである。

かくして、スペイン系のフィリピン由来の托鉢修道会と地域司祭の教会は、村山等安の援助を得て、ポルトガル系のマカオ由来のイエズス会の教会を包囲し、超越しようと試みたのであった。

以下、十一ヶ所の教会の位置について簡単に記す。

(1)トドス・オス・サントス教会は春徳寺の場所にあった。本堂の右手にある井戸は、教会時代使用のものと考えられている。

(2)被昇天の聖母（サン・パウロ教会）の跡に、長崎奉行所西役所が建てられ、幕末には海軍伝習所があり、現在は長崎県庁が建っている。

(3)ミゼリコルディアの教会は、一六二〇年に破壊され、この地に一六二一年、長谷川権六は大音寺を作るよう命じた。旧大音寺の地は古地図によって明らかで、本博多町にある。

(4)サン・ジョアン・バプチスタ教会は本蓮寺の場所にあった。この寺の庫裡と土蔵との中間にある井戸は、教会時代使用のものと考えられている。

(5)山のサンタ・マリア教会の跡に井上筑後守屋敷が出来、さらに長崎奉行所・岩原目付屋敷へと変遷した。

(6)サン・フランシスコ教会は、古い地名でクルス町にあり、後に桜町の牢屋敷となった。

(7)サント・ドミンゴ教会跡に、末次平蔵は屋敷を構え、末次家失脚後は高木代官屋敷となり、明治七年以降勝山小学校地となった。二〇〇〇年、二〇〇一年には、五千平方《メートル》の発掘調査が行なわれ、教会時代の敷石や排水溝を検出し、「教会堂」の場所を推定している。

(8)サン・アントニオ教会について、前述のアビラ・ヒロン『日本王国記』一六一四年五月二十日の条に、「サン・アントニオ天主堂のある大工町を通過し[59]」とある。

(9)サン・ペドロ教会は外浦町に所在することをすでに述べた。

(10)サン・アグスティン教会について、前述のアビラ・ヒロン『日本王国記』一六一四年五月二十日の条に、「この行列は古川町とよばれる通りに正面の入口が面しているサン・アグスティン天主堂を出ると[59]」と、記す。

(11)サンチャゴ病院については酒屋町に所在していたと考えられているが、詳細は不明である。

次に発掘調査で出土した花形十字文軒丸瓦の出土地を検討し、どの教会の瓦であるかを考えていきたい。

まず唯一の信頼性高い良好な資料は、勝山町遺跡出土の資料[60]で、二〇〇〇年、二〇〇一年の、五千平方メートルの発掘調査で、花形十字文軒丸瓦ⅡDが五九点、ⅡJが七点、ⅡKが十点出土しており、この三種類の軒丸瓦がサント・ドミンゴ教会で使用されたことは間違いなく、さらに組み合う軒平瓦が一種類と考えられるから、ⅡD・ⅡJ・ⅡKの三種の軒丸瓦は同一瓦屋の製品であることは、ほぼ間違いない。

これ以外の発掘調査で出土した花十字文軒丸瓦は、上述の勝山町遺跡出土例に比べると、教会との関連性を追究する上では、少し信頼性が落ちる。というのは、それぞれの発掘調査で発掘した面積は狭く、多くは三百平方メートル程度であり、広い発掘調査面積を確保するための調査費の用意が行なわれていないからである。しかし、開発者、調査者ともに苦労した上での成果であるから、最大限の分析を行なう必要がある。

そこで、教会が推定される位置から六〇メートルと、一〇〇メートルの円弧を描き、その範囲内に含まれる発掘調査地出土の花形十字文軒丸瓦を検討することとした。その結果は次のとおりである。

①万才町遺跡[61]（一九九五年の長崎県教委報告）

　花形十字文軒丸瓦ⅠAが1点出土。

　サン・ペドロ教会の六〇メートル内に入り、サン・パウロ教会の一〇〇メートル内に入る。

②万才町遺跡[62]（一九九二年の長崎市教委報告）

　花形十字文軒丸瓦ⅠBが1点、ⅡDが1点出土。

　サン・ペドロ教会の一〇〇メートル内に入る。

③万才町遺跡[63]（一九九二年の長崎市協議会報告）

　花形十字文軒丸瓦ⅡDが1点、ⅡKが1点出土。

　ミゼリコルディアの六〇メートル内に入る。

④栄町遺跡[64]（一九九三年の長崎市協議会報告）

花形十字文軒丸瓦ⅡＪが１点出土。
　ミゼリコルディアの六〇メートル内に入る。

⑤興善町遺跡[65]（一九九八年の長崎市教委報告）
花形十字文軒丸瓦ⅡＤが１点、ⅡＣが１点出土。
　ミゼリコルディアの一〇〇メートル内に入る。

⑥桜町遺跡[66]（一九九九年の長崎市教委報告）
花形十字文軒丸瓦ⅡＤが１点出土。
　サン・フランシスコ教会の六〇メートル内に入る。

⑦桜町遺跡[67]（二〇〇八年の長崎市協議会報告）
花形十字文軒丸瓦ⅡＤが１点出土。
　サン・フランシスコ教会の六〇メートル内に入る。

⑧長崎奉行所跡[68][69]（立山、二〇〇四、五年の長崎県教委報告）
花形十字文軒丸瓦ⅡＪが３点、ⅡＫが１点出土。
　山のサンタ・マリア教会の六〇メートル内に入る。

以上からみると、⑥⑦からサン・フランシスコ教会には花形十字文軒丸瓦ⅡＤを使用し、⑧から山のサンタ・マリア教会に花形十字文軒丸瓦ⅡＪ・ⅡＫを使用したというのは、ある程度の信頼性をもって言えるのではないか、と思う。

問題は①〜⑤の瓦の扱い方である。

ミゼリコルディアでは、ⅡＣ・ⅡＤ・ⅡＫ・ⅡＪの軒丸瓦、サン・パウロ教会ではⅠＡの軒丸瓦、サン・ペドロ教会ではⅠＡ・ⅠＢ・ⅡＤの軒丸瓦が候補にあがる。

そこで私は次のように考えたい。

サン・パウロ教会ではＩＡの軒丸瓦が一〇〇メートル内に入り、ＩＢの軒丸瓦が一二〇メートル内に入るので、このタイプの瓦をサン・パウロ教会使用のものと考える。即ち花十字文の軒丸瓦がサン・パウロ教会で使用されただろう。

サン・ペドロ教会の瓦はⅡＤの軒丸瓦と考える。

ミゼリコルディアの瓦はⅡＤ・ⅡＫ・ⅡＪのような、サント・ドミンゴ教会と同じ種類のものと、ⅡＣ（一〇〇メートル内）ＩＢ（一二〇メートル内）のように、他の種類のものとが混在する。

以上を年代観も含めてあげると次のようになる。

サン・パウロ教会――ＩＡ・ＩＢ使用。一六〇一、〇二年頃製作。

サン・ペドロ教会――ⅡＤ使用。一六一一年頃製作。

ミゼリコルディア――ⅡＤ・ⅡＫ・ⅡＪのグループと、ＩＢ・ⅡＣとを使用。前者は一六〇八年頃製作。

サン・フランシスコ教会――ⅡＤ使用。一六一二年頃製作。

サント・ドミンゴ教会――ⅡＤ・ⅡＪ・ⅡＫ使用。一六〇九、一六一〇年頃製作。

山のサンタ・マリア教会――ⅡＪ・ⅡＫ使用。一六〇五～一六一〇年頃製作。

次に出土量の多いⅡＤ・ⅡＪ・ⅡＫについて、その種ごとに使用された年次の古い教会からあげると次のようになる。

ⅡＤ軒丸瓦――ミゼリコルディアで一六〇八年頃、サント・ドミンゴ教会で一六〇九、一六一〇年頃、サン・フランシスコ教会で一六一二年頃製作、使用。

ⅡＪ軒丸瓦――ミゼリコルディアで一六〇八年頃、サント・ドミンゴ教会で一六〇九、一六一〇年頃製作、サン・ペドロ教会で一六一一年頃製作、使用。

ⅡＫ軒丸瓦――ミゼリコルディアで一六〇八年頃、サント・ドミンゴ教会で一六〇九、一六一〇年頃製作、使用。

これら三種の軒丸瓦は現在、サント・ドミンゴ教会跡資料館で展示してあるので、各種別に笵傷進行、笵の磨耗を観察した。

ⅡD軒丸瓦は、サント・ドミンゴ教会例では珠文帯の間に笵傷の生じるものと、笵傷の生じてないものとの両者があるが、ミゼリコルディアの一例では笵傷の生じていないものであった。

ⅡJ軒丸瓦はサント・ドミンゴ教会例では花形十字文の花形の部分の中央稜線が明瞭なものと、明瞭でないものとの両者があるが、ミゼリコルディアの一例は中央稜線が明瞭であった。

ⅡK軒丸瓦はサント・ドミンゴ教会例では次第に珠文帯の珠文が大きくなり、花形十字と接するようになるが、ミゼリコルディア例では、珠文帯の珠文はまだ一定の大きさにとどまっている。

以上から見ると、ⅡK軒丸瓦での笵傷進行はミゼリコルディア→サント・ドミンゴの順であることは確定し、またⅡD・ⅡJ軒丸瓦もミゼリコルディア例が先行する可能性が高い。他のサン・フランシスコ教会例やサン・ペドロ教会例は数が少なく破片であり、笵傷進行の追究は現資料では難しい。

# 第四章　長崎における花形十字文軒丸瓦が語るもの

まず最初に花形十字文様が長崎およびその周辺で多用された理由を考えたい。すでにキリシタン墓碑の花形十字文で検討したように、花十字と呼ぶ文様は確かに長崎県下で多くみられ、京都市の諸例とはかなり異なっている。

そして長崎の結城了悟は、一九八〇年[70]に画家イルマン・ニコラオとサルバトル・ムンディ（世の救い主）としてのキリスト像の絵画について言及し、さらに一九九八年[71]には「イルマン・ニコラオのデッサンに基づいたこの花十字は墓碑にも見られる。花十字の瓦は長崎内町の家並みを考えさせ、風土に溶け込んだキリシタンの信仰を物語る」と述べた。また、宮下雅史「花十字紋瓦考」では、結城説をもとに、「ともあれ、ニコラオの来日した一五八三年から、教会堂が破却された一六一四年にいたる約三十年間の期間に生産、使用されたと考えられる本資料[72]」というように、ニコラオの在日期間と長崎の「花十字紋瓦」の製作期間を完全に重ね合わせる議論もある。

ジョバンニ・ニコラオについては「天正末期より文禄慶長に亙る日本初期洋画の驚くべき発達に至大の貢献を爲せる人[73]」との評価があり、洋画風の図案については、いかなる文様でもニコラオと結びつけることは可能であるから、もう少し細かな検討が必要であろう。

ジョバンニ・ニコラオは一五八三年に日本に渡来し、一五八四年には長崎と有馬で救世主の画を作り[74]、天正十四年（一五八六）には臼杵にいて、臼杵の国王フランシスコの教会用として、被昇天の聖母の画像（非常に美しく大きく、かつ見事な出来映）を完成させた[75]。

翌天正十五年には畿内へ行ったが、同年七月、迫害のため九州へ戻り、天正十九年から神学、特に実践神学の勉学を始めた[75]。西村貞はニコラオが「文禄元年のころ既に日本に在って天草群島の志岐（Xiqui）で邦人子弟に洋画の法を指授していて[76]」と述べ、またドロテウス・シリングは「油画と銅版彫刻とを学習していた二十三人の生徒は、文禄元年（一五九二）十一月以来天草島の志岐に留まっていた[77]」と述べている。

一方、フランシスコ・パシオの一六〇一年度日本年報では「同宿が十四名有馬へ来たが、彼らは画像を描くのに大いに進歩を示した。彼ら一同は、神学校で訓育されている者たちの習慣と共通の生活をしており二名の会員が彼らの監督をしている。その中の一人は二、三年前にローマから我らのもとへ派遣されて来た者であり、現在諸品級に叙品されており、その学生たちに画像の手法を教えているが、それは同宿たちの労作と熱心さによって画板に、まったく巧みに装飾して仕上げられ、日本国の諸聖堂内に（掲げられるように）するためである[79]」と記す。

「一五九九–一六〇一年、日本諸国記」では「ここ志岐には、本年（一六〇〇年）、絵師の同宿らが住み、一年間を種々の教会のために祭壇画を描くことに専念した。また、数台のオルガンが竹の管を用いて製作されもした[78]」と記す。

ローマから我らのもとへ派遣されて来た者とは、ジョバンニ・ニコラオであるとする説はゆるがないから、「二、三年前」ではなく「十二、三年前」との意味[80]にとるべきだという考えがある。

「一六〇一、〇二年の日本の諸事」では、「この市（長崎）には、絵画の仕事に携わる学生たちがおり、彼らは神学校の形式で別（棟）の家屋に住み、我ら同僚の二名がその家屋の世話にあたっている。そのうちの一人は数年前にローマから来て、現在司祭になっており、優れた弟子をこの技芸において育成したので、日本の教会は、ヨーロッパのそれと実際比較しうるほど豪華で見事な祭壇背後の飾壁で飾られている」、「同師の努力でいくつかのオルガンと楽器が重立った教会のために作られた。また、たくさんの歯車時計が作られた[81]」。また「この市（長崎）で（建設が）始まっていた教会は見事に完成し」と述べる。

セルケイラの一六〇三年の報告には「予は油絵や膠画にて立派に設備せられし諸会堂を目撃したるが、同宿たちは実

サルバトル・ムンディ
バレト神父の銅版画（註 70 による）

ジョアン・コラのサインに付けたキリストの顔と光背の花文（註 70 による）

CONTEMPTVS
mundi jenbu.
CORE YOVOITOI, IESV CHRISto
tono gocǒxeqiuo manabi tatematcuo
ru michiuo voxiyuru qiŏ.

IHS

NIPPON IESVS NO COMPANHIA
no Collegio nite Superiores no goguezjuo
motte coreuo fanni firaqu mono nari.
Toqini goxuxxeno nenqi. 1596.

コンテンプッス・ムンディ扉絵
1596 年刊（天草版）

NIPPONNOIESVS
no Companhia no Superior
yori Christan ni sŏtŏ no cotouari uo tagaino
mondŏ no gotoqu xidai uo vacachi tamŏ
DOCTRINA.

EGOSVM VIA, ET VERITAS, ET VITA

IESVS NO COMPANHIA NO COLLEgio
Amacusa ni voite Superiores no von yuru
xi uo cŏmuri, core uo fan to nasu mono na
ri. Toqini go xuxxe no NENQI. 1592.

ドチリナ・キリシタン扉絵
1592 年刊（天草版）

図 15　ニコラオのサインにある絵と印刷物扉絵など

に驚くべきまでに充分その仕上げの方法を知悉しており、彼等の多くは優秀なる芸術家なりき」[82]とある。西村貞によると、ジョヴァンニ・ニコラオは「慶長八年の頃では、長崎にあって耶蘇会所属の画学校の管理者であったと」[82]という。

以上の諸史料からみて、ジョヴァンニ・ニコラオがどこにいたか、判明するだろうか。

まず、決定的な史料を得ることはできないけれども、文禄元年（一五九二）から慶長五年（一六〇〇）まで、ニコラオが天草の志岐にいた可能性はきわめて高い。

一六〇一年のパシオの報告では、志岐から有馬へ（絵師の）同宿が移動し、この時、ニコラオが監督者であったことが知られる。ところが「一六〇一、〇二年の日本の諸事」では、長崎にニコラオがいることが暗示されている。

したがって、一五九二年より志岐にあった画学舎が、一六〇一年に有馬に移され、一六〇三年長崎へ移った[83]とする基本的な流れと、それに伴ってニコラオも移動したとしてよいと思うが、長崎へのニコラオの移動はこれより少し早く、一六〇〇年から一六〇二年における画学舎のあわただしい雰囲気は、主として長崎の被昇天の聖母（サン・パウロ）教会建設のためのものであろう。

そして教会内の祭壇画・祭壇背後の飾壁・装飾画の製作は一六〇〇年、一六〇一年、一六〇二年に行なわれ、一六〇二年の献堂式前には、ニコラオは長崎にいたとみてよいであろう。そして絵画だけでなく、オルガン・楽器・時計などが同時に作られたのである。

さて次は、問題の花十字とニコラオとの関係である。結城了悟は「イルマン・ニコラオのデッサンに基づいたこの花十字」[71]と記すが、ニコラオが花十字を発案したという証明はなされていない。結城があげた、ニコラオの手紙にみられる自分のサインの最後に、小さくキリストの顔を描くが、その光背部分に大きな三本の花文がみられる。それはまさに「花弁大」なるもので、左右に大きく広がっていることは確かである。しかし、それは光背の一部としての文様であって、十字架ではない。

例えばニコラオが天草に居住していた時に、天草から印刷された二つの本の扉絵には十字架と光背の三花文がみられる。即ち、一五九六年刊ローマ字本（天草版）の「コンテンプッス・ムンデイ」の扉絵(84)にみられる十字架は、キリシタン墓碑で分類した例にならえば、三方向突出形十字文であり、一五九二年文禄元年刊（天草版ローマ字本）の「ドチリナ・キリシタン」の扉絵(84)にみられる光背の三花文は、まさに大きく左右に広がっているのである。つまり、ニコラオが天草に居住している段階（一五九〇年代）では、「花弁大」なる花文と、十字架とは、まだ結合した文様を構成していないのである。

ところが、一六〇〇年を過ぎて、長崎ではサン・パウロ教会の軒丸瓦とみられる花形十字文ＩＡでは、花十字と呼ぶにふさわしい文様が出現しているのである。この軒丸瓦用の范型製作は一六〇〇年末か、一六〇一年初に行なわれたであろうが、この范型製作に画学舎が何らかのかかわりをもったという可能性は高い。具体的には、画学舎の同宿による自らの製作か、または同宿が監督・指導を行なった場合などが考えられる。

この時、「花弁大」なる花文と、十字架とが結合して、花十字と呼ぶにふさわしい文様が案出されたのであろう（この時、ニコラオが関与したか、ニコラオが喜びそうな文様を同宿たちが発案したかは不明のまま残った）。

ただ、この文様の発案は、軒丸瓦の范型だけでなく、他の装飾意匠としても用いられたのであろう。一六〇〇年志岐、一六〇一年有馬、一六〇二年長崎にいた（絵師の）同宿たちは、教会用の絵画製作と共に、画学舎の生徒指導にもあたったのであり、この生徒たちから有馬のキリシタン墓碑製作者が出現するのではないだろうか。そして、雲仙市飛子の土手之元キリシタン墓碑では、「慶長九年」（一六〇四年）の銘をもち陰刻の花十字文をもつキリシタン墓碑(85)が出現する。画学舎の生徒が多くいた島原半島南部（有馬の地）において、花十字文が案出され、急速に花形十字文の文様が多用されることになるのではないだろうか。

なお、一六〇〇年から一六一四年の間に、キリシタン墓碑では花形十字文Ｉが多用され、屋根瓦としての軒丸瓦では花形十字文Ⅱが多用されたのは、前者の文様は個人的で葬儀を立派に華やかに行なうために花十字が好まれたのに対し、後者の文様の基本は十字架であることが認識されていたので、極端な花文の強調・誇張は行なわれなかったからである。

次に、イエズス会では主として花十字文軒丸瓦（花形十字文軒丸瓦Ⅰ）を用いるのに対し、ドミニコ会、フランシスコ会の教会および教区の教会では花形十字文軒丸瓦（Ⅱ）を使っていることを確認しよう。

即ちイエズス会のサン・パウロ教会ではⅠA・ⅠBの軒丸瓦を使用したと考えられるのに対し、後者の教会のサント・ドミンゴ教会でⅡD・ⅡJ・ⅡKの使用、サン・フランシスコ教会でⅡD、山のサンタ・マリア教会でⅡJ・ⅡK、サン・ペドロ教会でⅡJ軒丸瓦の使用が認められるのである。

これは教会造営の時期の差にもよるのである。即ち、サン・パウロ教会は一六〇一・一六〇二年頃造営されたのに対し、後者の教会群は一六〇八年から一六一二年にかけて造営されたのである。これは日本のイエズス会の資金源でもあったマカオから長崎へのポルトガル貿易船の入港が、一六〇三年、一六〇七年、一六〇八年、一六一〇年、一六一一年になく、一六〇九年入港のマードレ・デ・デウス号は長崎港外で撃沈されたため、新たな教会の造営拡張などの余裕は、イエズス会側には全くなかったのである。

これに対しスペイン系のマニラから来たドミニコ会、および教区教会では、代官村山等安による豊富な資本援助があったのである。

サント・ドミンゴ教会――「私が必要な経費を出しましょう[86]」と、等安からの申し出

サン・ペドロ教会――「位の高い人（等安）がここに一軒の教会を建てた[87]」

山のサンタ・マリア教会――等安は「多額の金を使いました[88]」

サンジョアン・バプチスタ教会――等安は「多額の金を使いました[88]」

サン・アントニオ教会――等安の寄付によって建てられた[89]

サン・フランシスコ教会――等安との資金関係は不明

一六一四年二月に、イエズス会の三代目の日本司教セルケイラが長崎で死亡した時、イエズス会は直ちに司教総代理を、長崎居住の七人の教区司祭が選出する形をとって、イエズス会のカルヴァーリョを選んだ。

村山等安はこの結果に不満で、この七人の教区司祭に働きかけ選出撤回宣言を行なうよう要望、さらにフランシスコ会とドミニコ会の宣教師がカルヴァーリョに会いに行き、罷免文書を以てその退任を要求したのであった。即ちカルヴァーリョ選出に反対したのは、(90)

ドミニコ会宣教師
フランシスコ会宣教師
サン・ペドロ教会　　小教区長　ロレンソ・ダ・クルス
サンタ・マリア教会　小教区長　ミゲル・アントニオ
サン・アントニオ教会　区長　フランシスコ・アントニオ村山
サン・アントニオ教会　補佐　ペドロ・クレメンテ
サン・ペドロ教会　　補佐　フジムラ・ジョアン・ルイス

そして、サンジョアン・バプチスタ教会主任、パウロ・ドス・サントスは中立の立場。

これは、最終的にはイエズス会側が一応満足するような形で推移するが、この日本における教会分裂はポルトガル系イエズス会修道会とスペイン系托鉢修道会との主導権争いであった。この後者の教会群に花形十字文軒丸瓦Ⅱ群が使用され、相互に同笵関係があることは先述したとおりである。

それでは、イエズス会のミゼリコルディアでは、ⅡD・ⅡK・ⅡJのサント・ドミンゴ教会との同笵瓦と、ⅠB・ⅡCなど花十字（花形十字文Ⅰ）とその流れをもつ軒丸瓦が混在しているのはなぜか。

それは一六〇八年のミゼリコルディアの新築が「全部信者より集まった寄付で作られた」(91)からである。信者個人はイエズス会と関係をもちながら、スペイン系托鉢修道会とも関係をもつからである。

いずれにしても、スペイン系托鉢修道会の活動が長崎の一六〇九年～一六一四年において最も盛んであり、花形十字文軒丸瓦Ⅱの種類と量の多さは、この時期の長崎の性格を最も良く物語っているのである。

# 第五章　鹿児島城二之丸出土の花形十字文軒丸瓦

鹿児島（鶴丸）城は慶長七年（一六〇二）島津家久が築いた城とされるが、築造の詳細は不明である。城中は本丸と二之丸に分けられ、本丸の南に二之丸が広がる。鹿児島城における発掘調査は、鹿児島県教育委員会による昭和五十三年（一九七八）の本丸跡の発掘以来、二之丸跡の県立図書館敷地や市立美術館敷地などが発掘されて来た。平成十一年（一九九九）には、宗教道場の建設に伴なう事前の発掘調査が鹿児島市教育委員会によって行なわれ、二之丸G地点として翌年発掘報告書が出版された。発掘範囲は二六〇平方メートルであったが、多量の遺物が出土した。この中に「十字唐草文」と報告された軒丸瓦が四点出土していた。

山崎は二〇〇五年と二〇〇七年にこの瓦を実見し、二〇〇八年出版の『近世瓦の研究』では、「キリスト教の花十字を表した文様」であることを指摘し、またその軒丸瓦の丸瓦部にコビキB（鉄線切り）の痕跡を残すことから、年代が一六〇〇年を遡らないであろう事を示唆し、「組み合う軒平瓦は、同遺跡出土の花文唐草文軒平瓦であろう」とし、その軒平瓦の一つには、漢字の「大」の文字が上下逆に笵の文様の中に刻まれていることを述べ、さらに「鹿児島城二之丸で花十字文軒丸瓦が出土するのは、藩公夫人カタリーナ永俊尼の切支丹信仰と関係ある」ものと考えた。

今回、鹿児島城出土例と長崎市出土例（花形十字文軒丸瓦ⅡJ）の瓦の拓本を合わせると、文様が一致した。さらに、両例とも瓦当裏面下半に強いヨコナデがあり、また胎土の類似から判断して、長崎から鹿児島に運ばれた瓦であろう。

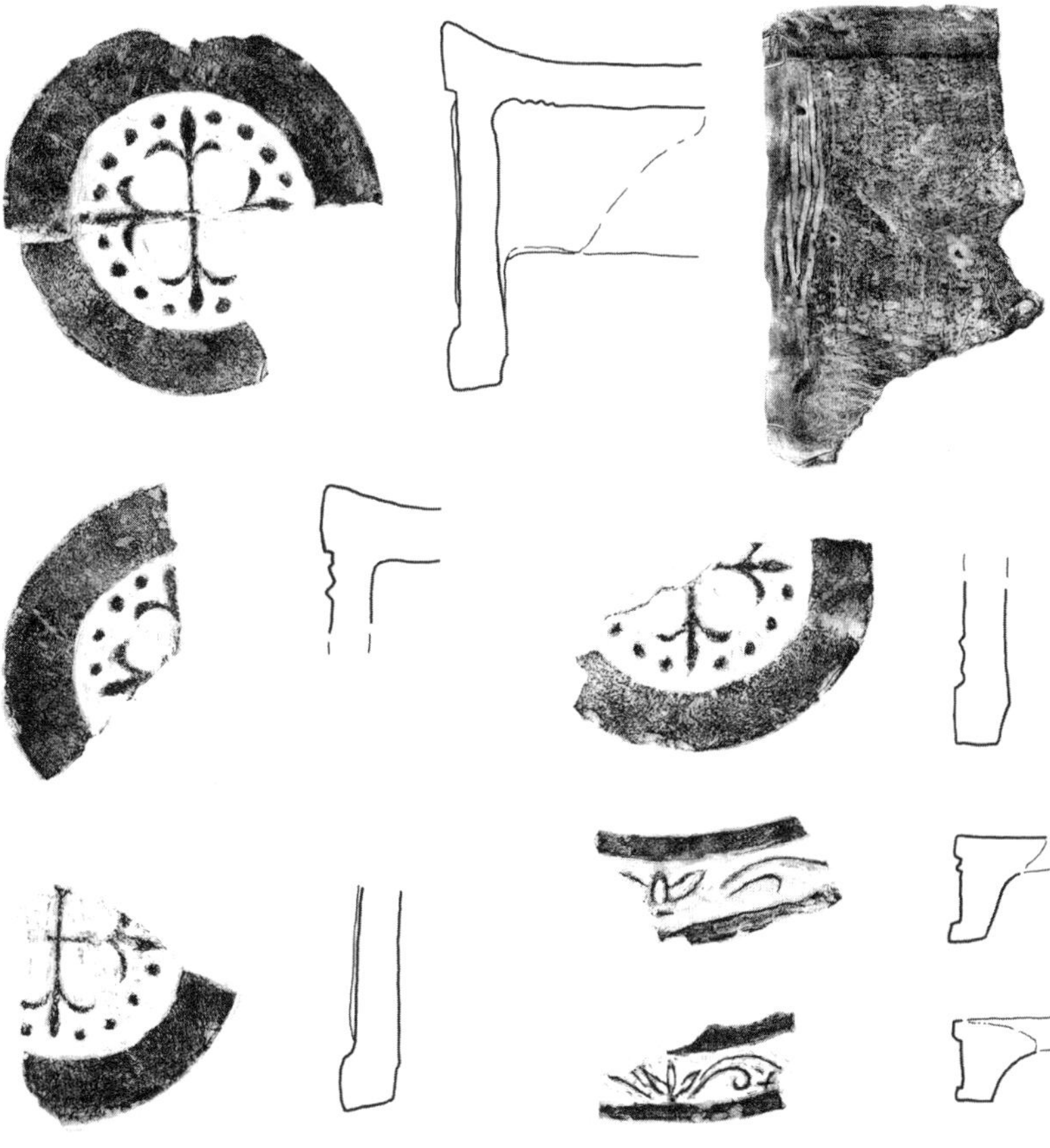

図16　鹿児島城二之丸跡出土の軒瓦（縮尺1/4）

鹿児島城二之内の場所に十字架の文様を描く軒丸瓦を葺きあげた建物を作った人物はどのような人であろうか。

二之内の機能は、[93] ①城主の近親者（親・子）の居住地、②家臣団（重役級・上級武士）の居住地、③倉など諸施設の設置場所、④庭園の性格があり、常住居所としての性格が強い。

即ち二之丸の場所に十字架の文様をもつ瓦を葺きあげた建物を作った人物は、城主の近親者かあるいは重役級の家臣に強い信仰心をもつキリシタンが存在したことを示す。

# 第六章　島津藩主の姑カタリーナの信仰

そのような人物として考えられるのは、後の藩主である島津光久の母（桂安夫人）の母親、堅野の御祖母様、即ち永俊尼であり、イエズス会一六二四年日本報告にみえるカタリーナによるものであることは、比較的容易に想定できるのである。諸史料と対比して、矛盾がないか、以下検討してみよう。

パチェコ・ディエゴ（結城了悟）は、永俊に関する西洋文献は二つ見たのみであるという。

第一は、一六一六年にマテウス・デ・コウロスによって書かれたイエズス会の年報書翰である。

「副管区長は、偶像崇拝のはびこっている薩摩の国へ一イルマンを送り、その国に散在している多数の信者に会って、神父を派遣すべきかどうかを相談させました。その後、神父の訪問が実現し、人々はその来訪を喜んで迎えました。というのは、ミサにあずかったことが一度もない人々もいたからです。神父は殿の夫人の屋敷に宿泊しました。この婦人は信仰の厚いキリシタンです。彼の滞在中、殿の夫人が贈物とともに挨拶の言葉を伝えて来ました。彼女は異教徒ではありますが、聖水とろうそくを求め、彼女および長男のために神に祈ってくれ、と願いました。それを聞いたキリシタンはみな心に深い慰めを得ました。[94]」

一六一六年における薩摩の殿とは、島津家久である。家久には三人の夫人がいて、子の生れた順に記すと[95]、第一子は鎌田氏の娘が母親で、兵庫（頭）という男子を生む。男子は慶長十九年（一六一四）正月二十八日死す。第二子は島津備前忠清の娘が母親で女子を生む。第三子は鎌田氏の娘が母親で女子を生む。第四子は相良氏の娘が母親で女子を生む。

第五子は鎌田氏の娘が母親で女子を生む。第六子は島津備前忠清の娘が母親で、男子を元和二年（一六一六）に生んだ。これが後の藩主光久となる。

つまり、一六一六年のイエズス会の年報報告は、島津家久の跡継ぎの男子光久が生れた年の報告であり、「長男のために神に祈ってくれ」と求められたこと、殿の三人の夫人のうち、本年に初めて島津備前忠清の娘、即ち永俊の娘が島津藩主の母親になる可能性が高まったこと、殿の夫人の母親は、まだ鹿児島城に移動してはおらず、おそらく堅野の殿の夫人の屋敷にいること、この婦人（永俊）は信仰の厚いキリシタンであること、殿の夫人（永俊の娘）は異教徒ではあるが、キリシタンに理解があること、等が判明する。

即ち、この時点では、鹿児島城二之丸の地に花形十字文軒丸瓦を葺く建物は、まだ建っていないとみてよいのである。

次に、第二の西洋文献は、一六二四年（寛永元年）のイエズス会の年報書翰である。

「イエズス会の一神父が薩摩国のキリシタンを訪問して、彼らに告解や聖体の秘跡を授け、これほど盲目で頑迷な異教の中にあっては、さらによく信仰を守るように、と彼らを励まし慰めました。彼らの柱となり庇護者となっていたのは、カタリーナというその国の領主の姑です。きわめて高貴な人で、両親や祖父母も信徒だったから熱心なキリシタンです。キリスト教を棄てるようにという女婿の挑戦に対抗する霊的力を、彼女はこの神父来訪によって特別に受けることができました[94]。」

パジェスの『日本切支丹宗門史』一六二四年の章では、「薩摩では、大名の義母カタリナは、あらゆる懇願に耳をかさなかった。聟は、彼女の思ふままに任せていた[96]」と記す。この史料の出典はわからないが、鹿児島城二之丸内にキリスト教の建物を作った永俊に困り果てた、島津家久の顔が浮かぶようで興味深い記述である。

一六一六年以降一六二四年に至るキリシタンの弾圧は、家康の死去（一六一六年）以後、京都のキリシタンの弾圧（一六一九年）を経て家光の将軍職就任（一六二三年）など次第に厳しさを増すが、薩摩でもその全国的な弾圧の雰囲気は次第に意識していったと思われ、永俊が鹿児島城二之丸内に居住し、花十字文軒丸瓦の瓦葺建物を作るのは、一六一七年（元和三）から一六二二年（元和八）までの六年間のうち、その前半期に行なわれたものである可能性がきわめて大きい。

永俊尼について最も適確な説明は、彼女の種子島配流について、江戸詰家老伊勢貞昌から種子嶋左近太夫宛ての寛永十二年十二月七日付の書状に付け加えられた説明文である。

「光久公御母堂桂安夫人ハ、島津備前忠清ノ女ニテ、其御母ハ肥後ノ士皆吉久右衛門續能ノ女ニテ、法名永春ト云、始ハ肥後宇都城主小西摂津守行長ノ室ニテ、女一人ヲ生ミ、行長滅ヒタル後島津忠清ノ小西ニ御預ニテ居ラレシニ、娶ラレ桂安夫人ヲ生ミ、慶長十四年鹿府ニ来リ、忠清死後ノ今郷田辺氏辺ニ居ラレ、堅野ノ御祖母様トモ又永俊尼トモ為申由也、行長ト生メル女子ハ喜入摂津守忠政ノ室トナレリ。」(97)

これに基づいて、永俊尼の前半期の生涯を推定すると、天正二年に肥後の皆吉久右衛門續能の子として生れ、小西行長の側室となり、宇土城に居住した。一五九〇年には、行長の正室や、行長の兄弟達は皆、肥後から長崎にいる巡察師ヴァリニャーノに会いに行っており（長崎―宇土間は、長崎―平戸間と同程度の行程であろう）、この中に永俊尼もいたであろう。

一方、後に永俊尼の夫となる島津備前忠清について、出水郡地誌の備前守忠清伝に次のように記す(98)。

文禄二年（一五九二）に、「忠栄（忠清）は兄忠辰の罪によって、母及び弟忠富（重高）・忠豊らと宇土の小西行長に預けられていたが、慶長五年関ヶ原において行長が敗死後は熊本に移っていた。島津義久のこの母子（母は義久の娘で、子忠清は孫に当る）を不憫に思い、まだ忠栄（忠清）には甥に当る島津下総守常久（忠隣の子）も彼らを迎え入れようとして、慶長十四年（一六〇九）十二月、船を仕立てて熊本に行った。忠栄（忠清）は一男（七才）と一女（十一才）を連れて船で阿久根に着き、鹿児島に帰った。のち忠栄（忠清）の娘は大守家久の妾となって、のちの大守光久を生んだので、忠栄（忠清）は恵まれた余生を送った」と。

永俊尼は、島津備前忠清との間に、慶長四年（一五九九）娘を生んだ。これが桂安夫人である。永俊尼は、一六〇〇年の小西行長の死後は、島津備前忠清と共に、熊本で不遇な生活を送ったが、慶長十四年（一六〇九）十二月、鹿児島に来た。そして、忠清・永俊尼の娘は、やがて島津家久の側室となり、元和元年（一六一五）光久公を生んだのである。

以上の経歴からすれば、キリシタンとしての永俊尼は、天正十六年（一五八八）に小西行長が宇土・益城・八代三郡を与えられた年代から関ヶ原後に殺される一六〇〇年まで、即ち十五歳頃から二十七歳頃までの間に培われたものであろう。

そして鹿児島に行ってからは、娘の桂安夫人が光久を生んだので、急に祖母としての永俊尼の立場が高まったのである。

永俊尼は鹿児島城二之丸の地に居住するようになり、一六一七年（元和三）から一六一九年（元和五）までの間に、長崎から花十字文軒丸瓦を運んで、瓦葺建物を作った、と考えられる。

この瓦調達を長崎で行なったのは矢野主膳であろう。矢野主膳は薩摩藩の仕事として、元和初年長崎に赴き、元和六年（一六二〇）閏十二月には、「南蛮舟之儀ニ付」き、まだ長崎に滞留していることが知られる。(99)

寛永十年（一六三三）九月十九日の国家老衆宛、江戸家老伊勢貞昌の書状(100)に、矢野主膳が先年長崎から帰った時、「彼宗」をころび申候と言っていたが、「内之者《うちのもの》皆南蛮宗」であることを糾問した所、先年来探索していた豊臣秀頼の三人の部将の一人である明石掃部の子、明石小三郎が鹿児島の町人じゅあん又左衛門のもとに筆者として居住している事実が明らかになり、そして「じゅあん又左衛門もたて野（永俊尼）の御内者ニて候」として、事の重大さに驚いた家老貞昌は詳細な報告を送り、ここにキリシタン庇護者としての藩主家久の義母立野の存在が無視できなくなったのであった。

この年、島津家久は「たての事」「めいわくかきりなく候事(101)」と書状に書いているが、寛永十年末以後に、永俊尼は種子島に流されたのである。

そして矢野主膳は寛永一三年火刑に処され「大音をあげ、あいたあいたとさけび」「焼き殺され候由(102)」。

矢野主膳が長崎へ派遣された理由は、「南蛮舟之儀ニ付」としか記されていないが、長崎入港に都合が悪い時、マカオからの船が薩摩に入った事がわずかにあった（一六一一年の使節船）し、マニラからの船が薩摩に来るかどうかは常に気にしていたので、そのような情報収集が主な目的であろうか。

　矢野主膳は堅野（永俊尼）の内者であり、藩の命令とともに、永俊尼の指示もまた待っていたであろう。主膳が長崎にいた時、大多数の教会は破壊されていたが、まだ内町にはミゼリコルディアは残っており、ミゼリコルディアの屋根に葺かれていた花形十字文軒丸瓦ⅡＪと同笵の瓦が、長崎の生産地から鹿児島城二之丸の場所に運ばれたのであった。しかし、主膳が長崎から鹿児島に帰る時には、ミゼリコルディアの建物は破壊され、なくなっていたのである。

　そして鹿児島城二之丸の例の建物もまた、堅野の事が問題となった寛永十年（一六三三）には、破壊されたであろう。

# 第七章　組み合う軒平瓦など

鹿児島城二之丸跡G地点の発掘調査では、花十字文軒丸瓦四点と共に、これと組み合うと考えられる花文唐草文軒平瓦二点[92]が出土している。このうちの一点には、唐草文の間に、漢字の「大」の文字が上下逆に笵の文様の中に刻まれている[103]。

他の遺跡から出土したもので、瓦当笵に小さく「大」の字を刻み込むのは、大村市玖島城出土の軒丸瓦・軒平瓦と南島原市の原城跡出土の軒平瓦である。

玖島城出土[104]の軒丸瓦は三巴左巻文軒丸瓦二種に「大」の字を、正位置に配している。玖島城出土の花文唐草文軒平瓦には、左に「大」の字を配し、右に「主」の字を、いずれも上下逆転して配している。右の字は「主」ではないかと思う。また、原城出土[105]の花文唐草文軒平瓦は、左に「大」の字を正位置（上下逆転せず）に配している。

瓦に「大」の字のあるものは、古代においてもしばしば見られ、その解釈は難しいが、今回図示したものは、原城・玖島城とも有馬晴信や大村喜前のキリシタン大名であった時の瓦と考えられるから、鹿児島城二之丸出土例と併わせ、キリシタンにかかわる文字ではないかと思う。

配された文字は、かなり小さく、地上から屋根を仰ぎ見て、文字を判読できる大きさではないから、瓦を見て何かを表示することは意図していないと考えられる。文字を笵型に彫り入れたのは、笵を製作した工人の場合と、瓦を製作した工人が笵に新たに文字を刻み込んだ場合の両者が考えられる。

文字が「大」と「主」とすれば、大主耶蘇《おんあるじぜずす》（イエズス）の意味であるか、あるいは「大主経」として「天に在す我等の御親、御

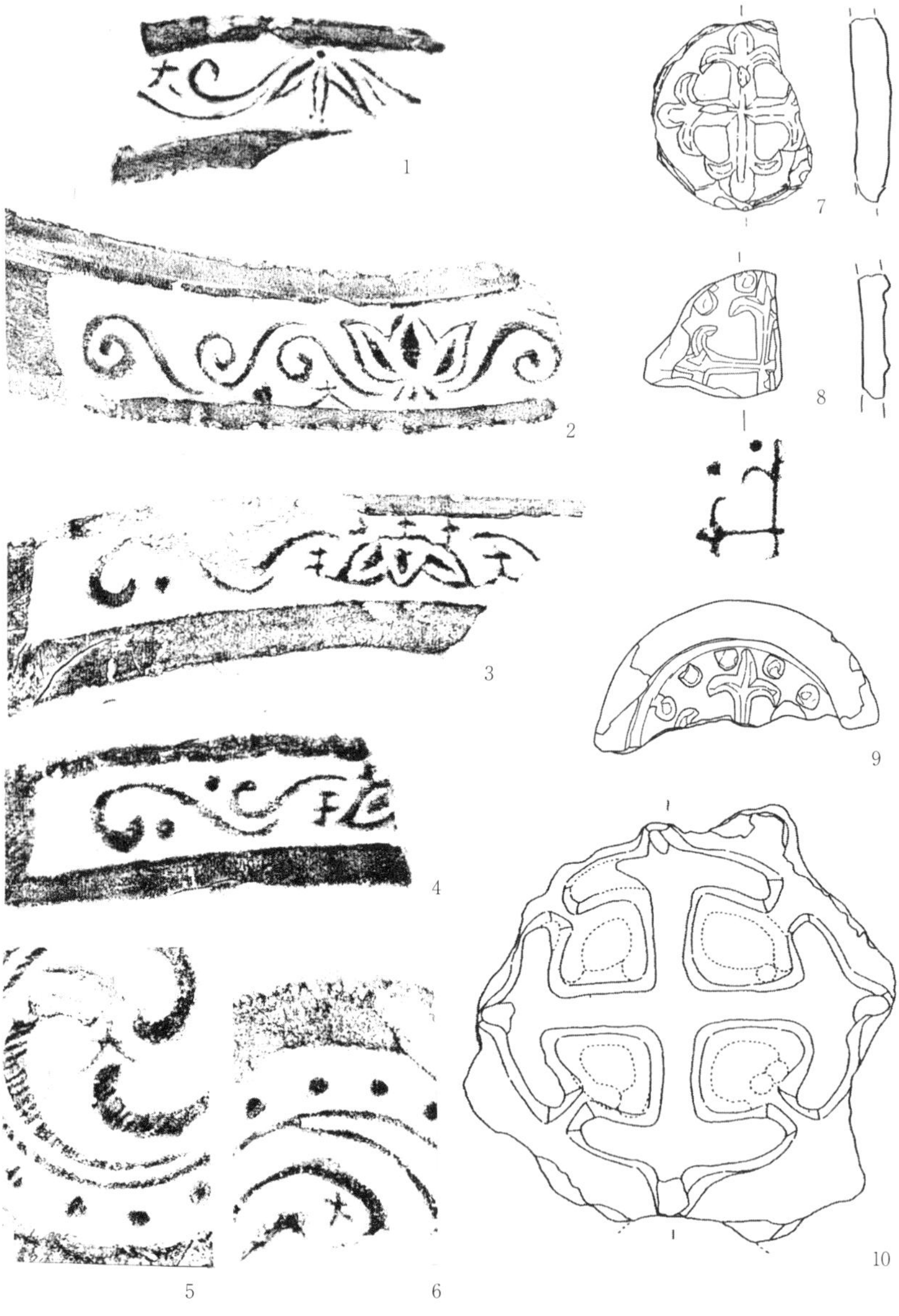

図 17　大の字を有する軒瓦とその他花形十字文軒丸瓦・鬼瓦

（縮尺　1 ～ 6：1/2、7 ～ 10：1/4）

1 鹿児島城二之丸跡　2 原城跡　3 ～ 6 玖島城跡　7 三城城下跡（註 108 による）
8・9 原城跡（註 107 による）　10 深堀遺跡（註 109 による）

名は尊ばれ御国は來らせ給へ、天に於て思召儘なるが如く地に於ても有らせ給へ、（中略）、我等凶悪を遁し給へ亜孟」[106]との意味が、すでに十七世紀初頭において唱えられていたのか興味ある所である。いずれにしても、「主」の字の確定が必要である。

なお、最後に花形十字文軒丸瓦と鬼瓦で長崎から遠く離れた場所から出土している例について述べよう。

南島原市の原城跡からは花形十字文ⅡＤと考えられる破片が四点出土し、「断面はかなり摩耗して」いるため、松本慎二は「瓦礫の山と化した（長崎の）教会跡から、この花十字文瓦の破片を拾い大切にしていたものを、原城籠城のさいに持ち込んだものと考えられないだろうか[107]」としている。この見解に私は賛成である。

次に大村市の三城跡からは、花形十字文ⅠＢと考えられる軒丸瓦が出土している。大野安生は「花十字紋部分のみを残すように、圏線に沿って周縁部が丁寧に除去されている。大村藩は幕府に先駆け慶長十一年（一六〇六）から禁教しており、土壙の年代から、旧城下に残ったキリシタンが禁教直後に用意した代用聖具の可能性がある[108]」とする。この見解に、ほぼ同意するが、年代を「一六一〇年前後と判断」したいためか、ややわかりにくい表現がある。もっと単純に、長崎の教会が破壊された一六一四年に長崎から大村へ持ち帰ったものを聖遺物として保管していたが、何らかの理由で埋めたもの、と理解したい。

さらに、旧鍋島藩深堀に位置する深堀遺跡では、花十字文の鬼瓦が出土している。「この資料も花十字を残して外縁部分が取り除かれている[109]」。これもおそらく、長崎の教会で用いられたものを、一六一四年か一六二〇年の教会の破壊で、深堀に持ち帰り、聖遺物として、保管されたものである。

長崎キリシタンの聖遺物としては、殉教者の体の一部が尊重されたが、教会を明示する花十字文の瓦も尊重されたはずである。なぜなら教会の内装具・聖具などは、前もって教会関係者により撤去され、教会の柱・畳などは長谷川権六の配下によってミゼリコルディア内に運ばれて、教会破壊の廃棄物は壊された壁・板・瓦などであったから、その中では花十字を明示する瓦は、有りし日の教会を代表する聖遺物として貴重であった。とりわけ、一六二〇年に破壊されたミゼリコルディアの瓦は、尊重されたのではないだろうか。

そして深堀遺跡出土の花十字文鬼瓦を見ると、花十字文軒丸瓦の文様と比べて精彩がない。これから考えると、花十字文軒丸瓦の笵型は鬼瓦製作の瓦工とは別の職人によって彫り込まれたもので、瓦工の造型的センスは花十字文軒丸瓦の笵型を製作した工人より落ちると言ってよかろう。

## 第二部　註

（1）オルファネール『日本キリシタン教会史』一九七七年、一二三頁。
（2）松田毅一監訳『十六・七世紀イエズス会日本報告集』第Ｉ期2巻、一九八七年、二一六頁。
（3）浜田耕作「日本キリシタン遺物」『カトリック大辞典Ｉ』一九四〇年、八三二頁。
（4）片岡弥吉「長崎県下キリシタン墓碑総覧」『キリシタン研究第一輯』一九四二年、一二八・一二九頁。
（5）片岡弥吉「キリシタン墓碑」『探訪大航海時代の日本7南蛮文化』一九七九年、一三六・一三七頁。
（6）以下キリシタン墓碑については、南島原市教育委員会（編集大石一久）『日本キリシタン墓碑総覧』二〇一二年の図および記述を参考にしている。
（7）宮下雅史「花十字紋瓦考」『西海考古第5号』二〇〇三年。
（8）宮下雅史「長崎地方のキリシタン瓦」『考古学ジャーナル』六〇〇、二〇一〇年。
（9）長崎市教育委員会『勝山町遺跡―長崎市桜町小学校新設に伴う埋蔵文化財発掘調査報告書』二〇〇三年。
（10）山崎信二『近世瓦の研究』二〇〇八年、二三・九三頁。
（11）Ａ・シュワーデ「一六〇〇年から一六一四年にかけての長崎における修道会と教会」『キリスト教史学会　長崎大会紀要』一九六五年。
（12）パチェコ・ディエゴ「長崎の教会―一五六七年～一六二〇年―」『長崎談叢』第五十八輯、一九七五年。
（13）松田毅一監訳『十六・七世紀イエズス会日本報告集』第Ⅲ期第4巻、一九九八年、四五頁。
（14）松田毅一・川崎桃太訳『フロイス・日本史9』一九七九年、三九〇頁。
（15）パチェコ・ディエゴ「長崎の教会」『長崎談叢』第五十八輯、一九七五年、二・三頁。
（16）オルファネール『日本キリシタン教会史』、一九七七年、二九七頁。
（17）松田毅一監訳『十六・七世紀イエズス会日本報告集』第Ⅲ期第5巻、一九九二年、一三八・二三八・二三九頁。
（18）松田毅一監訳『十六・七世紀イエズス会日本報告集』第Ⅲ期第6巻、一九九一年、一四頁。
（19）ヴァリニャーノ（松田毅一他訳）『日本巡察記』（平凡社東洋文庫）、一九七三年、三五頁。

(20)松田毅一監訳『十六・七世紀イエズス会日本報告集』第Ⅲ期第6巻、一九九一年、三〇三・三〇四頁。
(21)松田毅一監訳『十六・七世紀イエズス会日本報告集』第Ⅰ期第1巻、一九八七年、三〇八・三〇九頁。
(22)松田毅一監訳『十六・七世紀イエズス会日本報告集』第Ⅰ期第3巻、一九八八年、一七四頁。
(23)松田毅一監訳『十六・七世紀イエズス会日本報告集』第Ⅰ期第4巻、一九八八年、二〇頁。
(24)松田毅一監訳『十六・七世紀イエズス会日本報告集』第Ⅰ期第4巻、一九八八年、八五・八六頁。
(25)アビラ・ヒロン『日本王国記』大航海時代叢書Ⅺ、一九六五年、四五三頁。
(26)松田毅一・川崎桃太訳『フロイス・日本史5』一九七八年、二四頁。
(27)松田毅一監訳『十六・七世紀イエズス会日本報告集』第Ⅲ期第6巻、一九九一年、三〇五頁。
(28)松田毅一・川崎桃太訳『フロイス・日本史10』一九七九年、二六三頁。
(29)松田毅一・川崎桃太訳『フロイス・日本史11』一九七九年、一五頁。
(30)パチェコ・ディエゴ「長崎の教会」『長崎談叢』第五十八輯、一九七五年、七―九頁。
(31)松田毅一・川崎桃太訳『フロイス・日本史12』一九八〇年、一〇〇、一七七・一七八頁。
(32)H・チースリク『キリシタン時代の邦人司祭』一九八一年、四二五頁。
(33)松田毅一監訳『十六・七世紀イエズス会日本報告集』第Ⅰ期第4巻、一九八八年、二二一頁。
(34)H・チースリク『キリシタン時代の邦人司祭』一九八一年、四二一・四二二頁。
(35)佐久間正訳『福者フランシスコ・モラーレスＯ・Ｐ・書簡・報告』一九七二年、二四八頁。
(36)アビラ・ヒロン『日本王国記』大航海時代叢書Ⅺ、一九六五年、二九〇・四五三頁。
(37)オルファネール『日本キリシタン教会史』一九七七年、三五頁。
(38)パチェコ・ディエゴ「長崎の教会」『長崎談叢』第五十八輯、一九七五年、一四頁。
(39)トマス・オイテンブルク『十六～十七世紀の日本におけるフランシスコ会士たち』一九八〇年、四五、一二四・一二五頁。
(40)オルファネール『日本キリシタン教会史』一九七七年、一二三頁。
(41)佐久間正訳『福者フランシスコ・モラーレスＯ・Ｐ・書簡・報告』一九七二年、二二四、二二六、二二八・二二九頁。
(42)アビラ・ヒロン『日本王国記』大航海時代叢書Ⅺ、一九六五年、四四八・四四九頁。

(43) H・チースリク『キリシタン時代の邦人司祭』一九八一年、四二四頁。
(44) 佐久間正訳『福者フランシスコ・モラーレスO・P・書簡・報告』一九七二年、二四八頁。
(45) 高瀬弘一郎・岸野久『イエズス会と日本二』大航海時代叢書第Ⅱ期7、一九八八年、一三四頁。
(46) 高瀬弘一郎『キリシタン時代対外関係の研究』一九九四年、五三九・五四〇頁。
(47) A・シュワーデ「一六〇〇年から一六一四年にかけての長崎における修道会と教会」『キリスト教史学会　長崎大会紀要』一九六五年、三〇頁。
(48) パチェコ・ディエゴ「長崎の教会」『長崎談叢』第五十八輯、一九七五年、一五頁。
(49) 片岡弥吉「ヘルナンド（デ・サン・ホセ）」『カトリック大辞典Ⅰ』一九四〇年、八二五頁。
(50) パチェコ・ディエゴ「長崎の教会」『長崎談叢』第五十八輯、一九七五年、十一頁。
(51) パチェコ・ディエゴ「長崎サンティアゴ病院の鐘」『キリシタン研究十四輯』一九七二年。
(52) アビラ・ヒロン『日本王国記』大航海時代叢書XⅠ、一九六五年、四五六頁。
(53)『長崎縁起略記』（続々群書類従第八　地理部）所収）一九七〇年、八三三頁。
(54)『長崎虫眼鏡・長崎聞見集・長崎縁起略』（長崎文献叢書第一集第五巻）一九七五年、一〇・一一頁。
(55)『長崎実録大成正編』（長崎文献叢書第一集第二巻）一九七三年、一七四・一七五頁。
(56) 古賀十二郎『長崎志正編附考阿蘭陀甲比丹名寄』一九二八年、三一―三四頁。
(57) A・シュワーデ「一六〇〇年から一六一四年にかけての長崎における修道会と教会」『キリスト教史学会　長崎大会紀要』一九六五年。
(58) パチェコ・ディエゴ「長崎の教会」『長崎談叢』第五十八輯、一九七五年。
(59) アビラ・ヒロン『日本王国記』一九六五年、四一六―四一九頁。
(60) 長崎市教育委員会『勝山町遺跡―長崎市桜町小学校新設に伴う埋蔵文化財発掘調査報告書』二〇〇三年。
(61) 長崎県教育委員会『万才町遺跡』県報告書第一二三集、一九九五年。
(62) 長崎市教育委員会『長崎家庭裁判所敷地埋蔵文化財発掘調査報告書』一九九二年。
(63) 長崎市埋蔵文化財調査協議会『朝日新聞社長崎支局敷地埋蔵文化財発掘調査報告書』一九九二年。

(64)長崎市埋蔵文化財調査協議会『栄町遺跡——ビル建設に伴う埋蔵文化財発掘調査報告書』一九九三年。
(65)長崎市教育委員会『興善町遺跡』一九九八年。
(66)長崎市教育委員会『桜町遺跡』一九九九年。
(67)長崎市埋蔵文化財調査協議会『桜町遺跡』二〇〇八年。
(68)長崎県教育委員会『長崎奉行所（立山役所）跡炉粕町遺跡』県報告書第一七七集、二〇〇四年。
(69)長崎県教育委員会『長崎奉行所（立山役所）跡岩原目付屋敷跡炉粕町遺跡』二〇〇五年。
(70)結城了悟「イルマン・ニコラオとサルバトル・ムンディの像」『大村史談』第十八号、一九八〇年。
(71)結城了悟「キリシタン遺物」『興善町遺跡』一九九八年、長崎市教育委員会、八五頁。
(72)宮下雅史「花十字紋瓦考」『西海考古第5号』二〇〇三年、五八頁。
(73)西村貞『日本初期洋画の研究』一九四五年、一二頁。
(74)岡本良知『吉利支丹洋画史序説』一九五三年、六頁。
(75)松田毅一・川崎桃太訳『フロイス・日本史8』一九七八年、一八五、一九八頁。
(76)西村貞『日本初期洋画の研究』一九四五年、九八頁。
(77)D・シリング「十六・七世紀に於けるイエズス会士の教育事業」『カトリック大辞典Ⅰ』一九四〇年、七四九頁。
(78)松田毅一監訳『十六・七世紀イエズス会日本報告集』第Ⅰ期第3巻、一九八八年、一九一・一九二頁。
(79)松田毅一監訳『十六・七世紀イエズス会日本報告集』第Ⅰ期第4巻、一九八八年、三七頁。
(80)岡本良知『吉利支丹洋画史序説』一九五三年、一七・一八頁。
(81)松田毅一監訳『十六・七世紀イエズス会日本報告集』第Ⅰ期第4巻、一九八八年、八五頁。
(82)西村貞『日本初期洋画の研究』一九四五年、九八、一〇五頁。
(83)岡本良知「初期洋画の育成」『キリシタンの時代』一九八七年所収、六六頁。（初出『史学雑誌』61―4、一九五二年）
(84)千澤楨治・西村貞・内山善一編集『キリシタンの美術』一九六一年、五九、六四頁。
(85)南島原市教育委員会（編集大石一久）『日本キリシタン墓碑総覧』二〇一二年、一八四・一八五頁。
(86)佐久間正訳『福者フランシスコ・モラーレスO・P・書簡・報告』一九七二年、二三九頁。

(87)高瀬弘一郎『キリシタン時代対外関係の研究』一九九四年、五四〇頁。
(88)佐久間正訳『福者フランシスコ・モラーレスO・P・書簡・報告』一九七二年、二四八頁。
(89)H・チースリク『キリシタン時代の邦人司祭』一九八一年、四二四頁。
(90)高瀬弘一郎・岸野久『イエズス会と日本二』大航海時代叢書第Ⅱ期7、一九八八年、五六三―五七〇頁。
(91)パチェコ・ディエゴ「長崎の教会」『長崎談叢』第五十八輯、一九七五年、七頁。
(92)鹿児島市教育委員会『鹿児島（鶴丸）城二之丸跡G地点』二〇〇〇年、三七、六七頁。
(93)内藤昌『城の日本史』NHKブックス、一九七九年、七九頁。
(94)パチェコ・ディエゴ『鹿児島のキリシタン』一九七五年、一一五・一一六頁。
(95)続群書類従完成会『新訂寛政重修諸家譜第二』一九六四年、三四四頁。
(96)レオン・パジェス『日本切支丹宗門史』中巻、一九三八年、三四八頁。
(97)鹿児島県歴史資料センター黎明館『鹿児島県史料旧記雑録後編五』一九八五年、五〇八頁。
(98)出水郷土誌編集委員会『出水郷土誌』一九六八年、二五〇頁。
(99)五味克夫「矢野主膳と永俊尼」『鹿児島大学史学』第十七号、一九六九年、三頁。
(100)鹿児島県歴史資料センター黎明館『鹿児島県史料旧記雑録後編五』一九八五年、三八三―三八六頁。
(101)鹿児島県歴史資料センター黎明館『鹿児島県史料旧記雑録後編五』一九八五年、三七七・三七八頁。
(102)橋口瓢隠「三暁庵主談話」『薩藩叢書』第三編、一九〇八年、七六頁。
(103)山崎信二『近世瓦の研究』二〇〇八年。
(104)長崎県教育委員会『玖島城跡』二〇〇二年。
(105)長崎県南有馬町教育委員会『原城跡』一九九六年。
(106)「聖教日課」『海表叢書』第一巻所収（新村出監修）、一九二七年、二・三頁。
(107)松本慎二「原城出土のキリシタン遺物」『キリシタン大名の考古学』二〇〇九年、一一〇頁。
(108)大野安生「肥前大村の成立過程」『キリシタン大名の考古学』二〇〇九年、五三頁。
(109)宮下雅史「長崎地方のキリシタン瓦」『考古学ジャーナル』六〇〇、二〇一〇年、二六頁。

## 著者紹介

**山崎　信二**（やまさき しんじ）

1948年生まれ。

広島大学大学院文学研究科修士課程修了。

独立行政法人国立文化財機構奈良文化財研究所都城発掘調査部副部長、

同研究所副所長等を歴任。2009年3月退職。

文学博士。


［主要著書］

『中世瓦の研究』雄山閣、2000年

『古代瓦と横穴式石室の研究』同成社、2003年

『近世瓦の研究』同成社、2008年

『古代造瓦史―東アジアと日本―』雄山閣、2011年

『瓦が語る日本史―中世寺院から近世城郭まで―』吉川弘文館、2012年


2015年12月5日　初版発行　《検印省略》

**長崎《ながさき》キリシタン史《し》―附考《ふこう》　キリスト教会《きょうかい》の瓦《かわら》―**

著　者　山崎信二

発行者　宮田哲男

発行所　株式会社 雄山閣

東京都千代田区富士見2-6-9

ＴＥＬ　03-3262-3231／ＦＡＸ　03-3262-6938

ＵＲＬ　http://www.yuzankaku.co.jp

e-mail　info@yuzankaku.co.jp

振　替：00130-5-1685

印刷・製本　株式会社 ティーケー出版印刷





ISBN978-4-639-02394-4　C0021

N.D.C.219　264p　21cm